高等院校会计学精品系列教材

会 计 学

（第二版）

主 编 薛玉莲 张丽华

首都经济贸易大学出版社

·北 京·

图书在版编目(CIP)数据

会计学/薛玉莲,张丽华主编.—2版.—北京:首都经济贸易大学出版社,2016.9
(高等院校会计学精品系列教材)

ISBN 978-7-5638-2551-6

Ⅰ.①会…　Ⅱ.①薛…②张…　Ⅲ.①会计学　Ⅳ.①F230

中国版本图书馆CIP数据核字(2016)第208315号

会计学(第二版)
主编　薛玉莲　张丽华

责任编辑　赵　侠
封面设计　风得信·阿东 FondesyDesign
出版发行　首都经济贸易大学出版社
地　　址　北京市朝阳区红庙(邮编100026)
电　　话　(010)65976483　65065761　65071505(传真)
网　　址　http://www.sjmcb.com
E-mail　publish@cueb.edu.cn
经　　销　全国新华书店
照　　排　首都经济贸易大学出版社激光照排服务部
印　　刷　北京市泰锐印刷有限责任公司
开　　本　787毫米×980毫米　1/16
字　　数　360千字
印　　张　19
版　　次　2010年2月第1版　**2016年9月第二版**
2016年9月总第8次印刷
印　　数　20 001~26 000
书　　号　ISBN 978-7-5638-2551-6/F·1431
定　　价　33.00元

第二版前言

2014 年以来，为了适应企业发展的实际需要和解决企业会计准则在实施过程中出现的问题，财政部相继颁布了《公允价值计量》等 3 项新准则，修订了《长期股权投资》等 5 项具体准则。另外，伴随着 2016 年“营改增”的全面实施，原有的相关教材内容也急需更新与完善。

“会计学”作为会计专业以外的其他经管类专业的主干课程，其应涵盖的内容一直存在争论，由此也造成了这方面教材建设的薄弱。但随着我国经济的发展及对外开放的需要，会计在国民经济管理中发挥着越来越重要的作用，会计学对于经济、管理类专业的重要性也越来越突出。合格的经济管理人才不仅应能够运用会计信息资料，也应明确会计信息的产生过程，以便根据会计信息资料做出正确的决策。本教材正是以此作为出发点，阐述会计的基本概念、原理及核算方法，其最大的特点是充分考虑会计专业以外的其他经管类专业的教学需要，以会计的基本原理为起点，系统、全面地阐述企业会计核算的基本内容及企业财务会计报告的编制方法。教材编写上力求深入浅出，前后内容紧密衔接并互为一体。

本书共分十三章，第一章至第三章主要介绍会计的基本概念和原理、会计记账方法及会计循环的基本内容；第四章至第十二章主要介绍资产、负债、所有者权益、收入、成本和费用、利润等会计要素的确认和计量的基本理论和方法；第十三章主要介绍财务报告的内容和编制方法。除第一章外，其余各章基本内容后均附有复习思考题和练习题。本教材既可满足高等院校非会计专业教学的需要，也可作为经济管理工作者的参考书。

本书由薛玉莲教授、张丽华副教授主编，并负责全书的总纂。本书各章的编写分工是：第一、二、三、四、七章由薛玉莲撰写，第五、六、十三章由张丽华撰写，第八、九章由申玲撰写，第十、十二章由刘艳伟撰写，第十一章由赵凤芸撰写。

根据我国会计改革和发展的需要，按照财政部新颁布的企业会计准则体系，编写一本适用于会计专业以外的其他经管类专业使用的会计学教材，是我们从教学实际出发而进行的一项重要的教材建设工作，其目的是满足这些专业的学生对会计知识的基本需要。由于时间仓促，又受作者水平的限制，书中难免有不足之处，敬请读者批评指正。

2016年7月

目　录

目　录

目　　录

第一章 总 论

第一节 会计的产生与发展

会计是应人类社会的生产实践和经营活动的客观需要而产生和发展的。会计的产生与发展密切依存于其所处的客观环境,包括经济环境、政治环境、法律环境以及社会文化环境等因素都不同程度地影响着会计的发展。

人类自从有了生产经营活动,对生产经营活动的记录和计算就成为必要。早在原始社会的末期,为适应社会生产的需要,就出现了为管理生产活动服务的原始计量和记录行为。在我国古代,曾经出现的“结绳记事”“刻木为记”等都可以被视为最原始的会计行为。古埃及的“刻石记事 ”、古巴比伦的“泥板记日”等也反映了这些文明古国的早期会计行为。而在印度的原始公社时期,农业已经出现了记账员,负责登记与农业生产相关的事项。人类社会早期的所有这些记录、计量行为,都可视为会计的萌芽。只是在人类早期的生产实践活动中,由于生产力水平十分低下,会计仅仅是作为生产的附带职能,没有成为一项专门的工作。随着生产力的不断发展,人们进行生产和交换的规模不断扩大,会计才逐渐从生产职能中分离出来,并逐步发展成为一个独立的职能。

我国最早记载会计官职设置的见于《周礼》一书,称之为 “司会”,主要掌管国家和地方的财政和经济。根据《周礼》记载,司会掌邦国家会计之法度,并形成了“以参互考日成,以月要考月成,以岁会考岁成”的会计钩稽制度,从而也形成了我国早期的“日计”“月要”“岁会”等会计术语。

在我国漫长的封建社会时期,在中央高度集权的社会体制下,会计的发展主要是以官厅会计为主,官厅会计主要用于核算和监督国家的财政收支活动。在我国宋朝,就已经把财政收支分为“原管、新收、已支、现在”四个部分,用以计算财产物资的增减变化情况。这一方法到元朝传入民间,形成了“四柱清册”。所谓“四柱”,即“旧管、新收、开除、实在”,分别相当于现代会计中的期初结存、本期收入、本期支出和期末结存,通过“旧管 + 新收 - 开除 = 实在”这一计算公式,反映财产物资的增减变化和结存情况。四柱清册的运用，使我国会计达到比较科学、系统和完善的地步。到了明朝末年，由于商业和手工业的发展及繁荣，出现了以四柱原理为基础的适用于商业活动的“龙门账”。该方法将全部经济业务分为“进”（各项收入）、“缴”（各项支出）、“存”（各项资产）、“该”（资本及各种负债）四大类账目，运用“进－缴”＝“存－该”的平衡公式，计算商业活动的盈亏。这一平衡公式的左右两方相等时称为“合龙门”。四柱清册、龙门账等反映了我国封建社会会计的发展水平，适应了当时国家财政管理及民间商业活动的需要。

到了资本主义社会，随着生产和交换的进一步发展，商品经济的发达，会计核算在经济活动中的地位更加重要。在12～15世纪的地中海沿岸城市，如佛罗伦萨、热那亚和威尼斯等，由于商业的发达，经济的繁荣，从而诞生了借贷记账法。1494年意大利数学家卢卡·帕乔利在其所著的《算术、几何及比例概要》一书中，详细论述了复式记账法的基本原理。这是复式记账法正式形成的重要标志，成为会计发展史上的第一个里程碑。18～19世纪，英国爆发了产业革命，并逐步影响到其他西方各国，实现了由手工业生产到大机器生产的转变，使企业的生产规模得到了扩大。随着企业规模的扩大，企业之间竞争的激烈，产生了科学管理的思想，会计也从事后的记账、算账逐步扩展到进行事前的预测、决策和全面预算管理，由此诞生了管理会计。

20世纪30年代以后，伴随着企业规模的不算扩大、企业组织形式的多样化以及证券市场的发展，为了促使会计工作规范化，提高会计报表的真实性和可比性，西方各国先后制定了会计原则，从而把会计理论和方法推上了一个新的水平。与此同时，企业组织形式在经历了独资及合伙企业之后，股份有限公司这一组织形式得到了空前的发展。由于股份制企业所有权和经营权的分离，为了保护投资人的利益，相应地出现了以查账为职业的注册会计师。到20世纪50年代以后，由于信息技术的发展，电子计算机的普及，不仅丰富了会计学科的内容，也实现了会计由手工记账到会计电算化的转变。

在我国，由于封建社会比较漫长，清末民初才开始逐步引入借贷记账法。民国时期，基本是中、西会计并存。新中国成立以后，为适应社会主义经济建设的需要，借鉴苏联模式建立了我国的社会主义会计核算体系，制定了有关会计核算和管理方面的会计制度。自1978年党的十一届三中全会以后，我国的经济体制改革不断深入，对外开放逐步扩大。尤其是在1992年确立了建设社会主义市场经济体制以后，会计所处的环境发生了很大的变化，为此，1992年11月财政部统一制定并颁布了《企业会计准则》，奠定了我国会计国际化的基础。此后，财政部又陆续制定和颁布了十多项具体会计准则，以适应我国快速发展的市场经济的需要。2006年，财政部重新修订并颁布了《企业会计准则——基本准则》和企业会计具体准则38项，要求上市公司自2007年1月1日起执行，并鼓励其他企业执行，从而使我国的会计理论建设和会计工作实践进入了全新的阶段。

综上所述,会计是随着生产力的不断发展和经济环境的变化而不断发展和完善的,它经历了一个由低级到高级、由简单到复杂的发展过程。正如马克思所指出的,"过程越是按社会的规模进行,越是失去纯粹个人的性质,作为对过程的控制和观念的总结的簿记就越是重要。因此,簿记对资本主义生产比对手工业和农业的分散生产更为重要,对公有生产比对资本主义生产更为重要"。客观实践证明,经济越发展,会计越重要。

第二节 会计的含义、职能和目标

一、会计的含义

对"会计"一词,我国清代焦循在《孟子正义》中的解释是:"零星算之为计,综合算之为会。"由"会"与"计"组成"会计"一词,包括了日常的零星核算和定期的综合核算。由于会计是随着社会环境的变化而不断发展变化的,因此关于会计的定义在不同的背景下也有不同的解释。自20世纪80年代以来,我国会计界对会计的定义提出了若干不同的观点,其中具有代表性的观点有两种,即"管理活动论"和"信息系统论"。

管理活动论认为,会计不仅是一种管理工具,它本身就具有管理职能,是人们从事管理的一种活动。因此,会计的本质是一种管理活动。信息系统论认为,会计是旨在提高企业和各单位活动的经济效益,加强经济管理而建立的一个以提供财务信息为主的经济信息系统。该观点强调会计本质上是一个经济信息系统。

综上所述,基于对会计本质的认识及各种观点的综合,可以对会计进行如下定义:会计是以货币作为主要计量单位,通过一系列专门的方法,对企业和其他单位的经济活动进行连续、系统、全面的核算和监督,以提供会计信息和提高经济效益为目的的一种经济管理活动。

二、会计的职能

会计的职能是指会计在经济管理活动中所具有的功能。会计的职能是会计本身所客观具有的,并且随会计的发展而发展。马克思将会计描述为是对"过程的控制和观念的总结",是对会计职能的最本质的概括。所谓"控制",是指会计的监督职能,"观念的总结"是指会计的核算职能。尽管到目前为止对会计的职能有多种解释,但会计最基本的职能是核算职能和监督职能。

(一)核算职能

会计的核算职能主要是指会计通过确认、计量、记录和报告,从数量方面反映企业和其他单位已经发生和已经完成的经济活动，它是会计最基本的职能。会计的核算职能也可称为会计的反映职能，记账、算账和报账是会计执行核算职能的主要形式。会计的核算职能不仅包括对已经发生的经济活动进行核算和反映，也包括对未来发生的经济活动进行的事前预测和规划，因此，会计还具有对经济活动的预测职能。

（二）监督职能

会计的监督职能主要是利用会计核算所提供的经济信息对企业和其他单位的经济活动进行控制和指导。会计监督的核心在于通过干预经济活动，使之符合国家有关法律、法规和制度，并对经济活动的合理性和有效性进行审查、分析和控制。会计监督贯穿于经济活动的全过程，包括事前监督、事中监督和事后监督。事前监督是指对未来即将发生的经济活动的监督，实质上是审查预算和计划的合法性和合理性。事中监督是指对正在发生的经济活动的审查和控制，对于偏离预算和规定的经济活动进行调整和控制。事后监督是指对已经发生的经济活动进行的审查和分析。

会计的核算职能和监督职能，是密切联系、相辅相成的。会计核算是进行会计监督的基础，只有在对经济活动进行正确核算的基础上，才能进行有效的会计监督；也只有在对经济活动进行有效的会计监督的情况下，才能保证企业等单位的经济活动正常进行，会计核算所提供的信息才能发挥相应的作用。

三、会计的目标

会计目标是指会计活动应达到的境地或标准。会计目标提出了会计活动应达到的目的和要求，为会计实践活动指明了方向。会计目标是会计职能的具体化，是会计履行其职能后所应达到的目的。关于会计目标的内容，一般认为它至少应该回答以下三个方面的问题：谁是会计信息的使用者？会计信息使用者需要哪些信息？会计如何来提供这些信息？

2006 年我国颁布的《企业会计准则——基本准则》对会计目标进行了如下规定："财务会计报告的目标是向财务报告使用者提供与企业财务状况、经营成果和现金流量等有关的会计信息，反映企业管理层受托责任履行情况，有助于企业财务会计报告使用者做出经济决策。"财务报告使用者包括投资人、债权人、政府及其有关部门和社会公众等。

我国会计准则中对会计目标的规定，既体现了会计目标确认的受托责任观，也体现了会计目标确认的决策有用观。受托责任观认为，会计目标在于控制企业的经济活动，以完成企业对受托人的受托责任。决策有用观认为，会计目标是为了向信息使用者提供对他们决策有用的信息。我国对会计目标的规定实质上体现了这两种观点的结合，主要表现在：财务报告目标要求满足投资者等财务报告使用者决策的需要，体现了财务报告的决策有用观;财务报告目标要求反映企业管理层受托责任的履行情况,体现了财务报告的受托责任观。由此可见,我国的财务会计报告目标是决策有用观和受托责任观的有机统一。

第三节　会计对象与会计要素

一、会计对象

会计对象是指会计所核算和监督的内容。马克思将会计描述为对“过程的控制和观念的总结”,其中的“过程”就是会计核算和监督的内容,这个“过程”指的是社会再生产过程。社会再生产过程由生产、分配、交换和消费四个环节构成,包括多种多样的经济活动。由于会计的主要特点是以货币作为主要计量单位,因此,会计所能核算和监督的只能是社会再生产过程中能以货币表现的各种经济活动。而在市场经济条件下,能够以货币表现的经济活动就是再生产过程中的资金运动。因此,在一般意义上,会计的对象就是社会再生产过程中的资金运动。

由于不同的企业或单位的经济活动的内容各有不同,资金运动的过程也各有特点,这使会计的具体对象各有不同。例如,以赢利为目的的企业与非营利组织的资金运动过程就存在着差别,而同属于企业的制造企业和商业企业,二者的资金运动过程也有较大的差异。在此,以一般的制造企业为例,说明企业的资金运动过程。

制造企业要从事生产经营活动,必须从不同的来源渠道筹集一定数量的资金,这是进行生产经营活动的物质基础。企业筹集的资金根据性质的不同可以分为两大类,一类是投资人对企业的投资,另一类是债权人的投资。投资人的投资形成企业的所有者权益,债权人的投资形成企业的负债。所有者权益属于企业的主权资本,投入企业以后一般情况下不能抽回;企业的负债则必须根据债务契约的规定到期还本并支付利息。投资人和债权人对企业的投资大多数是以货币资金形态投入,也有以固定资产等实物形态投资的。企业只有在筹集资金以后,才能进行正常的生产经营活动。

制造企业的生产经营过程主要分为供应、生产和销售三个阶段。供应过程实际上是生产的准备过程,在这一阶段,企业用货币资金购买生产所需要的各种材料等劳动对象,为生产做好物质资料供应的准备,这个过程也使企业的货币资金转化为储备资金。在生产过程中,劳动者运用劳动资料作用于劳动对象,生产出社会所需要的产品。这个过程既是产品的制造过程,也是资产的耗费过程。在这个过程中,随着材料等劳动对象的耗费,储备资金转化为生产资金;随着劳动资料的耗费,机器设备等则以折旧的形式转化为生产资金;随着劳动者的活劳动耗费,通过向劳动者用货币支付薪酬的形式,货币资金转化为生产资金。至此,生产资金中包括了原材料的耗费、劳动者的薪酬和机器设备的折旧费等,随着产品的制成,生产资金也转化为成品资金。生产过程不仅仅是产品的制造过程和资产的耗费过程,同时也创造了新的价值。在销售过程中,企业在市场上销售产品,取得了销售收入并收回货款,企业资金也从成品资金形态转化为货币资金形态。由此可见,在制造企业的生产经营过程中,企业资金从货币资金形态出发,依次经过供应、生产、销售三个阶段,分别表现为储备资金、生产资金、成品资金等不同的形态,最后又回到货币资金形态,这一资金的运动变化过程就是资金的循环,资金周而复始的循环则形成资金的周转。

制造企业的资金在循环和周转过程中不断地创造新的价值,同时也发生各种各样的耗费。一定时期内所发生的各种耗费形成企业的产品成本和各种费用,销售产品所实现的收入形成企业的营业收入,一定时期的营业收入减去所发生的各种耗费,就是企业实现的利润。对于企业实现的利润,首先应按国家规定的税率上缴所得税,税后利润则按一定的比例向投资者分配利润,向投资者分配利润以后的剩余利润则形成企业的利润留成,这部分资金又投入企业的再生产过程。企业上缴的税金、向投资者分配的利润以及归还的到期借款等,实际上是企业资金的流出,这些资金退出了企业的经营过程。

二、会计要素

会计要素是对会计对象按经济特征所进行的基本分类,是会计对象的具体化。我国《企业会计准则——基本准则》将会计要素按性质分为资产、负债、所有者权益、收入、费用和利润六大项,其中,资产、负债和所有者权益是反映企业财务状况的要素,收入、费用和利润是用于反映企业经营成果的要素。下面分别对六个会计要素的主要内容进行说明。

(一)资产

资产是指企业过去的交易或事项形成的、由企业拥有或者控制的、预期会给企业带来经济利益的资源。它包括各种财产、债权和其他权利。资产具有以下基本特征:

1. 资产是企业拥有或控制的资源。资产作为一项资源,应当由企业拥有或控制,具体是指企业享有某项资源的所有权,或者虽然不享有某项资源的所有权,但该资源能够被企业所控制。企业拥有资产,是指企业能够排他性地从资产中获取经济利益。有些资产企业虽然并不拥有所有权,但这些资产能够被企业支配和使用,企业也能够从这些资产中获得经济利益,如企业以融资租赁方式租入的固定资产等。

2. 资产是由过去的交易或事项形成的。资产应当由企业过去的交易或者事项所形成，过去的交易或事项包括购买、生产、建造行为或其他交易或者事项。也就是说，只有在过去发生的交易或事项才能形成企业的资产，预期在未来发生的交易或者事项不形成企业的资产。

3. 资产预期会给企业带来经济利益。资产预期会给企业带来经济利益，是指资产直接或者间接导致现金和现金等价物流入企业的潜力。资产预期能否为企业带来经济利益是资产的重要特征，如果某一项目预期不能为企业带来经济利益，就不能将其确认为企业的资产。

资产按其流动性可以分为流动资产和非流动资产。流动资产是指在一年或超过一年的一个营业周期内变现或耗用的资产，包括现金、银行存款、应收及预付款项、存货等；非流动资产是指不符合流动资产确认条件的资产，包括固定资产、长期投资、无形资产及其他长期资产等。

（二）负债

负债是指企业过去的交易或者事项形成的、预期会导致经济利益流出企业的现时义务。负债是企业资金的重要来源。根据负债的定义，负债具有以下基本特征：

1. 负债是由过去的交易或事项而形成的现时义务。现时义务是指企业在现行条件下已承担的义务。负债作为一项现时义务，产生于过去的交易和事项。如企业因购买原材料而发生的应付账款，由于向银行贷款而形成的银行借款等，都属于企业的负债。企业在未来发生的交易或者事项形成的义务，不属于现时义务，不应当确认为负债。

2. 负债的清偿预期会导致经济利益流出企业。预期会导致经济利益流出企业是负债的一个本质特征。负债的形成一般是基于契约的约定，负债契约规定企业在清偿债务时必须承担经济利益流出企业的义务，清偿负债时发生的经济利益流出可以有多种多样的形式，既可用现金或现金等价物的形式清偿负债，也可以实物资产或提供劳务的形式清偿负债。

负债按偿还期的长短可以分为流动负债和长期负债。流动负债是指将在一年或超过一年的一个营业周期以内偿还的债务，包括短期借款、应付票据、应付账款、应付职工薪酬、应缴税费、应付利润等。长期负债是指偿还期在一年或超过一年的一个营业周期以上的债务，包括长期借款、应付债券和长期应付款等。

（三）所有者权益

所有者权益是指企业资产扣除负债后由所有者享有的剩余权益。公司的所有者权益又称股东权益。所有者权益具有以下特征：

1. 所有者权益表明了所有者对企业的所有权。投资者对企业进行投资，形成了企业资金最基本的来源，投资者也成为企业的所有者。所有者有权根据其投资额参与企业管理并分配企业的利润。

2. 所有者权益在企业正常生产经营期间不需要归还，它形成企业的永久性资本；所有者权益在日常的使用过程中也不需要支付费用，只是在企业有赢利时参与企业利润分配，体现了投资者的投资收益权。

3. 所有者权益的金额取决于资产和负债的计量，是资产减去负债后的余额，表现为企业的净资产。所有者权益的来源包括所有者投入的资本，直接计入所有者权益的利得和损失、留存收益等，通常由实收资本、资本公积、盈余公积和未分配利润构成。投资者投入资本是所有者投入企业的资本部分，包括注册资本和资本溢价。直接计入所有者权益的利得和损失，是指不应计入当期损益、会导致所有者权益发生增减变动的、与所有者投入资本或者向所有者分配利润无关的利得或者损失。利得是指由企业非日常活动所形成的、会导致所有者权益增加的、与所有者投入资本无关的经济利益的流入。损失是指由企业非日常活动所发生的、会导致所有者权益减少的、与向所有者分配利润无关的经济利益的流出。

（四）收入

收入是指企业在日常活动中形成的、会导致所有者权益增加的、与所有者投入资本无关的经济利益的总流入。收入只有在经济利益很可能流入从而导致企业资产增加或者负债减少且经济利益的流入额能够可靠计量时，才能予以确认。根据收入的定义，收入具有以下特征：

1. 收入是在企业日常活动中形成的。日常活动是指企业为完成其经营目标所从事的经常性活动以及与之相关的活动。如制造企业制造并销售产品、商业企业销售商品等，均属于企业的日常活动。明确界定日常活动是为了将收入和利得相区分。日常活动是确认收入的重要判断标准，凡是日常活动所形成的经济利益的流入应确认为收入；非日常活动所形成的经济利益的流入只能确认为利得，如处置固定资产就不属于企业的日常活动，其收入应确认为利得。

2. 收入会导致所有者权益的增加。收入是企业经济利益的总流入。一般情况下，收入的增加会增加企业的资产，相应地也增加了企业的净资产。如制造企业销售产品，一方面增加了现金或应收账款，另一方面也增加了所有者权益。这是收入有别于负债的主要特征，企业向银行借款也会导致经济利益流入，但增加的是企业负债而不是所有者权益。

3. 收入是与所有者投入资本无关的经济利益的流入。所有者向企业投入资本，也会导致经济利益的流入，但这不会增加企业的收入，只会增加企业的所有者权益。另外，企业代第三方或客户收取的款项，也不应确认为企业的收入。

(五)费用

费用是指企业在日常活动中发生的、会导致所有者权益减少的、与向所有者分配利润无关的经济利益的总流出。费用只有在经济利益很可能流出从而导致企业资产减少或者负债增加且经济利益的流出额能够可靠计量时,才能予以确认。费用是与收入相对应的概念,是企业为取得收入而付出的相应的代价。因此,费用必须与一定期间的收入相配比。根据费用的定义,费用具有以下特征:

1. 费用是在企业日常活动中形成的。费用必须是企业在日常活动中所形成的,日常活动所产生的费用通常包括销售成本、管理费用等。将费用界定为日常活动所发生的,是为了与损失相区分。非日常活动所形成的经济利益的流出不能确认为费用,如处置固定资产发生的损失,虽然也是经济利益的流出,但不能确认为费用,而应计入损失。

2. 费用会导致所有者权益的减少。企业发生的费用实质上是企业经营过程中各种资产的耗费,是资产的转化形式。正如收入会导致所有者权益增加一样,作为经济利益流出而发生的费用则会导致所有者权益的减少。不能导致所有者权益减少的经济利益的流出,不能确认为费用。如企业归还银行贷款,虽然是现金的流出,但并不形成企业的费用。

3. 费用导致的经济利益流出与向所有者分配利润无关。企业向所有者分配利润虽然也会导致经济利益流出,但这种经济利益流出只会直接减少所有者权益,而不会形成企业的费用。

(六)利润

利润是指企业在一定会计期间的经营成果。利润是衡量企业一定期间经营业绩好坏的重要指标。

利润包括收入减去费用后的净额、直接计入当期利润的利得和损失等。其中,收入减去费用后的净额反映企业日常活动的经营业绩;直接计入当期利润的利得和损失,是指应当计入当期损益、会导致所有者权益发生增减变动的、与所有者投入资本或者向所有者分配利润无关的利得或者损失。

以上六大会计要素中,资产、负债和所有者权益反映企业的财务状况,收入、费用和利润反映企业的经营成果。这六大会计要素相互影响、密切联系,全面反映了企业的财务状况和经营成果。

三、会计等式

会计等式是反映会计各要素之间基本关系的恒等式,也称会计平衡公式。由于在会计的六要素中,资产、负债和所有者权益反映企业的财务状况,收入、费用和利润反映企业的经营成果,由此也形成了两个基本的会计等式。

(一)反映财务状况的会计等式

任何企业要从事生产经营活动,都必须拥有一定数量的资产。这些资产包括现金、存货、房屋和机器设备等。企业占用的这些资产都有其一定的资金来源。企业资金来源主要有两大类,一类是所有者的投资,形成所有者权益;一类是债权人的投资,形成债权人的权益。因此,企业的各种资产是资金的占用形态,负债和所有者权益则形成企业的资金来源。企业所拥有的一定数额的资产,必定是从一定的来源渠道取得的。所以,企业的资产总额必定等于企业的权益总额(包括债权人的权益和所有者的权益),这种关系就形成了反映企业财务状况的会计平衡公式,即

资产 = 权益

或　　资产 = 负债 + 所有者权益

这一基本的会计等式反映了企业在某一时点的财务状况,又称为静态会计等式。它是设置账户、进行复式记账和编制会计报表的基础。

(二)反映经营成果的会计等式

企业在日常的经营活动中,一方面会通过经营活动取得各种收入,另一方面也会相应地发生各种费用。一定经营期间的收入大于费用,形成企业的利润,如果收入小于费用,则会发生亏损,由此形成了企业收入、费用和利润之间的会计等式,即

收入 - 费用 = 利润

这一会计等式反映了企业在一定期间的经营成果,又称为动态会计等式。

(三)两个基本会计等式之间的关系

上述两个会计等式之间存在着密切的联系,这种联系也反映了企业一定时期经营成果对财务状况的影响。企业进行经营活动的目的是为了赚取利润,利润的实现可使资产增加或负债减少,最终增加企业的所有者权益;反之,如果企业发生亏损,则会减少所有者权益。这种关系可以表示为下面等式:

资产 = 负债 + 所有者权益 + 利润

或　　资产 = 负债 + 所有者权益 + (收入 - 费用)

在会计期末,将利润(或亏损)转入所有者权益之后,会计等式就恢复为“资产 = 负债 + 所有者权益”。

两个基本的会计等式之间的关系,反映了企业财务状况和经营成果之间的联系。企业一定时期的经营成果影响到这一时期结束后的财务状况,如果企业在一定经营期间赚取利润,一方面会增加企业的资产,另一方面会增加企业的所有者权益;如果企业在一定时期发生亏损,则会导致企业资产和所有者权益同时减少。会计的两个基本等式及其之间的关系,不仅反映了会计六要素之间的关系,也能够全面反映企业发生的所有经济活动,并为企业设置账户和编制基本会计报表奠定了理论基础。

第四节　会计核算的基本前提与会计信息质量要求

一、会计核算的基本前提

会计是对企业的经营活动进行确认、计量、记录和报告的过程，由于企业所处的经营环境具有较大的不确定性，因此，需要对会计核算对象及其环境做出必要的约束性规定，这就需要建立会计核算的基本前提。

会计核算的基本前提又称会计假设，是对会计核算所处的时间、空间环境所做的合理假定。会计核算的基本前提是人们在长期的会计实践中逐步认识并进行归纳总结而形成的，是对客观事物合乎逻辑的推断。会计核算的基本前提规定了进行会计核算的基本前提条件，是进行会计确认、计量和报告的基础。会计核算的基本前提包括：会计主体、持续经营、会计分期和货币计量。

（一）会计主体

会计主体是指会计活动为之服务的特定单位或组织，它规定了会计活动的空间范围。我国《企业会计准则——基本准则》规定："企业应当对其本身发生的交易或事项进行会计确认、计量和报告。"这一规定确定了会计主体的范围。也就是说，会计所核算的只能是他所在的特定单位的经济活动，而不包括企业所有者的经济活动及与该企业有经济往来的其他单位的经济活动。提出会计主体这一基本前提，明确了会计的核算范围，使通过会计核算所反映的某一特定企业的财务状况和经营成果能够独立地反映出来，从而为会计信息使用者提供有用的会计信息。

会计主体不同于法律主体。法律主体也称法人，法人是指在政府部门登记注册、有独立法人财产，能够承担民事责任的法人实体，它强调企业与各方面的经济法律关系。而会计主体则是为了正确处理所有者与企业之间的关系而设计的。一般来讲，法律主体必然是会计主体，但有些会计主体并不一定都是法律主体。例如，企业作为一个法律主体，应当建立财务会计系统，独立地反映企业的财务状况和经营成果。但是，在一个由母公司和若干子公司组成的企业集团中，母、子公司都是独立的法律主体，都有各自独立的会计系统（即会计主体），但为了全面考核和反映企业集团的财务状况和经营成果，就必须将母公司及其所属的子公司作为一个会计主体，编制企业集团的合并报表，以全面反映企业集团的经营情况。这样企业集团就成为一个会计主体，但却不是法律主体。

（二）持续经营

持续经营是指在可以预见的将来，企业将会按当前的规模和状态继续经营下去，不会停业，也不会大规模削减业务。我国《企业会计准则——基本准则》规定："企业会计确认、计量和报告应以持续经营为前提。"这一规定明确了会计核算应当以企业持续、正常的经营为前提。

会计主体所依托的企业主体，自设立起包括在其后的经营中，其目的都是为了所有者赚取利润并不断地发展壮大。企业只有持续经营并不断地发展壮大，才能不断地为所有者赚取更多的利润。因此，基于企业经营的目的，在企业正常经营的过程中，会计核算应以企业持续经营为假设前提。只有在设定企业持续经营的前提下，才能进一步选择和确定会计核算的具体方法。例如，对固定资产应按其历史成本入账，固定资产在使用中应按其使用年限计提折旧，债务应按原来规定的条件进行清偿等。会计正是在持续经营这一假设前提下，才可能建立起会计确认和计量的原则，使会计核算方法和程序建立在持续经营的基础上，解决了很多财产计价和收益确认问题，保持了会计信息处理的一致性和稳定性。

由于持续经营假设是根据企业发展的一般情况所做的假定，但在市场竞争中任何企业都有破产清算的风险。对于面临清算的企业，会计核算就不能再以持续经营为前提，而应改变会计核算的原则和方法。

（三）会计分期

会计分期是指将一个企业持续不断的经营活动划分为若干连续的、长短相同的期间。我国《企业会计准则——基本准则》规定："企业应当划分会计期间，分期结算账目和编制会计报告。"这就是会计分期假设。会计分期的目的，在于将企业持续不断的经营活动划分为若干相等的会计期间，并据以按期结算盈亏、编制财务报告，从而及时地向财务报告使用者提供企业财务状况和经营成果的信息。

会计分期假设依赖于持续经营假设。正是因为企业的持续经营才需要进行会计分期，通过会计分期将企业持续不断的经营活动划分为若干连续的、相等的会计期间，从而按期反映企业的财务状况和经营成果。通过会计分期，才产生了当期与以前期间、以后期间的差别，才使不同类型的会计主体有了记账的基准，进而出现了折旧、摊销等会计处理方法。

会计期间通常分为年度和中期。中期是指短于一个完整的会计年度的报告期间。我国规定以日历年作为会计年度，同时还要求企业按半年、季度和月份编制会计报表，即把半年、季度和月份也作为会计期间。

（四）货币计量

货币计量是指会计主体在核算过程中应以货币作为计量单位，用以确认、计量和报告会计主体的经营活动。我国《企业会计准则——基本准则》规定："企业会计应当以货币计量。"这就是货币计量假设。

企业会计核算之所以选择货币作为计量单位，是由货币的本质属性所决定的。货币是商品的一般等价物，是衡量一般商品价值的共同尺度，具有价值尺度的职能。其他计量单位，如重量、长度、容积、台、件等，只能从一个侧面反映企业的经营活动情况，无法在量上进行汇总和比较，不便于会计计量和管理。只有选择货币这一共同尺度进行计量，才能全面反映企业的经营活动。

以货币作为会计的计量单位也存在缺陷，因为企业中某些影响财务状况和经营成果的因素不能用货币计量，如企业经营战略、研究开发能力和市场竞争力等，对于这些不能以货币计量的重要因素一般以非货币指标的形式在财务报告中补充披露。另外，会计核算以货币作为计量单位是以币值稳定为基本前提的。如果币值变动幅度不大，可以忽略不计。在我国的会计核算中，一般不考虑货币币值变动的影响。

以上会计核算的基本前提为进行会计核算奠定了基石。其中，会计主体为会计核算限定了空间范围，持续经营和会计分期确立了会计核算的时间范围，货币计量限定了会计核算的计量单位。各个会计前提之间具有相互依存、相互补充的关系，它们共同组成了现代会计的核算前提。

二、会计基础

企业会计的确认、计量和报告应当以权责发生制为基础。所谓权责发生制，是指对于一定的会计主体，凡是当期已经实现的收入和已经发生的费用，无论款项是否收付，都应当作为当期的收入和费用；凡是不属于当期的收入和费用，即使款项已经在当期收付，也不应当作为当期的收入和费用。我国《企业会计准则——基本准则》规定："企业应当以权责发生制为基础进行会计确认、计量和报告。"

采用权责发生制，可以正确计算各个会计期间所实现的收入及其应当负担的费用，从而把各期的收入与费用相配比，正确计算各期所实现的利润。因此，权责发生制是企业会计核算的基础。

与权责发生制相对应的是收付实现制，收付实现制是以收到或支付现金作为确认收入和费用的依据。目前我国的行政、事业单位会计基本采用收付实现制，但事业单位的经营业务也要求采用权责发生制。

三、会计信息质量要求

会计信息质量要求是对企业所提供的会计信息质量的基本要求，是使会计信息对使用者决策有用应具备的基本特征。我国《企业会计准则——基本准则》对会计核算应当遵循的会计信息质量要求做出了规定,包括可靠性、相关性、可理解性、可比性、实质重于形式、重要性、谨慎性和及时性。

(一)可靠性

可靠性要求企业应当以实际发生的交易或者事项为依据进行会计确认、计量和报告,如实反映符合确认和计量要求的各项会计要素及其他相关信息,保证会计信息真实可靠、内容完整。为了保证会计信息的可靠性,企业应当做到:

1. 以实际发生的交易或事项进行会计核算,将符合会计要素定义及其确认条件的会计要素如实反映在财务报表中,不得根据虚构的、没有发生的交易或事项进行会计处理。

2. 在符合重要性及成本效益原则的前提下,保证会计信息的完整性,不能随意遗漏或减少应予披露的信息,与使用者决策相关的有用信息应予以充分披露。

3. 在财务报告中的会计信息应当是客观中立的、无偏的,不能为了某种目的而进行有选择的会计处理及信息披露,会计核算应充分体现其客观性。

(二)相关性

相关性要求企业提供的会计信息应当与财务会计报告使用者的经济决策需要相关,有助于财务会计报告使用者对企业过去、现在或者未来的情况做出评价或者预测。

会计的目标就是为使用者进行决策提供相关的会计信息,可见,会计信息的价值在于是否向使用者提供了与决策相关的信息。相关的会计信息应当有助于决策者评价过去的决策,促使当前做出正确的决策,并能够预测未来的财务状况、经营成果和现金流量。为了满足相关性的需要,企业应在会计处理中充分考虑使用者的决策模式和信息需要。

会计信息质量的相关性要求,是以可靠性为基础的。会计信息在可靠性的前提下,应尽可能做到相关性,以满足会计信息使用者的决策要求。

(三)可理解性

可理解性要求企业提供的会计信息应当清晰明了,便于财务会计报告使用者理解和使用。

企业提供会计信息的目的在于使用,而要使会计信息使用者有效使用会计信息,应当能让其了解会计信息的内涵和内容,这就要求企业所提供的会计信息应当清晰明了,易于理解。只有这样,才能提高会计信息的有用性。但是,鉴于会计信息的专业性较强,在强调会计信息可理解性的同时,应假定会计信息使用者具有一定的会计专业知识,并愿意去研究这些会计信息。因此,对于复杂的会计信息,如果对使用者的决策有用,也应当在会计报表中予以披露。

（四）可比性

可比性要求企业提供的会计信息应当具有可比性。具体包括以下内容：

1. 为了使同一企业在不同时期的会计信息具有可比性，要求同一企业不同时期发生的相同或者相似的交易或者事项，应当采用一致的会计政策，不得随意变更。如果确实需要变更的，应当在会计报表附注中加以说明。这一要求可以保证企业前后各期的会计信息具有可比性。

2. 为了使不同企业的会计信息具有可比性，要求不同企业发生的相同或者相似的交易或者事项，应当采用规定的会计政策，确保会计信息口径一致、相互可比。这就是说，不同企业发生的相同的交易或事项，应当采用统一规定的会计政策，从而保证不同企业之间的会计信息具有可比性。

可比性要求的目的在于提高会计信息的决策相关性，使得会计主体在相互比较的基础上能够解释它们之间相同与差异的原因，也避免了企业利用会计核算过程提供虚假信息，从而进一步保证了会计信息的客观性。

（五）实质重于形式

实质重于形式要求企业应当按照交易或者事项的经济实质进行会计确认、计量和报告，不应仅以交易或者事项的法律形式为依据。

企业发生的交易或事项，在多数情况下其经济实质和法律形式是一样的，但在有些情况下也会出现不一致。对于这种情况，企业应当以交易或事项的经济实质进行会计处理，而不必完全拘泥于其外在的法律形式。如企业以融资租赁方式租入的固定资产，从法律形式上讲，作为承租方的企业并不拥有固定资产的所有权；但从实质上看，承租方已经拥有该项固定资产长久的控制权和使用权，相应地与该项固定资产相关的收益和风险已经转移给承租方，因此在会计处理中，对于以融资租赁方式租入的固定资产，承租方应作为企业的资产进行反映。

（六）重要性

重要性要求企业提供的会计信息应当反映与企业财务状况、经营成果和现金流量等有关的所有重要交易或者事项。关于交易或事项的重要性，是指由这些交易或事项所形成的会计信息，是否会对使用者的决策产生重要影响。如果这些交易或事项省略或错报能影响使用者的经济决策，就说明具有重要性；否则，就不具有重要性或者说是“次要”的。

重要性的应用需要依赖会计人员的职业判断，企业应该根据其所处的环境和实际情况，从项目的性质和金额大小两方面来判断其重要性。当然，企业会计核算应全面反映企业的经济活动，对于“次要”的事项也并非不反映，而是应进行适当的简化处理。如企业发生的一些金额较小的支出，从支出的收益期来看，可能需要在若干个会计期间进行分摊,但根据重要性要求,可以一次计入当期损益。

(七)谨慎性

谨慎性要求企业对交易或者事项进行会计确认、计量和报告应当保持应有的谨慎,不应高估资产或者收益、低估负债或者费用。

在市场经济环境下,企业的经营活动面临着许多风险和不确定性,这就需要会计人员在处理会计信息时,应当保持应有的谨慎,充分估计和判断可能发生的各种风险和损失,尽量做到不高估资产或收益、不低估负债或费用,以使会计信息较企业实际的情形更为谨慎,而不是更为乐观。例如,在每年年末,企业都需要对有关资产的价值进行评估,如果发现资产的现行市价低于原来的账面价值,即资产发生了减值,就应计提资产减值准备。计提资产减值准备就是贯彻谨慎性要求的具体表现。

企业贯彻谨慎性要求,虽然不能高估资产或收益、低估负债或费用,但也不允许企业故意低估资产或收益、高估负债或费用。因为这不符合会计信息可靠性和相关性的要求,会降低会计信息的质量。

(八)及时性

及时性要求企业对于已经发生的交易或者事项,应当及时进行会计确认、计量和报告,不得提前或者延后。

会计信息的价值在于帮助使用者做出经济决策,具有时效性。即使是可靠、相关的会计信息,如果不及时反映,就失去了实效性,对于使用者而言可能就不再具有实际意义。按照及时性要求,企业应该在交易或事项发生后及时收集会计信息,按照会计准则的规定及时处理会计信息并编制财务报告,并及时将财务报告传递给会计信息使用者,以便使用者及时做出相关的决策。

第五节 会计核算的基本原则

会计核算的基本原则是对企业会计要素确认、计量的一般原则,是指导企业会计核算的规范和标准,主要包括历史成本原则、实现原则、配比原则、划分收益性支出和资本性支出原则等。

一、历史成本原则

历史成本原则也称原始成本原则,是指企业的各项资产或负债应该按交易发生时的实际成本或承诺支付的金额进行计量。按历史成本原则,具体到企业资产的计价就是按取得或建造时所发生的实际成本进行计量。由于历史成本是在交易发生时按客观经济事实所确定的，并且可以取得相应的会计凭证作为经济业务发生的依据，因此按历史成本计量具有可靠性和可验证性。

历史成本原则是我国及国际上进行会计核算的基本原则，但也面临着多种现实的问题。主要是因为资产的市价由于各种原因会发生变化，在这种情况下，如果仍然按历史成本对资产进行计价，会使会计信息失去相关性。为此，就出现了其他可以采用的会计计量标准，如重置成本、可变现净值、现值、公允价值等。

我国《企业会计准则——基本准则》对会计计量属性进行了如下规定：企业在将符合确认条件的会计要素登记入账并列报于财务报表时，应当按照规定的会计计量属性进行计量，确定其金额。会计计量属性主要包括：

(一)历史成本

在历史成本计量下，资产按照购置时支付的现金或者现金等价物的金额，或者按照购置资产时所付出的对价的公允价值计量。负债按照因承担现时义务而实际收到的款项或者资产的金额，或者承担现时义务的合同金额，或者按照日常活动中为偿还负债预期需要支付的现金或者现金等价物的金额计量。

(二)重置成本

在重置成本计量下，资产按照现在购买相同或者相似资产所需支付的现金或者现金等价物的金额计量。负债按照现在偿付该项债务所需支付的现金或者现金等价物的金额计量。

(三)可变现净值

在可变现净值计量下，资产按照其正常对外销售所能收到现金或者现金等价物的金额扣减该资产至完工时估计将要发生的成本、估计的销售费用以及相关税费后的金额计量。

(四)现值

在现值计量下，资产按照预计从其持续使用和最终处置中所产生的未来净现金流入量的折现金额计量。负债按照预计期限内需要偿还的未来净现金流出量的折现金额计量。

(五)公允价值

在公允价值计量下，资产和负债按照在公平交易中，熟悉情况的交易双方自愿进行资产交换或者债务清偿的金额计量。

企业在对会计要素进行计量时，一般应当采用历史成本，采用重置成本、可变现净值、现值、公允价值计量的，应当保证所确定的会计要素金额能够取得并可靠计量。

这说明历史成本原则仍然是我国会计核算中对资产和负债进行计量的基本原则。但是针对一些特定的情况，根据需要也可采用重置成本、可变现净值、现值、公允价值进行计量。这是我国会计核算适应市场经济需要在会计计量属性方面所进行的必要变革,也是在保证会计信息可靠性的前提下,进一步提高会计信息的相关性。

二、实现原则

实现原则也称收入实现原则或收入确认原则,是指企业的收入应该在已实现时加以确认。所谓实现是指由于销售商品或提供劳务而引起的现金或现金索取权的流入。如企业销售产品时可能直接收到现金,也可能由于采取赊销的方式在未来约定的时间内收到货款,这两种情况都可以视同收入的实现。因为企业销售产品的所有权已由卖方转移给买方,相应地与该产品相关的利益和风险也已经转移给了买方,这就应该确认为收入已经实现。

由于企业的收入实现面临诸多不确定性,所以正确确认收入实现至关重要,因为收入的确认是否正确直接影响利润的真实性。我国《企业会计准则——基本准则》中规定:“收入只有在经济利益很可能流入从而导致企业资产增加或者负债减少且经济利益的流入额能够可靠计量时才能予以确认。”

三、配比原则

配比原则要求企业在进行会计核算时,收入与其相关的成本、费用应相互配比,同一期间的各项收入和与其相关的成本、费用应在该会计期间内确认。配比原则是确认收入、成本费用及利润的重要原则。

配比原则包括两层含义,一是收入和费用在期间上的配比,二是收入和费用在对象上的配比。期间上配比是指在一定期间发生的收入必须与该期间发生的相关费用相配比,以正确计算该期间的利润;对象上配比是指某项特定收入与其相关费用的配比,如企业销售一项产品所获得的收入,就应该与为生产该产品所发生的成本及费用相配比。通过对象上的配比,可以正确计算企业销售某项产品所获的利润,通过期间上的配比,可以正确计算企业在某一期间实现的利润。

配比原则与权责发生制原则有着内在的联系,并且最终要受持续经营和会计分期前提的制约。

四、划分收益性支出与资本性支出原则

划分收益性支出与资本性支出原则,要求将企业的支出按其性质划分为收益性支出和资本性支出,并分别采用不同的会计处理方法。所谓收益性支出,是指为了取得本期收益而发生的支出,应当作为本期费用直接计入当前的损益之中。如生产产品所发生的材料费、职工的薪酬以及有关的管理费用等。所谓资本性支出,是指企业为取得本

期及以后各期收入而发生的支出,这种支出应该将其资本化,确认为企业的资产。如企业为购买机器设备而发生的支出,这种支出不仅在本期也将在以后各期企业的收入中发挥作用,因此应将其资本化,作为企业的固定资产入账,并通过计提折旧的办法在固定资产的使用寿命期内进行分摊,以与以后各个期间的收入相配比,从而正确计算各个期间的利润。

第六节 企业组织形式与会计规范

一、企业组织形式

企业是市场经济的主体,企业会计是应用最广、最具有代表性的专业会计。因此,本书主要说明企业会计核算的基本原理和方法。前已述及,会计核算是在一定的环境下进行的,而企业组织形式又是影响会计核算的主要环境因素之一。在现代社会中,企业组织形式主要有三种:独资企业、合伙企业和公司制企业。不同的组织形式对会计核算有不同的要求。

(一)独资企业

独资企业是指由一个人出资并拥有全部资产、独自经营并对债务承担无限责任的企业。独资企业是一种最简单、最原始的企业组织形式,一般规模都比较小。独资企业的投资者同时也是企业的经营者,一般不具有法人资格,业主对企业债务承担无限的清偿责任,企业收益须作为企业主个人的收益缴纳个人所得税。

(二)合伙企业

合伙企业是指由两个或两个以上投资人共同出资而设立的企业。合伙企业与独资企业相比,除了出资人不止一个人以外,在企业性质及其他方面基本与独资企业相同。即合伙企业不具有法人资格,合伙人或合伙人代表直接经营企业,合伙人对企业债务承担无限的清偿责任,不缴纳企业所得税,而是将合伙企业的收益或亏损按比例分配给各个合伙人,作为合伙人个人的收入缴纳个人所得税。

相对于独资企业,合伙企业的最大优点是可以筹集更多的资金。合伙企业中的合伙关系使得一大批人能够对企业共同投入资本和技能,从而组成具有一定规模的竞争性企业。这不仅是一种资本的集合,更重要的是在某些方面还可能具有经营和竞争优势。若某一行业中所有权与控制权相分离就不能达到最佳状态,则这些行业中合伙企业的组织形式就最具有竞争力。这也是那些资本要求不高的知识密集型行业,如律师事务所、会计师事务所、广告公司等采用合伙制的原因所在。

(三)公司制企业

公司是与所有者相分离、能独立地享有权利和承担责任的法律主体。公司制企业的主要特点是所有者与公司相分离,所有者只承担以出资额为限的有限责任,公司与所有者分别按其收入纳税。公司制企业主要可以分为有限责任公司和股份有限公司两种。

1. 有限责任公司。有限责任公司是由两个或两个以上股东共同出资,每个股东以其出资额为限对公司承担有限责任,公司以其全部资产对其债务承担责任的企业法人。有限责任公司具有股东只承担有限责任、是一个独立的法律主体并能永续存在等特点。有限责任公司的全部资本不分为等额股份,而根据投资人的出资额向其发放股权证书,股东凭借股权证书分配公司收益。大多数有限责任公司一般采用集权式的管理方式,股东人数也有一定的限额。有限责任公司作为独立的法人,其所获的收益应按规定的税率缴纳企业所得税。

2. 股份有限公司。股份有限公司是指全部注册资本分为等额股份并通过发行股票方式筹集资本的法律主体,是现代企业的一种主要组织形式。股份有限公司具有以下特点:

(1)股份有限公司是独立于所有者的法律主体。公司可以以自己的名义筹集资金,因此公司进行经营活动所产生的债务只需由公司承担。作为独立的经济和法律主体,公司可以单独与管理者、供应商、顾客和社会团体签订契约,并承担相应的责任。

(2)股东只承担有限责任。股份公司的资本总额分为若干等额的股份,股东的所有权以股份为证明,股东对公司承担的责任以其在公司所持股份为限,因此,股东的私人财产不会被用于偿还公司债务。

(3)股份容易转让。正是因为股份公司的资本被分为若干等额的股份,每一股即代表了对公司的一份所有权,所以在公司价值一定的情况下每股的价格也容易确定,从而使股份公司的股份容易转让和流通。

(4)永续存在。股份的流动性决定了股东的流动性,股份公司不会因为股东的退出而终止,所以,股份公司一旦创立,除非被明确终止,将永远存在下去。

股份有限公司的上述特点决定了其在现代企业竞争中的优势。这些竞争优势主要表现在:

第一,股份有限公司可以筹集大量的资金,从而使其具有规模竞争优势。

第二,股份的流通和转让及股东的有限责任,降低了股东的投资风险。

第三,所有权与经营权的分离,使股份有限公司可以进行专业化管理,从而发挥其管理优势。

但是,股份有限公司也有其不足,主要有以下几点:一是股份有限公司设立程序复杂，法律要求严格，且手续费、开办费较高。二是公司作为独立的法人必须按其收益缴纳公司所得税，股东在税后分配的股利必须缴纳个人所得税，从而形成对公司利润的双重纳税。

企业的组织形式，对会计核算有重要影响。选择一定的企业组织形式，就决定了企业会计核算的程序和方法。由于股份公司是现代大型企业最常见的企业组织形式，而且所有者一般不参与企业的直接经营，从而导致所有权与经营权分离，这就对会计核算提出了更高的要求，从而也有力地推动了现代会计理论和方法的发展。

二、会计规范

会计规范是国家机构或民间团体所制定的会计法规、准则和制度的总称，是会计人员处理会计工作应遵循的标准。现代会计理论和方法是以股份公司的发展和需要不断发展的，而公司的会计信息又是一种公共产品，在证券市场日益发达的市场经济社会中，起着资源配置的重要作用，对社会公众的利益产生重大影响，会计也因此成为一个备受公众关注和受高度管制的领域。本节主要介绍我国的会计法、会计准则和会计制度。

（一）会计法

我国《会计法》的全称是《中华人民共和国会计法》，是由全国人民代表大会制定的。新中国成立后，《会计法》于 1985 年首次颁布实行，1993 年 12 月和 1999 年 10 月又先后进行了两次修订。《会计法》是我国一切会计工作最重要的根本大法。国家机关、社会团体、企业、事业单位、个体工商户和其他组织都必须遵守《会计法》办理会计事务。拟定其他会计法规，制定会计准则和会计制度，均应以《会计法》为依据。

现行《会计法》主要规定了立法目的、适用范围、会计工作的管理权限划分以及国家统一会计制度的制定等基本方面，同时还在会计核算、会计监督、会计机构和会计人员、会计的法律责任等方面，规定了会计工作应达到的要求。1999 年 10 月颁布的现行《会计法》具有以下几个特点：①强调了会计信息的真实、完整，严格禁止虚假信息；②突出了单位责任人对会计信息真实性的责任；③特别关注公司、企业的会计核算；④要求各单位强化会计监督。

（二）会计准则

会计准则是处理会计业务的标准，进行会计核算的规范，也是评价会计工作质量的依据。会计准则由基本会计准则和具体会计准则组成。基本会计准则是指那些适用面广、对会计工作具有普遍指导意义的准则，会计概念、会计假设、确认基础和会计原则均属基本会计准则的范畴。具体会计准则是确认、计量和报告某一会计主体的具体业务对财务状况和经营成果的影响时所应遵循的准则。基本会计准则是制定具体会计准则的理论依据和指导原则,而具体会计准则则是基本会计准则在处理具体会计业务中的应用。

新中国成立以来,我国一直由财政部制定和颁布统一的会计制度,规范国有企业的会计实务。为了适应我国市场经济的发展和改革开放的需要,财政部于1992年11月首次颁布了《企业会计准则》,并于1993年7月1起实施,适用于设在中国境内的所有企业。

2006年2月,财政部颁布了新的会计准则体系。新的会计准则体系包括1项基本准则和38项具体准则,要求上市公司自2007年1月1日起执行,并鼓励非上市公司执行。我国现行的新会计准则体系,基本上实现了我国企业会计准则与国际会计准则的趋同。

(三)会计制度

会计制度是企事业单位进行会计工作所应遵循的规则、方法和程序的总称。新中国成立以来,我国财政部主要以颁布统一会计制度的办法来规范会计实务。1992年财政部颁布《企业会计准则》,在具体准则尚未出台之前,陆续颁布了分行业的统一会计制度,形成了具体会计准则与会计制度并存的局面。

2000年12月,财政部又颁布了《企业会计制度》,要求自2001年1月1起在股份有限公司范围内执行,自2002年起,要求除小规模企业和金融企业外的所有企业均执行《企业会计制度》。2006年新的会计准则体系颁布后,所有的上市公司执行新的会计准则,而非上市公司可以执行企业会计制度。

复习思考题

1. 为什么说经济越发展,会计越重要?
2. 会计的基本职能是什么?
3. 会计要素包括哪些内容?说明各会计要素之间的关系。
4. 什么是会计核算的基本前提?会计核算的基本前提有哪些?
5. 会计信息质量要求包括哪些内容?
6. 什么是会计核算的基本原则?会计核算的基本原则包括哪些内容?
7. 我国会计规范体系包括哪些内容?简述它们之间的关系。

第二章　会计科目、账户及借贷记账法

第一节　会计科目与账户

一、会计科目

（一）设置会计科目的意义

会计科目是对会计对象的具体内容进行分类核算的项目。会计对象按性质分为资产、负债、所有者权益、收入、费用和利润等会计要素，这是对会计对象的基本分类。但是，在企业实际的生产经营活动中往往发生多种多样的经济业务，要全面、详细地反映企业发生的各种各样的经济业务及其变化，必须对会计要素所包含的具体内容进行更详细地分类。如企业的资产可以分为流动资产与非流动资产，而流动资产中又可以分为现金、银行存款、应收账款、材料等；负债可以分为流动负债与长期负债，而流动负债又可以分为应付账款、短期借款等。因此，为了全面、系统地反映企业纷繁复杂的经济活动，必须对会计要素按其不同的内容和特点进行更具体的分类，并且为每一类性质相同的会计要素内容规定一个适当的名称，这就需要设置会计科目。

通过设置会计科目，可以对企业发生的纷繁复杂的、性质不同的经济业务进行科学的分类，为企业设置账户提供直接的依据。会计科目还是进行复式记账、编制记账凭证和会计报表的基础，在企业的会计核算中具有重要的意义。

（二）设置会计科目的原则

为了提供科学、完整、系统的会计信息，在设置会计科目时应遵循以下原则。

1. 结合会计对象的具体内容和特点。不同行业、不同单位的经济活动各有其具体内容及特点，在设置会计科目时必须考虑不同单位经济活动的性质及特点。如工业企业主要从事产品的生产及销售活动，商业企业主要从事商品的购销活动。不同行业经济业务的差异决定了在设置会计科目时也存在一定的差异。即便是在同一行业中，由于企业规模大小存在差异，也决定了在设置会计科目时繁简的不同。

2. 必须符合经济管理的要求。设置会计科目必须满足各方对企业会计信息的需求。一方面要满足国家宏观管理及外部投资人、债权人对企业的会计信息需求，根据国家宏观管理的要求来划分经济业务的类别，设置相应的会计科目，从而满足外部相关各方的信息需要；另一方面要满足企业内部经营管理的需要，为企业进行预测、决策及管理提供相关的信息。

3. 统一性与灵活性相结合。设置会计科目，既要符合《企业会计准则》的统一规定，又要结合各单位的具体情况及特点。《企业会计准则》对企业一些主要会计科目的设置均进行了统一规定，任何单位必须按这一规定设置会计科目，以便对外提供统一的、可比的财务会计报告。在保证统一性的前提下，企业可以根据自身的经营特点及业务的繁简，适当增减及合并一些会计科目。设置会计科目贯彻统一性与灵活性相结合的原则，可以保证会计信息的有用性。

4. 简明实用、相对稳定。设置会计科目，应当明确界定每一科目的核算内容，要求简明扼要、通俗易懂，能准确地反映企业发生的经济业务。另外，设置会计科目还应保持相对稳定性，以便于不同时期对会计指标的分析比较及在一定范围内的汇总核算。

（三）会计科目的分类

会计科目可以按不同的标准进行分类，但主要的分类标准有两个：一是按会计科目反映的经济内容分类，二是按会计科目提供核算资料的详细程度的不同进行分类。

1. 会计科目按反映的经济内容进行分类。会计科目按其反映的经济内容不同，可以分为六大类：资产类、负债类、共同类、所有者权益类、成本类和损益类。这是对会计科目最基本的分类。其中，共同类是指既有资产性质，又有负债性质，这样有共性的科目，多为金融、保险、投资、基金等公司使用。我国《企业会计准则——应用指南》中，对这六大类会计科目的具体内容进行了基本规定，是企业设置基本账户的基础。

2. 会计科目按提供资料的详细程度不同分类。会计科目按提供资料的详细程度不同，可以分为总分类科目和明细分类科目。总分类科目又称一级科目，是对会计要素的总括分类，它提供较为概括的核算资料；明细分类科目又称为明细科目，是对某一总分类科目核算内容所做的更为详细的分类，它提供的是较为详细的核算资料。有时为了核算的需要，还要在总分类科目和明细科目之间设置二级科目，二级科目提供的核算资料比总分类科目详细，比明细分类科目概括。

我国《企业会计准则——应用指南》对企业会计科目的制定，是在对会计要素按经济内容分类的基础上，结合国家宏观管理的要求以及企业经营的一般特点进行的。根据《企业会计准则——应用指南》中的规定，企业常用的会计科目如表 2－1 所示。

表 2－1　企业常用会计科目表

顺序号	编号	会计科目名称	顺序号	编号	会计科目名称
		一、资产类	28	1531	长期应收款
1	1001	库存现金	29	1532	未实现融资收益
2	1002	银行存款	30	1601	固定资产
3	1015	其他货币资金	31	1602	累计折旧
4	1101	交易性金融资产	32	1603	固定资产减值准备
5	1121	应收票据	33	1604	在建工程
6	1122	应收账款	34	1605	工程物资
7	1123	预付账款	35	1606	固定资产清理
8	1131	应收股利	36	1701	无形资产
9	1132	应收利息	37	1702	累计摊销
10	1231	其他应收款	38	1703	无形资产减值准备
11	1241	坏账准备	39	1711	商誉
12	1401	材料采购	40	1801	长期待摊费用
13	1402	在途物资	41	1811	递延所得税资产
14	1403	原材料	42	1901	待处理财产损益
15	1404	材料成本差异			二、负债类
16	1405	库存商品	43	2001	短期借款
17	1406	发出商品	44	2101	交易性金融负债
18	1407	商品进销差价	45	2201	应付票据
19	1408	委托加工物资	46	2202	应付账款
20	1411	周转材料	47	2205	预收账款
21	1471	存货跌价准备	48	2211	应付职工薪酬
22	1501	持有至到期投资	49	2221	应交税费
23	1502	持有至到期投资减值准备	50	2231	应付利息
24	1503	可供出售金融资产	51	2232	应付股利
25	1511	长期股权投资	52	2241	其他应付款
26	1512	长期股权投资减值准备	53	2401	递延收益
27	1521	投资性房地产	54	2501	长期借款

续表

顺序号	编号	会计科目名称	顺序号	编号	会计科目名称
55	2502	应付债券	73	5101	制造费用
56	2701	长期应付款	74	5201	劳务成本
57	2702	未确认融资费用	75	5301	研发支出
58	2711	专项应付款	六、损益类		
59	2801	预计负债	76	6001	主营业务收入
60	2901	递延所得税负债	77	6051	其他业务收入
三、共同类			78	6101	公允价值变动损益
61	3001	清算资金往来	79	6111	投资收益
62	3002	货币兑换	80	6301	营业外收入
63	3101	衍生工具	81	6401	主营业务成本
64	3201	套期工具	82	6402	其他业务成本
65	3202	被套期项目	83	6405	营业税金及附加
四、所有者权益类			84	6601	销售费用
66	4001	实收资本	85	6602	管理费用
67	4002	资本公积	86	6603	财务费用
68	4101	盈余公积	87	6701	资产减值损失
69	4103	本年利润	88	6711	营业外支出
70	4104	利润分配	89	6801	所得税费用
71	4201	库存股	90	6901	以前年度损益调整
五、成本类					
72	5001	生产成本			

从表 2－1 可以看出,会计科目表是按编号、名称统一排列的。对会计科目按照一定的标准进行编号,其目的是为了便于会计科目的分类、查找,尤其是为了适应会计电算化的需要。我国常用会计科目的编号通常为四位数字,其中,第一位数字代表该科目的类别,如首位数字为“1”代表资产类科目,首位数字为“2”代表负债类科目,首位数字为“3”代表共同类科目,首位数字为“4”代表所有者权益类科目,首位数字为“5”代表成本类科目,首位数字为“6”代表损益类科目。由此,通过首位数字即可判断会计科目的性质。

二、会计账户

(一)账户的含义

设置会计科目是将会计要素所反映的经济内容进行归类。但是,要把发生的经济业务连续、完整、系统地记录和反映出来,还必须借助于账户。所谓账户,就是根据会计科目开设的,用于分类核算会计要素增减变动及其结果的具有一定格式和结构的记账实体。

(二)账户的基本结构

账户的结构是指账户的格式及其所记录的经济内容。账户的格式可以有多种形式,但账户最基本的结构还是要记录经济业务所引起的会计要素的数量变化。会计要素的数量变化不外乎增加和减少两种情况,因而,账户也相应地分为两个部分,一方记录增加额,另一方记录减少额。至于账户的哪一方登记增加额,哪一方登记减少额,则取决于账户的性质。

在账户结构中,本期增加的金额称为本期增加额,本期减少的金额称为本期减少额,增加额与减少额相抵后的差额即为余额。余额又分为期初余额和期末余额,本期的期末余额结转到下期,即为下期的期初余额,它们与本期增加额和本期减少额的关系为:

期末余额 = 期初余额 + 本期增加额 - 本期减少额

在实际工作中,账户的基本结构主要包括以下内容:①账户的名称(会计科目);②日期和摘要,用以记录经济业务发生的时间和内容;③凭证号数,即记账所依据的记账凭证的编号;④增加金额、减少金额及余额。

常用的账户的基本结构如表 2-2 所示。

表 2-2　账户名称(会计科目)

年		凭证号数	摘要	借方	贷方	借或贷	余额
月	日						

为便于会计教学的需要,在教科书中经常用简化的格式——“T”形账户来代替实际的账户结构。“T”形账户的格式如图 2-1 所示。

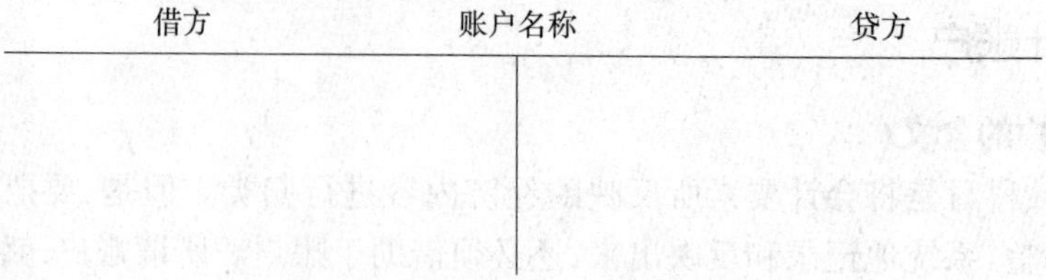

图 2-1 “T”形账户的基本格式

(三)会计科目与账户的关系

会计科目与账户是两个既有联系又有区别的概念。它们之间的联系表现为:会计科目与账户都是对会计对象的具体内容进行的分类,两者的口径一致、性质相同;会计科目是设置账户的依据,也是账户的名称,账户是会计科目的具体运用。两者的区别主要表现在:会计科目是对会计要素按经济内容进行分类的标志,没有具体的格式,只是说明经济业务的内容。账户既有名称又有专门的格式和结构,可以具体记录会计要素的增减变动情况及其结果。在实际工作中,对会计科目和账户并不进行严格区分,可以互相通用。

(四)明细分类账户及其设置

账户按其提供信息的详细程度的不同,可以分为总分类账户和明细分类账户。

总分类账户又称总账账户,它是根据一级会计科目设置,提供有关会计要素增减变动及其结果的总括指标的账户。明细分类账户又称明细账户,它是根据明细会计科目设置,提供会计要素增减变动的详细指标的账户。一般情况下,企业重要的财产物资以及债权、债务等,都需要设置明细分类账户。

总分类账户对明细分类账户起着控制、统驭的作用,明细分类账户对总分类账户则起着补充说明的作用,两者提供的指标相辅相成,共同满足企业内、外会计信息需求者的需要。

第二节 借贷记账法

一、复式记账法

复式记账法是指对发生的每一项经济业务所引起的会计要素的增减变动,都以相等的金额同时在两个或两个以上的账户中相互联系地进行登记的一种记账方法。例如,企业以银行存款购买原材料,一方面要在银行存款账户中记录银行存款的减少金额,同时还要以相等的金额在原材料账户中登记原材料的增加金额。

在复式记账法下,每一项经济业务发生后,都要在两个相互联系的账户中进行登记,可以全面地反映经济业务的来龙去脉;而以相等的金额在相关的账户中进行登记,又便于对账户记录结果的正确性进行试算平衡。

二、借贷记账法

借贷记账法是以“借”“贷”为记账符号用以记录经济业务的一种复式记账方法。借贷记账法产生于13世纪的意大利，到目前已成为世界各国通用的一种复式记账方法，也是我国所有企业进行会计核算必须采用的记账方法。

（一）记账符号

借贷记账法以“借”“贷”为记账符号，用以反映会计要素的增减变化。在借贷记账法下，账户分为左右两方，左方为借方，右方为贷方。但究竟哪一方记录增加额，哪一方记录减少额，期末余额在哪方，则取决于账户的基本性质。

根据会计的基本等式“资产 = 负债 + 所有者权益”，由于“资产”与“负债和所有者权益”是一种相对应的关系，因此，在借贷记账法下，资产类账户的借方记录增加额，贷方记录减少额，期末余额在借方；负债与所有者权益类账户则相反，这类账户的贷方记录增加额，借方记录减少额，期末余额在贷方。借贷记账法下账户的基本格式如图2－2所示。

图2－2　借贷记账法下账户的基本格式

（二）账户结构

账户结构是反映账户内容的组成要素。在借贷记账法下，账户分为借方（左方）和贷方（右方）两部分，借方和贷方记录经济业务的增减变化是由账户的性质决定的。账户的期初余额及期末余额则与账户增加额登记的方向相一致。

根据前述，账户按经济内容的性质分为资产、负债、所有者权益、收入、费用和利润，并形成了两个会计等式，即“资产 = 负债 + 所有者权益”和“收入 － 费用 = 利润”。下面分别按不同性质的账户说明其在借贷记账法下的账户结构。

1. 资产、负债和所有者权益账户的结构。资产、负债和所有者权益三大会计要素构成了资产负债表的基本内容，在资产负债表中，一般是在左方反映资产项目，右方反映负债和所有者权益项目。因此在习惯上，资产类账户的借方登记资产的增加额，贷方登记资产的减少额，期末余额一般在借方。

资产类账户的结构如图2－3所示。

资产类账户

借方		贷方	
期初余额	×××		
本期增加额	×××	本期减少额	×××
本期借方发生额合计	×××	本期贷方发生额合计	×××
期末余额	×××		

图2-3　资产类账户的结构

负债和所有者权益类项目反映在资产负债表的右方，与资产类账户的登记方向刚好相反，这两类账户的贷方登记本期的增加额，借方登记本期的减少额，期末余额一般在贷方。

负债和所有者权益类账户的结构如图2-4所示。

负债和所有者权益类账户

借方		贷方	
		期初余额	×××
本期减少额	×××	本期增加额	×××
本期借方发生额合计	×××	本期贷方发生额合计	×××
		期末余额	×××

图2-4　负债和所有者权益类账户的结构

2. 收入、费用和利润账户的结构。收入类和费用类账户统称为损益类账户，根据会计等式“收入-费用=利润”所揭示的关系，可以进一步分析这三类账户的性质，进而确定其在借贷记账法下的账户结构。

企业取得的收入可以导致利润的增加，而利润的增加最终会使企业的所有者权益增加。依照这一逻辑，收入类账户应比照所有者权益类账户的结构设置，贷方登记本期增加额，借方登记本期减少额或转出额；在会计期末，企业实现的各类收入均要转入本年利润账户，因此，收入类账户没有期末余额。

收入类账户的结构如图2-5所示。

收入类账户

借方		贷方	
本期减少额	×××	本期增加额	×××
或本期转销额	×××		
本期借方发生额合计	×××	本期贷方发生额合计	×××

图2-5　收入类账户的结构

企业发生的各种费用实际上是资产的耗费，即资产的价值转移到了费用中；而费用的增加又导致了利润减少，最终使所有者权益减少。因此，费用类账户的结构应与资产类账户相似，同时又与所有者权益类账户相反。对于费用类账户，借方应登记本期增加额，贷方应登记本期减少额；在会计期末，本期发生的所有费用都要转入本年利润账户，这类账户期末没有余额。

费用类账户的结构如图 2－6 所示。

费用类账户

借方		贷方	
本期增加额	×××	本期减少额	×××
		或本期转销额	×××
本期借方发生额合计	×××	本期贷方发生额合计	×××

图 2－6　费用类账户的结构

利润账户反映企业各个会计期间的经营成果，在每个会计期末，企业本期实现的所有收入均要转入利润账户的贷方，本期发生的所有费用均要转入利润账户的借方。当期实现的收入如果大于发生的费用，即为当期实现的利润；反之，当期实现的收入如果小于发生的费用，即为当期发生的亏损。

利润账户的结构如图 2－7 所示。

利润账户

借方		贷方	
费用转入额	×××	收入转入额	×××
本期借方发生额合计	×××	本期贷方发生额合计	×××
期末余额（亏损）	×××	期末余额（利润）	×××

图 2－7　利润账户的结构

以上分析了各类账户在借、贷方登记的增减变动额，现将其归纳、整理如图 2－8 所示。

账户名称

借方	贷方
资产增加	资产减少
负债减少	负债增加
所有者权益减少	所有者权益增加
收入减少	收入增加
费用增加	费用减少
利润减少	利润增加

图 2－8　各类账户借贷方登记内容示意图

(三)记账规则

在借贷记账法下,根据复式记账法的基本原理,在对发生的每一项经济业务进行记账时,一方面要记入一个(或几个)账户的借方,另一方面要记入一个(或几个)账户的贷方,记入借方的金额和记入贷方的金额必须相等。因此,借贷记账法的记账规则可以概括为"有借必有贷,借贷必相等"。

根据借贷记账法的记账规则,对发生的每一项经济业务进行记账时,必须首先判别经济业务所涉及的账户及发生的金额,其次是分析应记入有关账户的金额是增加还是减少,最后根据账户的性质及其结构确定应计入账户的借方或贷方。

在企业的会计核算中,为正确处理各项经济业务并在账簿中进行登记,在经济业务发生后,都要先编制会计分录。所谓会计分录,是指为保证正确记账并便于检查,在经济业务发生后、记入账户前按一定格式来确定账户对应关系、记账方向和金额的一种记录形式。在借贷记账法下,会计分录具体表现为应借、应贷的账户名称及其金额的记录。编制正确的会计分录是正确登记账簿的前提保证。

企业在经营活动中发生的经济业务是多种多样的,所有的经济业务引起的资金数量变化无非是增加或减少,在运用借贷记账法记账时所应记入的也就是账户的借方或贷方。根据前述对账户的性质及结构的分析,由于资产类账户和费用类账户增加时记入账户的借方,减少时记入账户的贷方,负债类、所有者权益类、收入类及利润类账户增加时记入账户的贷方,减少时记入账户的借方,因此,在运用借贷记账法记账时,如果用资产类账户代表所有的资产类和费用类账户,用负债和所有者权益类账户代表所有的负债类、所有者权益类、收入类和利润类账户,则可以将所有的经济业务归为以下四种情况:

1. 资产增加,同时引起负债或所有者权益增加。例如,企业收到所有者投入的资本500 000元,并存入银行。这项经济业务的发生,一方面使企业的资产增加,具体地表现为企业银行存款的增加;另一方面使企业的所有者权益增加,具体表现为企业实收资本的增加。涉及的账户有两个,一个是资产类账户"银行存款",另一个是权益类账户"实收资本"。资产类账户增加应记入该账户的借方,权益类账户增加应记入该账户的贷方。因此,该项经济业务应编制的会计分录为:

借:银行存款　　500 000

　贷:实收资本　　500 000

2. 资产减少,同时引起负债或所有者权益减少。例如,企业以银行存款归还到期的银行借款80 000元。该项经济业务的发生,一方面使企业的资产减少,具体地表现为企业银行存款的减少;另一方面使企业的负债减少,具体表现为短期借款的减少。涉及的账户有两个,一个是资产类账户"银行存款",另一个是负债类账户"短期借款"。资

产类账户减少应记入该账户的贷方,负债类账户减少应记入该账户的借方。因此,该项经济业务应编制的会计分录为:

借:短期借款　　80 000

　贷:银行存款　　80 000

3. 一种资产增加,同时引起另一种资产减少。例如,企业以银行存款购入原材料6 000元。该项经济业务的发生,一方面使企业的一项资产"原材料"增加;另一方面使企业的另一项资产"银行存款"减少。涉及的两个账户"原材料" 和"银行存款"均属于资产类账户,"原材料"增加应记入该账户的借方,"银行存款"减少应记入该账户的贷方。该项经济业务应编制的会计分录为:

借:原材料　　6 000

　贷:银行存款　　6 000

4. 一种负债或所有者权益增加,同时引起另一种负债或所有者权益减少。例如,企业开出一张商业承兑汇票 30 000 元用于偿还以前欠的某供货单位的货款。该项经济业务的发生,一方面使企业的一项负债"应付票据"增加;另一方面使企业的另一项负债"应付账款"减少。涉及的两个账户"应付票据" 和"应付账款"均属于负债类账户,"应付票据"增加应记入该账户的贷方,"应付账款"减少应记入该账户的借方。该项经济业务应编制的会计分录为:

借:应付账款　　30 000

　贷:应付票据　　30 000

上述四种基本情况所反映的借贷记账法的记账规则如图 2－9 所示。

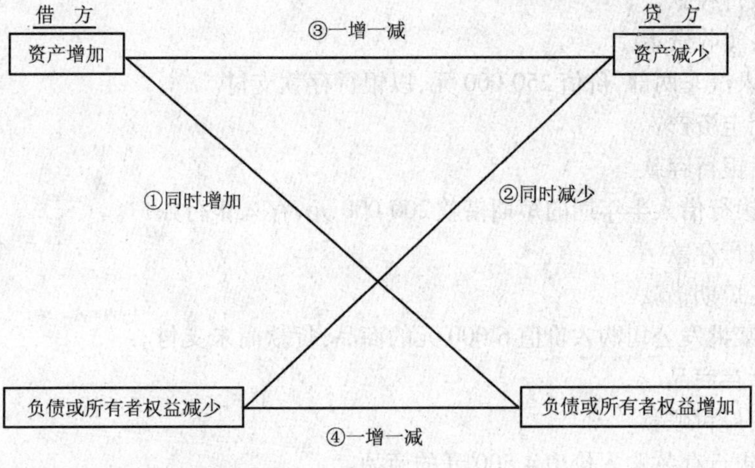

图 2－9　借贷记账法记账规则示意图

(四)试算平衡

为了保证一定时期内所发生的经济业务在账户记录中的正确性,需要在期末对账户记录进行试算平衡。所谓试算平衡,是指根据会计等式和记账规则的要求,通过汇总计算和比较,来检查日常账户记录的正确性、完整性。借贷记账法下的试算平衡有两种方式。

1. 余额试算平衡。根据会计基本等式所反映的平衡关系,余额试算平衡可用公式表示为:

全部账户的期末借方余额合计 = 全部账户的期末贷方余额合计

2. 发生额试算平衡。对于一定会计期间内发生的全部经济业务,按照"有借必有贷,借贷必相等"的记账规则登记入账后,所有账户的借方发生额合计数必然等于所有账户的贷方发生额合计数,用公式可表示为:

全部账户的借方发生额合计 = 全部账户的贷方发生额合计

在每个会计期末,均可根据上述两个公式分别编制期末余额试算平衡表和发生额试算平衡表,进行试算平衡。如果本期发生额和期末余额各栏的借方合计与贷方合计相等,说明账户的记录基本正确;如果借方合计与贷方合计不相等,则说明账户记录有错误,需要进行检查和更正,直至借方合计与贷方合计相等为止。

(五)应用举例

【例 2-1】某企业在 2016 年 7 月份发生以下经济业务,要求根据所发生的经济业务,运用借贷记账法编制会计分录。

1. 收到投资人投入的资本金 800 000 元,存入银行。

借:银行存款　　800 000
　贷:实收资本　　800 000

2. 购入汽车两部,价值 250 000 元,以银行存款支付。

借:固定资产　　250 000
　贷:银行存款　　250 000

3. 向银行借入半年期的短期借款 200 000 元,存入银行账户。

借:银行存款　　200 000
　贷:短期借款　　200 000

4. 从某批发公司购入价值 6 000 元的商品,货款尚未支付。

借:库存商品　　6 000
　贷:应付账款　　6 000

5. 以银行存款购入价值 4 500 元的商品。

借:库存商品　　4 500

贷:银行存款　　4 500

6. 支付管理人员的工资 3 600 元,以现金支付。

借:应付职工薪酬　　3 600

贷:库存现金　　3 600

7. 以银行存款支付前欠某批发公司的购进商品款 6 000 元。

借:应付账款　　6 000

贷:银行存款　　6 000

8. 销售商品一批,货款共计 110 000 万元,存入银行。

借:银行存款　　110 000

贷:主营业务收入　　110 000

9. 销售商品一批,货款 45 000 元尚未收到。

借:应收账款　　45 000

贷:主营业务收入　　45 000

复习思考题

1. 什么是会计科目? 会计科目有何作用?
2. 会计科目与会计账户之间是何种关系?
3. 什么是总分类账户? 什么是明细分类账户? 它们之间是何种关系?
4. 什么是借贷记账法? 借贷记账法有哪些特征?
5. 借贷记账法的记账规则是什么?
6. 什么是试算平衡? 借贷记账法下如何进行试算平衡?

练习题

某企业 2016 年 5 月发生下列经济业务:

(1) 接受投资人投入的机器设备一台,价值 750 000 元。

(2) 从银行借入 6 个月期的短期借款 620 000 元,存入银行。

(3) 从盛达公司购入价值 120 000 元的商品,货款尚未支付。

(4)从某批发公司购入价值8 600元的商品,货款用银行存款支付。

(5)以现金支付职工工资6 300元。

(6)向M公司销售商品一批,价值9 200元,货款尚未收到。

(7)用银行存款偿还前欠盛达公司货款120 000元。

(8)将现金3 400元存入银行。

(9)收到M公司归还的前欠货款9 200元,存入银行。

要求:根据上述经济业务编制会计分录。

第三章　会计循环

第一节　会计循环概述

一、会计循环的概念

财务会计的目标是向会计信息使用者提供真实完整的会计信息。企业为了提供真实完整的会计信息,必须根据日常发生的经济业务,依次完成一系列的会计基本步骤,并借助这些基本步骤对日常发生的经济业务进行归类汇总,最终编制出企业的财务报表,以向财务报告的使用者反映企业在一定期间的财务状况和经营成果。

所谓会计循环,其实质就是将企业发生的经济业务转换为会计信息的过程。具体地说,会计循环是根据企业发生的经济业务,通过一定的会计程序和方法,以财务报表的形式表现出来的过程。这些会计程序和方法包括填制和审核凭证、登记账簿、对账簿记录进行对账和结账、编制财务报表等一系列的步骤和方法。

会计循环始于会计期初,终于会计期末,并循环往复、周而复始。如果一个企业以一年为一个会计期间,则会计循环历时一年;如果企业按月编表和结账,则会计循环历时一个月。

二、会计循环的基本程序

会计循环是会计信息产生的步骤,也是会计核算的基本过程。在一定的会计期间,会计循环是以有关账户的期初余额和期初的资产负债表为起点,通过对会计期间内发生的各种各样的经济业务进行序时和分类记录,运用复式记账原理填制有关的会计凭证,并据以登记各类账簿,在会计期末通过对账和结账,最终编制出企业的会计报表。具体地,一个完整的会计循环包括以下基本步骤:

(1)取得或填制原始凭证。这是对经济业务发生后进行的初步确认和记录,取得或填制原始凭证,并审核其合法性、合规性等。

(2)编制记账凭证。在审核原始凭证的基础上,通过编制会计分录,对每笔经济业务列示其应借记和应贷记的账户名称及金额,并填入记账凭证。

(3)登记账簿。此即根据记账凭证所确定的会计分录,在日记账、总分类账和明细分类账中进行登记。

(4)编制调整分录。会计期末,需要根据权责发生制,整理修正某些账户的记录,以使各账户余额能正确反映实际情况。

(5)对账和结账。会计期末,对各账簿中的记录应进行核对,确保账证相符、账账相符、账实相符;结清收入、费用类账户,以确定当期损益;结出资产、负债、所有者权益类账户的期末余额,以结转至下期供连续记录使用。

(6)编制财务报表。会计期末,应将会计期间内发生的所有经济业务及其结果汇总编制成资产负债表、利润表和现金流量表等,以反映企业的财务状况、经营成果和现金流量,并对其进行必要的注释和说明。

目前,由于财务软件的普遍应用,会计人员一般通过计算机记录、收集和处理会计信息,并最终生成会计报表。但是,无论是传统的手工记账,还是利用计算机处理会计信息,会计循环的基本流程是相同的。

第二节　经济业务与会计凭证

一、经济业务

企业在日常的经营活动中,会发生各种各样的经济活动。但并不是所有的经济活动都能进行会计处理,其原因在于经济活动的复杂性,而会计则是一个计量、记录的过程。为此,对于发生的经济活动,企业首先需要以会计确认的方式对其经济活动数据进行"过滤",认定并接受应当由会计系统加以处理的经济活动,并排除其他不能由会计系统处理的数据,以进入会计信息系统。

在会计上,一般把能引起会计要素增减变动进而可以确认与计量的经济活动称为经济业务,也称会计事项。只有被认定为经济业务或会计事项的经济活动,才能进入会计循环系统,并最终反映在企业的财务报表中。

二、会计凭证

(一)会计凭证的概念及种类

为了如实反映企业各项经济业务的发生情况,必须在经济业务发生时,取得或填制有关的会计凭证。会计凭证是记录经济业务、明确经济责任、作为记账依据的书面证明。例如,企业购买材料时,需要供货单位开具发票;支付各种款项时,需要由收款单位或个人开写收据;从银行提取现金时,需要开具现金支票,等等。在经济业务发生时取得或填制相关的会计凭证,是会计工作的初始环节,也是保证会计核算真实性的基础。

由于各个单位的经济活动是复杂多样的,所使用的会计凭证也种类繁多,使得会计凭证从具体格式到填制内容都不一样。因此,可以按不同的标准对会计凭证进行分类。一般来讲,会计凭证按填制的程序和用途的不同,可以分为原始凭证和记账凭证两大类。

(二)原始凭证

1. 原始凭证的概念及构成要素。原始凭证是指在经济业务发生时取得或填制的,用以证明经济业务的发生或完成情况,并作为记账依据的初始凭据。在会计核算中,凡是能够证明经济业务已经发生或完成的书面单据都可以作为原始凭证,如购货时取得的发票、付款时取得的收据、银行结算凭证、收料单、发料单等。

由于企业的经济业务多种多样,作为记录和反映经济业务初始发生情况的原始凭证也是多种多样的。但不论什么样的原始凭证,都要反映经济业务发生的真实情况。因此,原始凭证在格式上一般由以下要素构成:

(1)原始凭证的名称;

(2)填制凭证的日期;

(3)填制单位的名称或填制人姓名;

(4)接受凭证单位名称;

(5)经济业务内容;

(6)经济业务的数量、单价和金额;

(7)经办人员的签名或盖章。

2. 原始凭证的种类。原始凭证可以按不同的标准进行分类,具体地有如下分类标准。

(1)按取得的来源不同,可以分为自制原始凭证和外来原始凭证。

自制原始凭证是指本单位内部经办业务的部门或人员,在办理经济业务时自行填制的凭证。如从银行提款时填制的“支票”,材料验收入库时填制的“收料单”,领用材料时填制的“领料单”等。

外来原始凭证是指在同外单位发生经济往来时,从外单位取得的原始凭证。如购货时从外单位取得的“发货票”,从运输部门取得的“运货单”,银行转来的“收款通知单”等。

(2)按凭证填制次数的不同,可以分为一次凭证和累计凭证。

一次凭证是指在经济业务发生时一次填制完成,用以记录一项或若干项同类经济业务的原始凭证。外来原始凭证一般都是一次凭证。

累计凭证是指在一定时期内连续多次记载若干项相同经济业务的原始凭证。累计凭证的填制手续是随着经济业务的发生分次完成的,并以累计数作为记账的依据。如制造企业发出材料时填制的“限额领料单”等。

3. 原始凭证的填制要求。填制或取得原始凭证是整个会计工作的基础环节，为了保证会计信息的真实性、正确性和及时性，企业必须按要求填制原始凭证。按照《中华人民共和国会计法》和《会计基础工作规范》的规定，填制原始凭证必须符合以下要求：

(1)内容必须真实可靠。这是要求在填制原始凭证时，对经济业务发生情况必须如实地进行记录。

(2)记录必须完整清晰。原始凭证中有关项目必须逐项填写齐全，保证内容完整，手续完备；各项目要填写清晰，文字说明要简洁、清楚。

(3)数字必须准确无误。填写原始凭证的数据必须正确，大小写要符合会计基础规范的要求。

(4)填制必须及时。原始凭证应在经济业务发生时及时填制，并按规定的程序进行传递。

(5)从外单位取得的原始凭证，必须盖有填制单位的公章；从个人取得的原始凭证，必须有填制人签名或印章；对外开出的原始凭证，必须加盖本单位的公章。

4. 原始凭证的审核要求。根据《中华人民共和国会计法》的规定，必须对原始凭证进行严格的审核，具体要求为：会计机构、会计人员必须按照国家统一的会计制度的规定对原始凭证进行审核，对不真实、不合法的原始凭证有权不予接受，并向单位责任人报告；对记载不准确、不完整的原始凭证予以退回，并要求按国家统一会计制度的规定更正、补充。

表3－1列示的原始凭证是增值税一般纳税人的销售发票。

表3－1　增值税专用发票　　　　NO. 02547603

开票日期：　　年　　月　　日

<table>
<tr><td rowspan="2">购货单位</td><td>名称</td><td colspan="3"></td><td>税务登记号</td><td colspan="2"></td></tr>
<tr><td>地址、电话</td><td colspan="3"></td><td>开户银行及账号</td><td colspan="2"></td></tr>
<tr><td colspan="2">商品或劳务名称</td><td>计量单位</td><td>数量</td><td>单价</td><td>金额</td><td>税率(%)</td><td>金额</td></tr>
<tr><td colspan="2"></td><td></td><td></td><td></td><td></td><td></td><td></td></tr>
<tr><td colspan="2"></td><td></td><td></td><td></td><td></td><td></td><td></td></tr>
<tr><td colspan="2"></td><td></td><td></td><td></td><td></td><td></td><td></td></tr>
<tr><td colspan="2">合计</td><td></td><td></td><td></td><td></td><td></td><td></td></tr>
<tr><td colspan="2">价税合计</td><td colspan="6"></td></tr>
<tr><td rowspan="2">销货单位</td><td>名称</td><td colspan="3"></td><td>税务登记号</td><td colspan="2"></td></tr>
<tr><td>地址、电话</td><td colspan="3"></td><td>开户银行及账号</td><td colspan="2"></td></tr>
</table>

销货单位(章)　　收款人　　复核　　　开票人

(三)记账凭证

1. 记账凭证的概念及构成要素。记账凭证是会计人员根据审核无误的原始凭证，按照经济业务的内容加以归类，用来确定会计分录的记账凭证，它是登记账簿的直接依据。

记账凭证与原始凭证之间存在着密切的联系。记账凭证是根据原始凭证所反映的经济业务，按规定的会计科目和借贷记账法，编制成会计分录并进行填制的。由原始凭证到记账凭证是经济信息转换成会计信息的过程，是会计核算的一个重要环节。这是因为原始凭证只能表明经济业务的具体内容，不能反映所归类的会计科目和记账方向，不能作为记账的直接依据；而且原始凭证种类繁多，格式、内容也不尽一致。因此，为了分类反映经济业务的内容，必须按照会计核算方法的要求，将原始凭证归类整理为能够据以入账的记账凭证，并指明应记入的账户名称以及应借应贷的金额。

记账凭证可以有不同的格式，但出于确定会计分录、据以登记账簿这一目的，所有记账凭证都必须具有以下基本内容：

(1)记账凭证的名称；

(2)记账凭证的填制日期；

(3)记账凭证的编号；

(4)经济业务的内容摘要；

(5)应借、应贷账户的名称及金额(即会计分录)；

(6)所附原始凭证的张数；

(7)填制凭证人员、稽核人员、记账人员、会计主管人员签名或盖章。收款和付款凭证还应由出纳人员签名或盖章。

2. 记账凭证的种类。记账凭证按其反映的经济内容的不同，可以分为收款凭证、付款凭证和转账凭证三种。

(1)收款凭证。收款凭证是用来反映现金、银行存款收入业务的记账凭证，是根据有关现金、银行存款收入业务的原始凭证填制的。出纳人员根据收款凭证收款时，要在收款凭证及其所附的原始凭证上加盖“收讫”戳记，以避免出现差错。收款凭证一般按现金、银行存款分别编制。

现假设某企业销售产品直接收到现金 360 元。该笔经济业务的发生，企业应编制现金收款凭证。收款凭证的具体格式如表 3－2 所示。

(2)付款凭证。付款凭证是用来反映现金、银行存款支出业务的记账凭证，是根据有关现金、银行存款支出业务的原始凭证填制的。出纳人员根据付款凭证付款时，要在付款凭证及其所附的原始凭证上加盖“付讫”戳记，以避免重付。付款凭证一般也需要按现金、银行存款分别编制。

表 3-2　收款凭证

借方科目:库存现金　　　　年　　月　　日　　　　现收字第 1 号

摘要	贷方科目		金额	记账
	总账科目	明细科目		
产品销售收入	主营业务收入		360	√
合计			360	

附件 1 张

会计主管　　记账　　出纳　　审核　　制单

现假设某企业购入一批原材料,货款 4 200 元由银行存款支付。该笔经济业务的发生,企业应编制银行存款付款凭证。付款凭证的具体格式如表 3-3 所示。

表 3-3　付款凭证

贷方科目:银行存款　　　　年　　月　　日　　　　银付字第 2 号

摘要	借方科目		金额	记账
	总账科目	明细科目		
购入原材料	原材料		4 200	√
合计			4 200	

附件 1 张

会计主管　　记账　　出纳　　审核　　制单

在会计实际工作中,为了避免重复记账,对于现金与银行存款之间的划转业务,一般只编制付款凭证,不编制收款凭证。如将现金存入银行,只需编制现金的付款凭证,不编制银行存款的收款凭证;从银行提取现金时,只编制银行存款的付款凭证,不编制现金的收款凭证。

(3)转账凭证。转账凭证是反映与现金、银行存款的收付业务无关的转账业务的记账凭证。一般是根据转账业务的原始凭证填制的。

现假设企业销售部门领用价值 2 500 元的包装物。该项经济业务不涉及现金、银行存款的收付,属于转账业务,应编制转账凭证。转账凭证的具体格式如表 3-4 所示。

表 3-4　转账凭证

年　　月　　日　　　　转字第 3 号

摘要	会计科目		借方金额	贷方金额	记账
	总账科目	明细科目			
销售部门领用包装物	销售费用		2 500		√
	包装物			2 500	√
合计			2 500	2 500	

附件 1 张

会计主管　　记账　　出纳　　审核　　制单

3. 记账凭证的填制要求。记账凭证必须根据审核无误的原始凭证进行填制，这是对填制记账凭证的基本要求。企业编制记账凭证，可以根据每一张原始凭证直接填制（如根据每笔银行存款支出业务填制银行存款的付款凭证），也可以根据若干项反映同类经济业务的原始凭证汇总后填制（如根据发出材料汇总表填制相关的转账凭证）。具体地，企业在填制记账凭证时还应遵循以下要求：

（1）摘要必须简明扼要。记账凭证的摘要栏要用简单明了的语言概括经济业务的发生情况，以便于查阅凭证和登记账簿。

（2）会计分录要正确编制。必须根据经济业务的内容编制正确的会计分录，明确应借应贷的科目及金额。

（3）附件数量要完整。记账凭证的附件就是原始凭证，原始凭证一般附在记账凭证的后面，在记账凭证中必须注明原始凭证的张数，并保证原始凭证完整无缺。

（4）填写内容要齐全。记账凭证中的各项内容必须填写齐全，并按规定程序办理签章手续，不能简化。记账凭证填制完经济业务后，如果有空白，应在最后一笔金额数字下空白行处至合计数上面的空行处画线注销。

（5）凭证要顺序编号。记账凭证要按经济业务发生的顺序，按不同种类的记账凭证按月连续编号。

（6）凭证改错方法。如果记账凭证编制有错误，在未登账之前，应重新编制正确的记账凭证，并将错误的凭证作废或撕毁；已经登记入账的记账凭证，在当年内发现记账错误的，要按规定的方法进行更正；如果是以后年度发现的，应用蓝字填制一张更正的记账凭证并登记入账。

第三节　会计账簿的登记

一、会计账簿的概念及作用

会计账簿是由具有专门格式的账页组成，以会计凭证为依据，用以全面、连续、系统地记录各种经济业务的簿籍。

会计账簿是根据会计凭证登记的，由会计凭证到登记账簿是会计循环中的又一个重要环节，在整个会计核算中具有重要的作用。这是因为当企业根据原始凭证填制记账凭证以后，虽然每笔业务对有关账户的影响通过编制会计分录皆有明确的记录，但一系列业务对各账户的影响及各账户的最终结果，却不清楚。也就是说，会计凭证记录的是分散的数据，每张会计凭证只能记录单笔经济业务，提供的也只是个别的数据，通过会计凭证无法取得综合的会计信息,这就需要将分散的会计凭证集中登记在能够系统、综合反映企业经济业务变化的会计账簿中,也为编制会计报表提供综合的、系统的会计信息。

会计账簿是根据会计账户设置的,账簿与账户的关系是形式和内容的关系。账户存在于账簿中,账簿中的每一账页是账户的存在形式和载体。账簿只是一个外在形式,开设于账页上的账户才是它的真实内容。

二、会计账簿的种类

企业会计系统中一整套功能各异、结构有别的账簿组成了其账簿体系。不同的账簿提供了不同的会计信息。为了科学地设置账簿,认识和区分不同账簿的特点,以便采用不同的方法对账簿进行登记,应按照不同的标准对账簿进行分类。会计账簿分类的主要标准有以下两种。

(一)账簿按用途不同,可以分为日记账簿、分类账簿和备查账簿

1. 日记账簿。日记账簿又称序时账簿,是按经济业务发生的时间先后顺序,逐日逐笔连续登记的账簿。日记账又分为普通日记账和特种日记账。普通日记账是用来序时登记全部经济业务的账簿。特种日记账是用来序时登记某类经济业务的账簿,如“现金日记账”“银行存款日记账”“转账日记账”等。在会计实务中,为了加强对货币资金的管理,一般只设置现金日记账和银行存款日记账。

2. 分类账簿。分类账簿是对全部经济业务按照总分类账户和明细分类账户进行分类登记的账簿。分类账簿按其反映经济业务的详细程度不同,又分为总分类账簿和明细分类账簿。总分类账簿是根据总分类账户设置的账簿,是用以记录全部经济业务总括核算资料的分类账簿。明细分类账簿是根据总分类账户所属的明细分类账户设置的账簿,是用以记录某一类经济业务明细核算资料的分类账簿。

3. 备查账簿。备查账簿又称辅助账簿,是对某些不能在日记账簿和分类账簿中登记或记录不全的经济业务进行补充登记的账簿。如以经营租赁方式租入的固定资产要记入“租入固定资产登记簿”,对于接受外单位委托加工的材料要记入“代管委托加工材料登记簿”等。

(二)账簿按外表形式不同,可以分为订本式账簿、活页式账簿和卡片式账簿

1. 订本式账簿。订本式账簿是在启用前就将一定数量的账页按顺序编号并装订成册的账簿。订本式账簿的账页固定,可以防止账页散失或任意抽换,保证账簿的完整性。对于那些内容比较重要的账簿,一般采用订本式账簿,如总分类账、现金日记账、银行存款日记账等。

2. 活页式账簿。活页式账簿是将一定数量的账页放置在活页夹内,并可根据需要随时加入或取出部分账页的账簿。活页式账簿可根据经济业务的变化,随时加入、取出或移动部分账页，使用灵活，克服了订本式账簿的缺点。企业的明细分类账一般可采用活页式账簿。

3. 卡片式账簿。卡片式账簿是将一定数量的具有一定格式的卡片式账页，按顺序放置于卡片箱内，并可根据需要随时加入或抽取的账簿。卡片式账簿主要用于经济业务内容不经常变动的账户的登记，如固定资产明细账等。

三、分类账的设置与登记

分类账按提供指标的详细程度又分为总分类账和明细分类账。总分类账提供的是总括的资料，明细分类账是在总分类账下面设置的，用以提供更为详细的资料。总分类账与明细分类账之间的关系是统驭与被统驭的关系。

（一）总分类账的格式与登记

总分类账是按照总分类账户设置并登记全部经济业务的分类账簿。总分类账的格式一般采用三栏式，即在总分类账的金额栏分别设置借方、贷方和余额三栏，分别记录经济业务所引起的资金数量的增减变化和结存情况。总分类账可以根据记账凭证逐笔进行登记，也可以将反映同类经济业务的记账凭证编制成汇总记账凭证后定期登记。三栏式总分类账的格式如表 3－5 所示。

表 3－5　总分类账

会计科目：________

年		凭证		摘　要	借　方	贷　方	借或贷	余额
月	日	字	号					

（二）明细分类账的格式与登记

明细分类账是根据总账下面所属的明细分类账户所设置的账簿。设置明细分类账是对总分类账的补充说明，是为了提供更为详细的核算资料。明细分类账可根据其所记录的经济业务的特点及管理上的要求进行设置。明细分类账的格式主要有三栏式、数量金额式和多栏式三种。

1. 三栏式明细分类账。三栏式明细分类账的金额栏一般设置借方、贷方和余额三个主要栏目。这种格式的明细分类账适用于只要求提供货币信息而不要求提供实物指标等其他信息的账户，企业往来结算类账户的明细账一般采用三栏式，如“应收账款”“应付账款”等的明细账。三栏式明细分类账的格式如表 3－6 所示。

表 3－6　应收账款明细账

客户名称：__________

年		凭证		摘　要	借　方	贷　方	借或贷	余额
月	日	字	号					

2. 数量金额式明细分类账。数量金额式明细分类账的格式，在借方、贷方和余额栏内，分别设有数量、单价、金额三个栏目。这种格式适用于那些既要反映金额变化，也要提供数量变化的明细账的设置，如“原材料”“库存商品”等的明细账一般采用数量金额式。数量金额式明细分类账的格式如表 3－7 所示。

表 3－7　原材料明细账

最高储备量：
最低储备量：

材料名称：　　　　　　规格：　　　　　计量单位：

年		凭证号	摘　要	收入			发出			结存		
月	日			数量	单价	金额	数量	单价	金额	数量	单价	金额

3. 多栏式明细分类账。多栏式明细分类账是指对属于同一总账下的各明细项目分设若干专栏，用以在一张账页上集中反映有关明细项目的金额。采用这种格式，一般在“借方金额”“贷方金额”下分别设置若干专栏，分栏登记各个明细科目的数额。这种格式主要适用于成本费用、收益类等账户的明细分类账。

在会计实务中，对于“管理费用”“销售费用”这类账户的多栏式明细分类账，可以只按借方发生额分设专栏，贷方发生额由于每期只发生一笔或几笔，不再分设专栏。多栏式明细分类账的格式如表 3－8 所示。

表 3－8　管理费用明细账　　单位:元

年		凭证		摘　要	借　方					贷方	余额
月	日	字	号		工资费	折旧费	修理费	办公费	合计		

四、日记账的格式与登记

日记账是按经济业务发生的先后顺序逐日、逐笔序时登记的账簿。在会计实务中，一般设置的日记账是现金日记账和银行存款日记账，用以详细反映库存现金和银行存款的收入、支出及结存的金额。

(一)现金日记账的格式与登记

现金日记账一般采用“借方”、“贷方”和“余额”三栏式的订本账。为了清晰地反映现金收付业务的来龙去脉，在“借方”、“贷方”和“余额”三栏之前，应设“对应科目”栏。现金日记账一般是由出纳人员经管，并根据审核无误的现金收、付款凭证和银行存款付款凭证逐日逐笔序时登记。每日终了，必须计算出当日现金的收入数、支出数及结存数，并与库存现金的实际数相核对，保证现金的账实相符。现金日记账的格式如表3－9所示。

表 3－9　现金日记账

年		凭证		摘　要	对应科目	借　方	贷方	余额
月	日	字	号					

(二)银行存款日记账的格式与登记

银行存款日记账的格式与现金日记账基本相同，一般也是采用“借方”、“贷方”和“余额”三栏式的订本账。为了反映银行存款收付业务的来龙去脉，在“借方”、“贷方”和“余额”三栏之前，应设“对应科目”栏，在对应科目之前还要增设“结算凭证及其种类和号数”一栏，以监督银行结算凭证的使用。银行存款日记账一般是由出纳人员经管，并根据审核无误的银行存款收、付款凭证和现金付款凭证逐日逐笔序时登记。银行存款日记账的格式如表3－10所示。

表3－10　银行存款日记账

年		凭证		摘　要	结算凭证		对应科目	借　方	贷方	余额
月	日	字	号		种类	号数				

五、账簿登记的规则

为了保证账簿提供的信息完整、正确，企业在登记账簿时必须遵循以下规则：①必须以审核无误的记账凭证及所附的原始凭证为依据，没有合法的凭证不得登记账簿；②在登记账簿时，应将会计凭证的日期、编号、经济业务的内容摘要、金额等逐项记入账簿中，同时在记账凭证上注明所记账簿的页数，表示已经入账；③记账必须用蓝黑墨水书写，文字和数字必须工整规范；④各种账簿必须按顺序逐页、逐行登记，不得跳行、隔页，每页账面记完时应注明转页手续；⑤账户结出余额后，应在“借或贷”栏内写明“借”或“贷”字样没有余额的账户，应在“借”或“贷”栏内写“平”字，并在余额栏内用“0”表示；⑥账簿记录发生错误，应按规定的方法进行更正。

第四节　对账与结账

为了保证账簿记录的正确性，总结企业在一定会计期间的经营活动情况和经营成果，为编制财务报表提供真实可靠的数据，必须定期进行对账和结账工作。

一、对账

对账是指在经济业务登记入账后，定期对账簿记录进行核对，以保证账簿信息的真实正确。对账一般在会计期末进行，通过对账工作，应保证会计核算中的账证相符、账账相符和账实相符，对账中如果发现差错应及时进行更正。

（一）对账的内容

对账工作的内容包括账证核对、账账核对和账实核对。

1. 账证核对。账证核对是指将账簿记录与有关的会计凭证进行核对。各种账簿记录均是根据有关的会计凭证登记的,因此,账簿记录的内容应与会计凭证的内容相符,如果核对中发现不相符的情况,应予以更正,以使账证相符。账证核对工作一般可采用抽查法。

2. 账账核对。账账核对是在账证核对的基础上,对各种账簿之间的记录进行核对。它主要包括:总分类账户中各个账户的期末借方余额合计数与期末贷方余额合计数核对相符;总分类账户期末余额与其所属的明细分类账户期末余额之和核对相符;现金、银行存款日记账期末余额与现金总账、银行存款期末总账余额核对相符;会计部门各种财产物资明细分类账期末余额与财产物资保管部门账面期末余额核对相符。通过账账核对,使不同账簿中的同一账户记录的数字相一致,做到账账相符。账账核对的主要方法是编制试算平衡表。

3. 账实核对。账实核对是在账账核对的基础上,对账簿记录的各种财产物资的账面余额与财产物资实际结存数进行核对。主要包括:现金日记账的账面余额每天应与库存现金实有数进行核对;银行存款日记账应与银行对账单定期核对;各种财产物资的账面余额应与实际结存数核对;各种债权、债务的账面余额与对方单位相应的债务、债权相核对。账实核对一般结合财产清查进行。

(二)更正错账的方法

在对账中,如果会计人员在核算过程中没有发生差错,一般可以做到账证相符、账账相符及账实相符;如果核算过程中发生差错,则需对错账进行更正。错账更正的方法根据错账发生情况的不同需要采用不同的方法。具体地,错账更正的方法主要有三种:即画线更正法、红字更正法、补充登记法。

1. 画线更正法。在结账前如果发现账簿记录中文字或数字有错误,而记账凭证没有错误,可以采用画线更正法予以更正。具体方法是:先在错误的文字或数字上划一条红线,以示注销;然后将正确的文字或数字填写在被注销的文字或数字上方,并由更正人员在更正处签章。对于注销的文字或数字,应保持原有字迹仍能辨认。注销错误数字时,应当将错误数字全部划掉,不能只更正其中的个别数字。

2. 红字更正法。红字更正法又称红字冲销法,主要适用于由于记账凭证有错误而造成账簿登记的错误,而且又属于以下两种情况的:其一是记账凭证中会计科目、记账方向或记账金额有错误而造成账簿登记出现错误的情况;其二是记账凭证中会计科目、记账方向正确,但所记金额大于应记金额,导致账簿登记金额出现错误的情况。

(1)对于第一种情况,更正的方法是:首先,用红字填制一张与原错误的记账凭证完全相同的记账凭证,并据以用红字登记入账;然后,用蓝字填制一张正确的记账凭证,并用蓝字登记入账。

【例3-1】某企业购进价值3 500元的材料一批,货款尚未支付。该笔业务应贷记

"应付账款"账户,但会计人员将其误记为贷记"预收账款"账户。

原错记的会计分录为:

借:原材料　　3 500

　贷:预收账款　　3 500

用红字更正法进行更正时,先用红字冲销原错误的会计分录(注:红字一般用□表示),然后再用蓝字编制一笔正确的会计分录:

借:原材料　　[3 500]

　贷:预收账款　　[3 500]

借:原材料　　3 500

　贷:应付账款　　3 500

(2)对于第二种情况,更正的方法是:将多记的金额用红字填制一张与原记账凭证相同的记账凭证,并据以用红字登记入账,用以冲销多记的部分。

【例3-2】某企业从银行提取现金4 600元。会计人员在编制记账凭证时将其误记为6 600元。

原错记的会计分录为:

借:库存现金　　6 600

　贷:银行存款　　6 600

用红字更正法进行更正,用红字冲销原多记的金额2 000元(6 600-4 600),冲销的会计分录为:

借:库存现金　　[2 000]

　贷:银行存款　　[2 000]

3. 补充登记法。适用于记账凭证中会计科目、记账方向正确,但所记金额小于应记金额,导致账簿登记金额出现错误的情况。更正时,只需将少记的金额用蓝字填制一张与原记账凭证相同的记账凭证,并据以用蓝字登记入账,用以补充少记的金额。

【例3-3】某企业购入一台价值75 000元的设备一台。会计人员在编制记账凭证时将其误记为7 500元。

(1)原错记的会计分录为:

借:固定资产　　7 500

　贷:银行存款　　7 500

(2)用补充登记法进行更正。用蓝字补充登记少记的金额67 500元(75 000-7 500),会计分录为:

借:固定资产　　67 500

贷:银行存款　　67 500

二、结账

结账是指在把一定时期发生的经济业务全部登记入账的基础上,结算出本期发生额合计和期末余额,并将余额结转至下期的过程。企业必须按规定的会计期间进行结账,以便为编制财务报表提供真实可靠的会计资料。

(一)结账的基本内容与步骤

1. 结账前,必须将本期发生的日常经济业务全部登记入账,并核对清楚。

2. 在将本期发生的日常经济业务全部登记入账的基础上,按照权责发生制的要求,将收入和费用归属于各个相应的会计期间,并结合财产清查进行相应的账项调整。

3. 对于各种收入、费用类账户,应在有关账户之间进行结转,以确定本期的经营成果;对于资产、负债和所有者权益类账户,应结出本期发生额和期末余额。在结账中应做上结账的标记,并将余额结转下期。

(二)结账的方法

结账要求必须在会计期末进行,不得提前结账,也不能推后结账。根据结账时间的不同,结账可以分为月结、季结和年结。①月结。每月月份终了进行的结账称为月结。月结需要计算出各账户的本月发生额和月末余额。②季结。每季度末进行的结账称为季结。季结需要结出本季度的本季发生额和季末余额。③年结。每年年终进行的结账称为年结。年结要在 12 月份的月结和第 4 季度的季结后进行。年结必须结出本年发生额和年末余额,并将有余额的账户结转至下一个会计年度。

第五节　编制财务报表

一、财务报表的概念

财务报表是反映企业某一特定日期财务状况和某一会计期间经营成果、现金流量的书面文件。财务报表包括以下组成部分:资产负债表、利润表、现金流量表、所有者权益变动表和附注。

编制和报送财务报表是会计核算工作的重要环节,也是企业财务会计的主要目的。企业在日常的会计核算中,通过编制会计凭证、登记账簿,虽然能够提供企业在某一方面的财务信息,但这些信息却是分散的,不能集中、概括地反映企业的财务状况和经营成果。因此,企业必须定期地将日常的会计核算资料进行分类、整理、汇总,进而编制财务报表,为投资人、债权人、企业管理者等提供其所需要的会计信息。

财务报表按编制时间的不同,分为中期报表和年度报表。中期报表又分为月度报表、季度报表和半年度报表。企业必须按要求定期编制财务报表。

二、基本财务报表

企业需要定期编制的财务报表主要是资产负债表、利润表和现金流量表。

(一)资产负债表

资产负债表是反映企业某一特定日期资产、负债和所有者权益状况的报表。资产负债表是根据"资产 = 负债 + 所有者权益"这一基本的会计恒等式,按照一定的分类标准和次序编制而成的。一般情况下,资产负债表的左边反映资产项目,右边反映负债和所有者权益项目。资产负债表的基本格式如表 3 - 11 所示。

表 3 - 11 资产负债表(简表)

编制单位:× ×公司　　20 ×9 年 12 月 31 日　　单位:元

资　产	期末余额	期初余额	负债及所有者权益	期末余额	期初余额
流动资产:			流动负债:		
货币资金			应付账款		
应收账款			其他应付款		
其他应收款			应付利息		
存货			流动负债合计		
…			非流动负债:		
…			长期借款		
流动资产合计			负债合计		
非流动资产:			所有者权益:		
固定资产			实收资本		
在建工程			资本公积		
无形资产			未分配利润		
非流动资产合计			所有者权益合计		
资产总计			负债及所有者权益总计		

(二)利润表

利润表是反映企业一定会计期间经营成果的报表。利润表是根据"收入 - 费用 = 利润"这一会计等式,按照收入、费用以及构成利润的各个项目编制而成的。利润表的基本格式如表 3－12 所示。

表 3－12 利润表(简表)

编制单位:××公司 20×9 年 单位:元

项目	本期金额	上期金额
一、营业收入		
减:营业成本		
营业税金及附加		
销售费用		
管理费用		
财务费用		
二、营业利润		
加:营业外收入		
减:营业外支出		
三、利润总额		
减:所得税费用		
四、净利润		

(三)现金流量表

现金流量表是以现金的流入和流出为基础,反映企业在一定会计期间内的经营活动、投资活动及筹资活动所引起的现金流量变动的报表。现金流量表是在期初、期末资产负债表和本年利润表的基础上,分析有关账户的发生额后编制的。现金流量表的基本格式如表 3－13 所示。

表 3－13 现金流量表(简表)

编制单位:××公司 20×9 年 单位:元

项目	本期金额	上期金额
一、经营活动产生的现金流量:		
经营活动现金流入		
经营活动现金流出		
经营活动产生的现金流量净额		
二、投资活动产生的现金流量:		
投资活动现金流入		
投资活动现金流出		

续表

项　　目	本期金额	上期金额
投资活动产生的现金流量净额		
三、筹资活动产生的现金流量：		
筹资活动现金流入		
筹资活动现金流出		
筹资活动产生的现金流量净额		
四、汇率变动对现金的影响		
五、现金及现金等价物净增加额		

复习思考题

1. 试述会计循环及其基本程序。
2. 什么是原始凭证？填制原始凭证应遵循哪些要求？
3. 什么是记账凭证？记账凭证按用途可分为哪几种？
4. 明细分类账的格式有哪些？分别适用于哪种明细分类账簿？
5. 如何进行对账和结账？试说明对账和结账的作用。
6. 财务报表包括哪些基本内容？

练习题

1. 某企业 2015 年 8 月发生以下收付业务：

(1)3 日，从银行提取现金 4 800 元。

(2)5 日，采购材料一批，货款 57 000 元，用银行存款支付。

(3)6 日，采购员李明借差旅费 4 000 元，以现金支付。

(4)9 日，从宏达公司采购材料一批，货款 62 000 元尚未支付。

(5)10 日，接到银行收款通知，收回万通公司前欠货款 22 000 元。

(6)13 日，用银行存款支付企业管理部门水电费 1 750 元。

(7)18 日，用银行存款偿还前欠宏达公司货款 62 000 元。

(8)21 日，销售价值 126 000 元的产品一批，贷款已收到并存入银行。

(9)25 日，采购员李明出差回来，报销差旅费 3 300 元，退回现金 700 元。

(10)28 日，将现金 2 400 元存入银行。

要求：

(1)根据以上经济业务编制会计分录。

(2)假设该企业 8 月初"现金""银行存款"账户的期初余额分别为 12 000 元、385 000元，根据上述资料登记三栏式现金日记账和银行存款日记账。

2. 某企业 2015 年 10 月末在对账时发现以下记账错误：

(1)购买价值 3 400 元的办公用打印机一台，用银行存款支付。记账凭证上误记为：

借：原材料　　3 500

　贷：银行存款　　3 500

(2)收回应收账款 6 000 元并存入银行。记账凭证上误记为：

借：银行存款　　600

　贷：应收账款　　600

(3)销售价值 5 800 元的产品一批，贷款收到并存入银行。记账凭证上误记为：

借：银行存款　　7 800

　贷：主营业务收入　　7 800

要求：采取适当的方法对上述错账进行更正。

第四章　货币资金及应收项目

第一节　货币资金

一、货币资金的管理要求

货币资金是直接以货币形态存在的那部分资产，是企业全部资产中流动性较强的资产。拥有一定的货币资金是企业从事生产经营活动的必要条件，货币资金在企业的生产经营过程中发挥着重要的作用。货币资金按其存放地点及用途的不同，分为现金、银行存款和其他货币资金。

在我国，中国人民银行是国家管理金融的机关，国家通过银行对企业实行货币资金管理，统一组织和办理企业与各单位之间的结算业务。每个企业必须接受银行的监督，执行国家统一规定的现金管理制度和结算制度。为此，每个企业都必须在银行开立存款账户，按规定企业一切现金收入都应逐日交存银行；一切支出，除了规定可以使用现金的以外，都要通过银行进行结算，平时企业只可按规定保留一定数额的现金。

进行货币资金核算是企业会计核算的一项重要内容。在企业中，会计部门是主管货币资金的职能部门，会计人员在履行其职能的过程中，应按照国家有关货币资金的规定及企业的财务收支计划加强货币资金管理。在企业的会计人员中，必须设置专职的出纳人员，负责货币资金的收支、保管和核算工作。由于出纳人员在企业中专门管理现金，根据企业会计工作内部牵制的组织原则，在货币资金的核算与组织方面，应实行钱账分管；出纳人员除负责现金和银行存款日记账的记账工作以外，不能兼管任何账目的记账工作。这样，实行钱账分管就有利于彼此牵制、相互监督，防止在货币资金的收付上发生舞弊。

二、现金

会计上所讲的现金是指企业的库存现金，在企业的所有资产中现金的流动性最强。

加强现金的管理与核算是企业会计部门的一项重要任务。

(一)现金管理的有关规定

1. 现金的使用范围。根据我国现金管理制度和结算制度的规定,企业收支的各种款项必须按照国务院颁发的《现金管理暂行条例》的规定办理。按照规定企业可在下列范围内使用现金:

(1)职工工资、津贴;

(2)个人劳务报酬;

(3)根据国家规定颁发给个人的科学技术、文化艺术、体育等各种奖金;

(4)各种劳保、福利费用以及国家规定对个人的其他支出;

(5)向个人收购农副产品和其他物资的价款;

(6)出差人员必须携带的差旅费;

(7)结算起点(1 000 元)以下的零星支出;

(8)中国人民银行确定需要支付现金的其他支出。

属于上述规定的现金结算范围的支出,企业可以用现金支付;不属于上述规定的现金结算的款项,一律通过银行转账结算。

2. 库存现金的限额管理。按照国家对现金管理的有关要求,为了满足企业日常零星开支的需要,规定每个企业可以保留一定数额的库存现金。库存现金的限额一般由开户银行根据企业日常资金的需要量、企业距离银行的远近等因素核定。一般情况下,库存现金的最高限额不得超过企业 3 ~5 天日常开支的正常需要量;边远地区或交通不便地区的企业,最高限额不得超过 15 天日常开支的需要量。企业必须严格遵守规定的库存现金限额。超过限额的现金必须及时送存银行;当库存现金低于限额时,企业可向银行提取现金,补足库存限额。

3. 不准坐支现金。不准坐支现金,是现金管理制度中的一项重要规定。由于企业在生产经营过程中,按国家规定可以收进一定数额的现金,这主要是指企业从不能转账的单位取得的销售收入的现金和不足转账起点的小额销售收入的现金,以及企业内部单位和个人交回的剩余差旅费、备用金等款项。对于收进的现金,企业应及时送存银行,在使用现金时再按规定从银行提取;企业不能用自己收到的现金直接支付自己的支出,也就是说,不能坐支现金。如果允许坐支现金,则意味着企业可以任意动用业务收入现金采购材料物资、发放工资等,这样就失去了银行对企业现金的监督与控制。如果有特殊情况,即同时发生既有销售业务,又有采购业务,需要坐支现金时,应事先向银行提出需要坐支的用途和数额,经银行同意方可坐支。

4. 现金收支的其他规定。企业在具体进行现金收支业务时,还应当遵守以下规定:

(1)企业送交银行的款项,必须填制存款单,并说明款项的来源;企业提取现金时,应填写现金支票,说明款项的用途。凡违反规定的,银行有权拒绝办理。

(2)企业不得用不符合财务制度规定的凭证顶替库存现金,即不得用“白条顶库”;不准谎报用途套取现金;不准将单位收入的现金以个人名义私存,不得保留账外公款;不准用银行账户代其他单位和个人存入和支取现金等。

(二)现金的核算

1. 现金账户的设置与登记。进行现金核算,必须设置“库存现金”总账和“现金日记账”。

“库存现金”总账属于一级账户,其用途是为了总括地反映库存现金的收入、支出和结存情况。它的借方登记库存现金收入的金额,贷方登记库存现金支出的金额,该账户的余额在借方,表示库存现金的结余数。“库存现金”账户一般是根据审核后的现金收、付款凭证登记的。在企业的收付款业务比较多的时候,也可以把现金收付款凭证按照对方账户归类,定期(5 天或 10 天)填制汇总收款凭证或汇总付款凭证,然后根据汇总收款凭证或汇总付款凭证的每月合计数登记库存现金总账。

“现金日记账”是用来反映和监督库存现金收付业务结存情况的序时账簿。该账户应由出纳人员按照现金收付业务发生的先后顺序逐日逐笔进行序时登记。每日终了,应当根据“现金日记账”的结余数与实际库存数相核对,保证账款相符。如果发现账款不符,应及时查明原因,进行处理。每月终了,应当将“现金日记账”的余额与“库存现金”总账的余额核对相符。

有外币现金业务的企业,应当按照人民币现金和外币现金的币种分别设置“现金日记账”,进行明细分类核算。

2. 现金日常收支的会计处理。

(1)现金收入的会计处理。企业收入的现金,一般是指收入不足转账起点的小额销售收入、出差人员交回的差旅费及从银行提取的现金。

【例 4-1】企业因销售产品收到 800 元现金。其会计分录为:

借:库存现金	800	
贷:主营业务收入		800

(2)现金支出的会计处理。企业支付现金,必须遵守国家有关现金管理的规定,在规定的范围内支付现金。

【例 4-2】出纳员李丽将现金 2 000 元送存银行。会计分录为:

借:银行存款	2 000	
贷:库存现金		2 000

【例 4-3】采购员张明借支差旅费 900 元,以现金支付。会计分录为:

借:其他应收款——张明	900	

贷:库存现金　　900

3. 备用金的核算。按照现金管理的规定,企业的绝大部分开支,都要求使用支票从银行存款中支付。但企业在经营过程中,经常会发生一些日常零星开支,如办公用品的采购、小额差旅费等。对于这些零星开支,由于金额小、发生频繁,为了便于管理并减少工作量,按照会计上的重要性原则,可建立定额备用金制度。

建立定额备用金,一般是由会计部门同使用零用现金的部门,根据该部门日常零星开支的需要事先核定备用金定额,由使用备用金的部门按定额一次领出,以后按实际支出核销,并随时补足定额。

企业定额备用金的会计处理,一般应通过"其他应收款"账户核算。

一般情况下,有关部门或个人在第一次领用定额备用金时,应借记"其他应收款——备用金"账户,贷记"库存现金"或"银行存款"账户;以后在办理报销或补足定额时,应直接借记有关费用账户,贷记"库存现金"账户,不再通过"其他应收款——备用金"账户核算;在这种情况下,有关部门的备用金始终保持着核定的数额。而只有在取消某一部门的定额备用金,在最后一次报销并收回现金余额时,才贷记"其他应收款——备用金"账户,表示该项定额备用金予以取消。

有关定额备用金的核算,下面通过例子予以说明。

【例4-4】某企业为总务部门建立定额备用金的有关业务如下:

(1)某企业准备为总务部门建立备用金定额500元,以备日常零星开支的需要。总务部门领取现金支票时的会计分录为:

借:其他应收款——备用金　　500

　贷:银行存款　　500

(2)总务部门报销购买办公用品的开支共计360元,以现金支付。报销和补足定额的会计分录为:

借:管理费用　　360

　贷:库存现金　　360

(3)如果企业认为不必再为总务部门设置定额备用金,决定收回该部门的备用金。总务部门在最后一次报销费用开支280元,并交回剩余的现金220元,有关的会计分录为:

借:管理费用　　280

　库存现金　　220

　贷:其他应收款——备用金　　500

使用和经管备用金的部门或个人,应设置备用金登记簿。每一次支付费用和向会计部门报销都应做详细的记录,并保管好有关的凭证。会计部门应经常检查各种备用金的使用情况,检查备用金登记簿中的记录、未报销的费用凭证、备用金的余额。未报销的费用凭证加上备用金余额必须与备用金定额相等;否则,应查找原因。对于挪用备用金的非法行为,应坚决制止;对不合理的开支,应提出意见,拒绝报销。

(三)现金的清查

现金的清查,包括出纳员每日的清查和由有关人员组成的清查小组的定期清查和不定期清查。现金清查的方法是实地盘点,即将库存现金与现金日记账相核对。如果发现账实不符,应首先通过"待处理财产损益——待处理流动资产损益"账户核算,待查明原因后再进行相应的处理。

在发生现金短缺时,应借记"待处理财产损益——待处理流动资产损益"账户,贷记"库存现金"账户。查明原因以后应根据不同的情况进行相应的处理:如果是由于有关责任人的原因造成短缺,应借记"其他应收款"账户,贷记"待处理财产损益——待处理流动资产损益";如果无法查明短缺的原因,经主管领导批准后,借记"管理费用"账户,贷记"待处理财产损益——待处理流动资产损益"账户。

在发生现金溢余时,应借记"库存现金"账户,贷记"待处理财产损益——待处理流动资产损益"账户。查明原因后再进行相应的处理:如果应支付给有关人员,应借记"待处理财产损益——待处理流动资产损益"账户,贷记"其他应付款"账户;如果无法查明原因,经批准后,应借记"待处理财产损益——待处理流动资产损益"账户,贷记"营业外收入"账户。

【例4-5】某企业在现金清查中发现短缺现金350元,经查其中的200元是由于出纳员的责任造成短缺,其余短缺的150元无法查明原因,报经批准处理。有关的会计分录如下:

(1)发现现金短缺:

借:待处理财产损益——待处理流动资产损益	350	
贷:库存现金		350

(2)批准处理:

借:其他应收款	200	
管理费用	150	
贷:待处理财产损益——待处理流动资产损益		350

【例4-6】某企业在现金清查中发现现金溢余120元,无法查明溢余的原因,报经批准处理。有关的会计分录如下:

(1)发现现金溢余:

借:库存现金	120	
贷:待处理财产损益——待处理流动资产损益		120

(2)批准处理:

借:待处理财产损益——待处理流动资产损益　120

　贷:营业外收入　120

三、银行存款

(一)银行存款账户管理

银行存款是指企业存放在银行或其他金融机构的货币资金。按照我国货币资金管理办法的规定,任何企业都应在其所在地银行开设账户,用来办理在银行的存款、取款业务,以及通过银行进行各种款项的划拨结算。在我国,银行是对企业实行财务监督的机构之一,根据国家现金管理办法和结算制度的规定,企业除留少量现金以备日常零星开支外,其余货币资金都应存入银行账户内,并通过银行划拨收入、支出和转账业务。

根据中国人民银行制定的《银行账户管理办法》的规定,企业存款账户分为四类:基本存款账户、一般存款账户、临时存款账户和专用存款账户。

基本存款账户是存款人办理日常转账结算和现金收付需要开立的银行结算账户,如存款人的工资、奖金等现金的支取只能通过本账户办理。一个企事业单位只能在一家银行的一个营业机构,开立一个基本存款账户。一般存款账户是存款人因借款或其他结算需要,在基本存款账户开户银行以外的银行营业机构开立的银行结算账户。存款人可以通过本账户办理转账结算和现金缴存,但不能办理现金支取。临时存款账户是存款人因临时经营活动需要并在规定期限内使用而开立的账户。存款人可以在设立临时机构、异地临时经营活动或注册验资时,申请开立临时存款账户。专用存款账户是存款人按照法律、行政法规和规章,对其特定用途资金进行专项管理和使用而开立的银行结算账户。如存款人可以对基本建设基金、更新改造基金、社会保障基金等申请设立专项存款账户。

为了加强对基本存款账户的管理,企事业单位开立基本存款账户,要实行开户许可制度,必须凭中国人民银行当地分支机构核发的开户许可证办理。企事业单位不得为还贷、还债和套取现金而多头开立基本存款账户;不得出租、出借账户;不得违反规定为在异地存款和贷款而开立账户。任何单位和个人不得将单位的资金以个人名义开立账户存储。

(二)银行结算方法

所谓结算,是指企业与有关单位或个人之间发生经济往来而引起的货币资金收付行为。企业与有关单位之间因经济往来而发生的结算行为,除少数可以使用现金结算外,大部分都要通过银行进行转账结算。转账结算,是由银行将结算双方应收付的款项,从付款单位的存款账户转入收款单位的存款账户。为了保证银行结算业务的正常进行,中国人民银行总行制定了统一的结算制度和结算方式。根据现行结算制度的规定,目前主要采用的结算方式有:商业汇票、银行汇票、银行本票、支票、信用卡、汇兑、委托收款、托收承付、信用证结算方式等,下面就这些结算方式分别予以说明。

1. 商业汇票结算方式。商业汇票是由收款人或付款人(或承兑申请人)签发,由承兑人承兑,并于到期日向收款人或被背书人支付款项的票据。商业汇票适用于结算双方之间有真实的交易关系或债权债务关系;商业汇票经承兑,承兑人即付款人负有到期无条件支付票款的责任;商业汇票的承兑期限由交易双方确定,但最长不超过6个月;商业汇票一律记名,可以背书转让,持票人可凭已承兑的未到期的汇票向银行申请贴现。商业汇票结算方式既适用于同城结算,也适用于异地结算。

商业汇票按承兑人的不同,分为商业承兑汇票和银行承兑汇票。

(1)商业承兑汇票。商业承兑汇票是一种由收款人或付款人签发、由付款人承兑的商业汇票。付款企业在承兑汇票时,应在汇票的正面记载"承兑"字样、承兑日期并签章。在汇票到期时,收款单位将汇票送交开户银行办理收款,在收到银行的收款通知后,编制收款凭证。付款单位在收到银行的付款通知后,编制付款凭证。如果汇票到期时,付款单位的存款不足以支付票款,开户银行应将汇票退还给收款单位,由发生经济业务的收付款双方自行协商处理,银行不负责支付票款。

(2)银行承兑汇票。银行承兑汇票是由收款人或承兑申请人签发、由银行承兑的商业汇票。银行承兑汇票的出票人应按票面金额的0.05%向银行支付手续费。

采用银行承兑汇票结算方式,付款单位应于汇票到期前将票款足额交存开户银行,以供开户银行在汇票到期日见票付款;在收到银行的付款通知后,即可编制付款凭证。收款单位在汇票到期时,应将汇票、解讫通知连同进账单送交开户银行办理转账收款;在收到银行盖章退回的进账单后,编制收款凭证。如果银行承兑汇票在到期时付款企业不能足额交存票款,承兑银行负有无条件向持票人支付票款的责任,但应向付款单位每天按照票面金额的0.05%加收罚息。

2. 银行汇票结算方式。银行汇票是汇款人将款项交存当地银行,由银行签发汇票给汇款人持往异地兑付银行办理转账结算或支付现金的一种汇票。银行汇票一律记名,允许背书转让;银行汇票的付款期限为自出票起1个月内。

采用银行汇票结算方式,收款单位应根据银行的收账通知和有关的原始凭证,编制收款凭证;付款单位应在收到银行签发的汇票后,根据"银行汇票申请书(存根联)"编制付款凭证。如果有多余款项或由于汇票超过付款期等原因而退票时,汇款单位应根据银行的多余款收账通知编制收款凭证。

3. 银行本票结算方式。银行本票是由申请人将款项交存银行,由银行签发给申请人据以办理转账或支取现金的票据。作为银行本票的出票人,银行承诺在见票时负有无条件支付确定的金额给收款人或持票人的责任。银行本票分为不定额本票和定额本票两种。定额本票面值分别为1 000元、5 000元、10 000元和50 000元。银行本票一律记名,允许背书转让,期限最长不超过两个月;银行本票适用于单位或个人在同一票据交换区域支付各种款项。

采用银行本票结算方式,收款单位在收到银行本票后,应将银行本票连同进账单送交银行办理转账结算,根据银行盖章后退回的进账单和有关的原始凭证编制收款凭证;付款单位在收到银行签发的银行本票后,应根据申请书存根联编制付款凭证。银行本票的申请单位如果由于本票超过付款期限或其他原因要求退款时,在交回本票并经银行同意退款后可编制收款凭证。

4. 支票结算方式。支票是由付款单位或个人签发,委托办理存款业务的银行在见票时无条件支付确定金额给收款人或持票人的票据。支票是同城结算中应用比较广泛的一种结算方式,单位或个人在同一票据交换区域内的各种款项结算,都可以使用支票。

支票分为现金支票、转账支票和普通支票三种。支票上印有“现金”字样的为现金支票,只能用于支取现金;支票上印有“转账”字样的为转账支票,只能用于转账;支票上未印有“现金”或“转账”字样的为普通支票,普通支票可以用于支取现金,也可以用于转账。在普通支票左上角划两条平行线的,为转账支票,只能用于转账,不能支取现金。支票的付款期限为自出票日起10日内,中国人民银行另有规定的除外。转账支票可以根据需要在票据交换区域内背书转让。

采用支票结算方式,收款单位在收到支票时,应于当日填制进账单并与支票一起送交银行,根据银行盖章退回后的进账单及有关的原始凭证编制收款凭证;付款单位对于开出的支票,应根据支票存根联及有关的原始凭证及时编制付款凭证。

5. 信用卡。信用卡是指商业银行向个人和单位发行的,凭以向特约单位购物、消费和向银行存取现金,且具有消费信用的特制载体卡片。

信用卡按使用对象分为单位卡和个人卡,按信誉等级分为金卡和普通卡。

凡在中国境内金融机构开立基本存款户的单位可申领单位卡。持卡人资格由申领单位法定代表人或其委托的代理人书面指定或注销。申请信用卡要向发卡银行交存一定的备用金,并按规定填制申请表,连同有关资料送交发卡银行。单位卡一律不得用于10万元以上商品交易、劳务供应款项的结算,不得支取现金;不得交存现金,不得将其他存款账户和销售收入的款项转入其账户,单位卡账户的资金一律从其基本存款账户转账存入,严禁将单位的款项存入个人卡账户。

信用卡在规定的限额和期限内允许善意透支,透支期限最长为60天。透支的利率及其利息按银行规定计算和支付。对超过规定期限和规定限额的、并经发卡银行催缴无效的透支称为恶意透支，持卡人使用信用卡不得发生恶意透支。

6. 汇兑结算方式。汇兑是汇款人委托银行将款项汇给外地收款单位或个人的一种结算方式。这种结算方式适用于异地各单位之间的商品交易、劳务供应、资金缴拨、清理交易旧欠等款项的结算。此外，企业汇给在外地出差人员进行临时采购的货款，也可以采用汇兑这种结算方式。汇兑分为信汇和电汇两种，由汇款人根据情况选择使用。

采用汇兑结算方式，汇款单位在汇出款项后，应根据汇款回单编制付款凭证；收款单位对于汇入的款项，应在收到银行的收账通知时编制收款凭证。

7. 委托收款结算方式。委托收款是指由收款单位根据收款依据，委托银行向付款单位收取款项的一种结算方式。这种结算方式适用于同城和异地各单位之间的有关款项的结算。委托收款结算款项划回的方式有邮寄和电报划回两种。

委托收款的全部结算过程，可以分为“托收”和“付款”两个阶段。具体程序是：收款单位根据足以证明委托收款的凭据，填写委托收款凭证并一同送交开户银行，经其开户银行审查后受理收款，并将有关凭证邮寄到付款单位开户银行；付款单位开户银行接到收款单位开户银行寄来的委托收款凭证，应及时通知付款单位；付款单位接到付款通知和有关附件，应在规定的付款期限内安排资金，及时付款。付款期限从付款单位开户银行发出付款通知的次日算起，一般为 3 天。付款单位在付款期限内未向银行提出异议，银行即视为同意付款，并在付款期满的次日将款项主动从付款单位账户内付出，按收款单位指定的划拨办法，划拨给收款单位。

采用委托收款结算方式，委托收款单位在收到银行已代为收款的通知后，即可填制收款凭证；付款单位在付款期满接到银行通知已付款时，应填制付款凭证。

采用委托收款这种结算方式，不需要事先签订合同或协议，没有结算金额起点的限制，付款期限为 3 天；银行只代为收款，不监督付款，不起仲裁作用，发生纠纷由收付双方协商解决。这是一种较为灵活的结算方式，但收回款项的保证性差。

8. 托收承付结算方式。托收承付是指收款单位根据合同发货后，委托银行向付款单位收款，付款单位根据合同核对单据或验货后向银行承认付款的一种结算方式。它一般适用于异地各单位之间签订有合同的商品交易以及由商品交易而产生的劳务供应的款项结算。

在托收承付结算方式下，销货单位根据合同发货后，应按银行规定填制托收承付结算凭证，连同发票账单、发运证件等单据一并送交开户银行办理托收；银行审查受理后，退回托收凭证回单联，并将上述单据凭证邮寄到付款单位的开户银行，由付款单位的开户银行将托收凭证承付通知联以及所附的发票等送交付款单位。付款单位应在规定的承付期（验单付款为 3 天，验货付款为 10 天）内进行审核；如果发现有与合同规定不符的地方，在承付期内可以填制拒付理由书，向银行提出拒付货款；如果在承付期内，购货单位没有向银行提出拒付意见，银行就可以认为企业承认付款，在承付期满的次日，予以划出款项。

采用托收承付结算方式，收款单位对于托收的款项，应在收到银行的收账通知时，根据收账通知和有关的原始凭证，编制收款凭证；付款单位对于承付的款项，应根据托收承付结算凭证的承付通知联及有关的发票账单等原始凭证，编制付款凭证。

9. 信用证结算方式。信用证是银行根据申请人的要求，向受益人开立的具有一定金额、在一定期限内凭规定的单据在指定地点付款的书面保证文件。信用证结算是进行国际结算的一种主要方式。在我国，经中国人民银行总行批准经营结算业务的商业银行总行以及经商业银行总行批准开办信用证结算业务的分支机构，也可以办理国内企业之间商品交易的信用证结算业务。

采用信用证结算方式，就是付款人根据购销双方的贸易合同，请当地银行开立以收款人为受益人的信用证，银行经审核同意并收取一定的保证金后即开具信用证，收款人接到信用证后履行贸易合同，开证行接到有关单据后向收款人付款、付款人再向开证行付款的结算方式。在这种结算方式下，收款单位在收到信用证后，即备货装运、签发有关发票账单连同信用证一并送交银行，根据银行退回的信用证等有关凭证编制收款凭证；付款单位在接到开证行的通知时，根据有关单据编制付款凭证。

（三）银行存款的核算

为了总括地反映银行存款的收支结存情况，企业应当设置“银行存款”总分类账户。该账户的借方登记银行存款的增加数，贷方登记银行存款的减少数，期末余额在借方，表示银行存款的结存数。

当企业将款项送存银行时，应借记“银行存款”账户，贷记“库存现金”账户；企业从银行提取现金时，应借记“库存现金”账户，贷记“银行存款”账户。企业因购销业务通过银行进行转账结算时，如果是购入原材料而支出货款等，借记“原材料”账户，贷记“银行存款”账户；如果是销售产品而收到货款等，借记“银行存款”账户，贷记“主营业务收入”等账户。企业在银行的其他款项，如外埠存款、信用证存款、银行本票存款等，在“其他货币资金”账户中核算，而不在银行存款账户中核算。

企业在经营活动中每天都要发生频繁的银行存款收支业务，为了加强对银行存款的管理，随时掌握银行存款的收支和结存情况，应当设置银行存款日记账进行序时核算。银行存款日记账由出纳人员根据审核后的银行存款收付款凭证逐日逐笔登记，每日终了，在分别计算当日收入、支出合计数的基础上，结出当日余额。

有外币业务的企业，应当在“银行存款”账户下，分别人民币和外币币种设置“银行存款”日记账进行明细分类核算。

（四）银行存款的清查

为防止记账发生错误，掌握银行存款的实际余额，企业应于每月月末对银行存款进行定期清查。

1. 银行存款清查的方法。清查银行存款的方法是核对账目,即根据银行提供的对账单与企业的银行存款日记账进行逐笔核对,以检查双方记账是否有错以及余额是否相符。

一般情况下,企业银行存款日记账的余额与银行对账单的余额往往不一致,不一致的原因可能有两种:一是双方日常记账中发生错账或漏账;二是有未达账项。所谓未达账项,是指企业和银行之间由于结算凭证的来往传递,使某些收付款项在一方已经登记入账,而另一方尚未收到有关凭证或通知而未能入账的款项。对于经核对发现的错账或漏账,如果是企业的责任,企业应及时更正自己的有关账簿;如果是银行的责任,则应立即通知银行要求更正。

企业发生的未达账项,一般有以下几种情况。

(1)企业已收款入账,而银行尚未收款入账。例如:企业在月底将销货收到的转账支票送交银行,并相应增加了银行存款,但银行由于没有办妥手续,尚未记入企业的存款账户内。

(2)企业已付款入账,而银行尚未付款入账。例如,企业开出的支票,企业已做了银行存款减少的账务处理,而收款单位尚未持支票到银行办理手续,以致银行没有减少企业的银行存款。

(3)银行已收款入账,而企业尚未收款入账。例如:银行根据托收凭证划款通知,已将收入的款项登入了企业的存款户,但托收凭证尚未送达企业,企业未能记入银行存款账户。

(4)银行已付款入账,企业尚未付款入账。例如:银行向企业结算的借款利息或收取的其他结算费用,银行已直接从企业存款账户中减去,企业在没有接到通知时没有减少银行存款账户。

上述四种情况中,(1)和(2)两种情况属于企业已入账而银行尚未入账的记录;(3)和(4)两种情况属于银行已入账而企业未入账的记录。而且,(1)和(4)两种情况的出现,会使企业银行存款日记账的余额大于银行对账单的余额;(2)和(3)两种情况的出现,会使银行对账单的余额大于企业银行存款日记账的余额。

2. 银行存款余额调节表的编制。对于发生的未达账项,企业应编制银行存款余额调节表,通过调整,使企业的银行存款日记账的余额与银行对账单的余额相符。通过调节表查明错记或漏计的账项,应编制会计分录进行补充或更正。

在编制银行存款余额调节表时,对于未达账项的四种情况,应采用如下公式进行调节:

$$\begin{matrix}\text{企业银行存款}\\\text{日记账的余额}\end{matrix}+\begin{matrix}\text{银行已收企业}\\\text{未收的账项}\end{matrix}-\begin{matrix}\text{银行已付企业}\\\text{未付的账项}\end{matrix}=\begin{matrix}\text{银行对账单}\\\text{的余额}\end{matrix}+\begin{matrix}\text{企业已收银行}\\\text{未收的账项}\end{matrix}-\begin{matrix}\text{企业已付银行}\\\text{未付的账项}\end{matrix}$$

下面举例说明银行存款余额调节表的编制方法。

【例 4-7】豫新公司 2015 年 12 月 31 日银行存款日记账的余额为 85 000 元;同日,银行转来对账单的余额为 90 520 元,经逐笔核对后,发现有以下未达账项:

(1)12 月 29 日企业收到光华公司的销货款 1 200 元,对方是以转账支票的方式结算的。当日,企业将支票送交银行,但银行由于内部手续的原因,尚未记入企业的存款账户。

(2)12 月 30 日,企业委托银行代收利民公司的货款 6 740 元,银行已记入企业的存款账户,但企业尚未收到银行的收款通知。

(3)12 月 30 日,企业开出现金支票 500 元,持票人尚未到银行取款。

(4)12 月 31 日,根据合同,银行代企业已支付电话费 120 元,但企业尚未收到银行的付款通知。

(5)12 月 31 日,银行从本企业存款中扣除借款利息和结算费用共计 400 元,企业尚未收到银行付款的通知。

根据上述资料,编制豫新公司银行存款余额调节表见表 4-1 所示。

表 4-1　豫新公司银行存款余额调节表

2015 年 12 月 31 日　　单位:元

项　目	金额	项　目	金额
银行存款日记账余额	85 000	银行对账单余额	90 520
加:银行已收企业未收	6 740	加:企业已收银行未收	1 200
减:银行已付企业未付	120	减:企业已付银行未付	500
减:银行扣除的结算利息和结算费用	400		
调整后银行存款日记账余额	91 220	调整后银行对账单余额	91 220

上述银行存款余额调节表说明,调节后的双方余额相等,这种情况一般表明双方记账没有发生差错,调节后的余额即是企业可以动用的银行存款。如果调节后双方余额不相等,则表明记账有差错,需要进一步查找原因并进行更正。另外,需要特别说明的是,银行存款余额调节表是用来核对银行与企业双方是否存在记账错误的,有关调节的项目并不作为记账的依据;只有当有关的凭证手续到达后,企业方可进行有关银行存款收付的账务处理。

四、其他货币资金

其他货币资金是指除现金、银行存款以外的其他各种货币资金,包括外埠存款、银行汇票存款、银行本票存款、信用证存款和在途货币资金等。为了全面地核算其他货币资金的增减变动及结存情况，应设置“其他货币资金”总分类账，并按其他货币资金的种类分别设置相应的明细分类账。现举例说明其他货币资金的核算。

【例4-8】某企业有关其他货币资金的业务如下：

(1)企业委托开户银行汇往外地20 000元设立采购专户，其会计分录为：

借：其他货币资金——外埠存款　　20 000

　贷：银行存款　　20 000

(2)企业向银行提交信用证委托书，委托银行对供货单位开出信用证存款50 000元，根据银行盖章退回的委托书回单联，编制如下会计分录：

借：其他货币资金——信用证存款　　50 000

　贷：银行存款　　50 000

企业用信用证存款支付购买材料货款45 000元，其余5 000元转回企业的存款户，材料已入库，其会计分录为：

借：原材料　　45 000

　银行存款　　5 000

　贷：其他货币资金——信用证存款　　50 000

(3)企业将银行汇票申请书连同款项送交银行办理银行汇票80 000元，取得银行汇票后，应编制如下会计分录：

借：其他货币资金——银行汇票　　80 000

　贷：银行存款　　80 000

企业用银行汇票支付购买材料等款项74 600元，其余5 400元转回企业的存款户，材料已入库，其会计分录为：

借：原材料　　74 600

　银行存款　　5 400

　贷：其他货币资金——银行汇票　　80 000

第二节　应收项目

企业的应收项目是指企业因向其他单位提供商品、产品和劳务，或由于其他原因而向对方收取款项的项目，主要包括应收票据、应收账款、其他应收款及预付账款。这些应收款项形成企业的债权，它们通常可以在一年或超过一年的一个营业周期内收回，一般列入企业的流动资产项目。

一、应收票据

（一）应收票据概述

1. 应收票据的概念。应收票据是企业持有的、尚未到期兑现的商业票据。它是企业因销售商品、提供劳务等而形成的一项债权。在我国，应收票据主要是指在商业汇票结算方式下债权人所持有的商业汇票，至于其他的即期票据（如支票、银行本票和银行汇票等），一般视同货币资金。

2. 应收票据的分类。应收票据的分类，主要有以下两种方法：

（1）按承兑人的不同，分为商业承兑汇票和银行承兑汇票。商业承兑汇票是由债务人或债权人签发、由债务人承兑的汇票。银行承兑汇票是由债权人或承兑申请人签发、由银行承兑的汇票。一般情况下，商业承兑汇票存在到期不能承兑的风险，银行承兑汇票则不存在承兑风险。

（2）按是否计算利息，分为带息汇票和不带息汇票。带息汇票是指在商业汇票到期时，承兑人必须按票面金额加上应计利息向收款人或被背书人支付票款的商业汇票。不带息汇票是指在商业汇票到期时，承兑人只按票面金额（面值）向承兑人或被背书人支付票款的商业汇票。不带息汇票的面值与到期值金额相同，但实际上票面金额的确定已经包含了利息因素。

3. 应收票据的计价。应收票据的计价即入账价值的确定方法有两种，即按现值计价和按面值计价。按现值计价是以商业票据未来现金流量的现值作为应收票据的入账价值。按面值计价是以商业票据的账面价值作为应收票据的入账价值。在我国，由于商业票据的最长期限不超过6个月，利息相对较少，为简化核算工作，应收票据一般按商业汇票的面值作为入账价值（如果是带息票据，在中期期末或年末时，带息票据计提的利息应计入应收票据的账面价值。）

应收票据由于收款金额、收款时间及承兑人明确地列示在票据上，信用性比较强，相对于应收账款发生坏账的风险比较小，所以一般不对应收票据计提坏账准备。

（二）应收票据基本业务的会计处理

为了反映和监督应收票据的取得和款项收回情况，企业应设置“应收票据”总分类账户。该账户的借方登记企业因销售商品或提供劳务而收到的商业汇票的面值及应计利息，贷方登记到期收回、背书转让、向银行办理贴现以及到期没有收回款项而转为应收账款的商业汇票，该账户的余额在借方，反映未到期应收票据的账面价值。下面分别按带息票据和不带息票据基本业务的会计处理进行说明。

1. 不带息票据的会计处理。不带息票据的到期价值等于应收票据的账面价值，是按面值入账的。当企业因销售商品、产品或提供劳务而收到应收票据时，应借记“应收票据”账户，贷记“主营业务收入”“应交税费——应交增值税(销项税额)”等账户；当应收票据到期并收到票款时，借记“银行存款”账户，贷记“应收票据”账户。如果应收票据到期，因承兑人违约拒付或无力支付票款，企业应将应收票据按票面金额从“应收票据”账户的贷方转入“应收账款”账户的借方。

【例4-9】甲企业向乙企业销售一批产品，货款为30 000元，增值税为5 100元；同时收到乙企业交来的3个月到期的不带息商业承兑汇票，面值为35 100元。甲企业应编制如下会计分录：

借:应收票据	35 100	
贷:主营业务收入		30 000
应交税费——应交增值税(销项税额)		5 100

3个月后应收票据到期时，甲企业收回款项35 100元，并存入银行，编制会计分录如下：

借:银行存款	35 100	
贷:应收票据		35 100

如果该票据到期时，乙企业无力支付票款，或因其他原因拒绝支付票款，甲企业应将到期的商业汇票转入“应收账款”账户，会计分录如下：

借:应收账款	35 100	
贷:应收票据		35 100

2. 带息票据的账务处理。对于带息的应收票据，在期末应当计算票据的利息。票据利息的计算公式为：

$$应收票据利息 = 应收票据票面金额 \times 票面利率 \times 期限$$

上式中，票面利率一般是指年利率，期限是指票据自签发日至到期日的时间间隔，也称有效期。期限有按月表示和按日表示两种。

当票据的期限按月表示时，应以到期月份中与出票日相同的那一天为到期日。月末签发的票据，不论月份大小，以到期月份月末的那一天为到期日。在票据的期限按月表示时，相应地把计算利息的利率换算成月利率，月利率等于年利率除以12个月。例如，某企业在3月24日收到一张面值为12 000元、年利率为8%、3个月到期的商业汇票，则该票据的到期日为6月24日，票据的利息计算如下：

$$12\ 000 \times 3 \times \frac{8\%}{12} = 240(元)$$

当票据期限按日表示时，应从出票日起按实际经历天数计算到期日和利息。对于出票日和到期日，只能计算其中一天，即“算头不算尾”或“算尾不算头”。相应地，应把计算利息的利率换算成日利率，日利率等于年利率除以360天。例如，将上例改为90天到期，其他均不变，则票据的到期日如果按“算头不算尾”计算应为6月22日，且到期日这一天不计算利息。该票据的利息可计算如下：

$$12\ 000 \times 90 \times \frac{8\%}{360} = 240(\text{元})$$

带息应收票据利息的入账，应区分两种情况：一种情况是票据的有效期不经过中期期末或年末，另一种情况是票据的有效期经过中期期末或年末。在第一种情况下，当票据到期收到票据的利息时，可直接冲减“财务费用”账户。在第二种情况下，应在中期期末或年末计提票据的利息，并增加“应收票据”账户的账面价值，同时冲减“财务费用”账户；在票据到期收到本息时，再将未计提的那部分利息冲减“财务费用”账户。

下面举例说明带息应收票据的会计处理。

【例4－10】某企业于2015年11月1日销售一批产品，该批产品货款为60 000元，增值税为10 200元。收到对方单位交来的一张面值为70 200元、年利率为8%、6个月到期的商业汇票。

(1)2015年11月1日，当企业因销售产品收到商业汇票时：

借：应收票据	70 200	
贷：主营业务收入		60 000
应交税费——应交增值税(销项税额)		10 200

(2)2015年12月31日，企业在年末计提应收票据的利息：

$$\text{票据利息} = 70\ 200 \times 2 \times \frac{8\%}{12} = 936(\text{元})$$

借：应收票据	936	
贷：财务费用		936

(3)2016年5月1日，票据到期时收到本息：

$$\text{本息合计} = 70\ 200 \times (1 + 6 \times \frac{8\%}{12}) = 73\ 008(\text{元})$$

$$\text{2010年未计提的票据利息} = 70\ 200 \times 4 \times \frac{8\%}{12} = 1\ 872(\text{元})$$

借：银行存款	73 008	
贷：应收票据		71 136
财务费用		1 872

3. 应收票据转让。应收票据转让是指持票人将自己持有的未到期的商业汇票背书后转让给其他单位或个人的业务活动。企业可以将自己持有的商业票据背书转让。所谓背书，是指持票人在票据的背面签字，签字人称为背书人，背书人对票据的到期付款负有连带责任。

当企业将持有的应收票据背书转让，以取得材料物资时，按应计入取得材料成本的价值，借记“原材料”“库存商品”等账户，按专用发票上注明的增值税额，借记“应交税费——应交增值税(进项税额)”账户,按应收票据的账面价值,贷记“应收票据”账户,按未计提的利息,贷记“财务费用”账户,如有差额,应借记或贷记“银行存款”等账户。

【例4-11】某企业购进材料一批,货款为36 000元,增值税为6 120元。企业将持有的面值为30 000元的带息票据背书转让给销货方,票据尚未计提的利息为120元。货款及增值税与票据面值及利息的差额12 000元以银行存款支付,材料已验收入库。有关的会计分录为:

借:原材料 36 000
　应交税费——应交增值税(进项税额) 6 120
　贷:应收票据 30 000
　　财务费用 120
　　银行存款 12 000

(三)应收票据贴现的会计处理

应收票据贴现是指企业将持有的未到期的应收票据在背书后送交银行,银行受理后,从应收票据的到期价值中扣除按银行规定的利率计算的利息,将余额付给持票人的一项经济活动。进行应收票据贴现是企业在资金紧张时向银行融通资金的一种方式。在应收票据贴现业务中,银行计算利息所用的利率称为贴现率,按贴现率计算的利息称为贴现息,企业从银行得到的票据到期价值与贴现息之间的差额称为贴现所得。有关的计算公式如下:

$$贴现所得=票据到期价值-贴现息$$

$$贴现息=票据到期价值\times贴现率\times贴现期$$

$$贴现期=票据的有效期-企业已持有票据期限$$

不带息应收票据的到期价值是票据的面值;带息应收票据的到期价值是票据的面值加上按票面利率计算的票据全部有效期间的利息。

进行应收票据贴现的账务处理,如果是不带息应收票据,应按贴现实际所得,借记“银行存款”账户,按银行规定计算的贴现息,借记“财务费用”账户,按应收票据的账面价值,贷记“应收票据”账户。如果是带息应收票据,应按贴现实际所得,借记“银行存款”账户,按应收票据的账面价值,贷记“应收票据”账户,按贴现实际所得和应收票据账面价值之间的差额,借记或贷记“财务费用”账户。

【例4-12】2015年6月1日,某公司将持有的出票日为5月1日、面值为40 000元、为期3个月的不带息应收票据向银行进行贴现,银行规定的年贴现率为9%。该票据的贴现息和贴现所得计算如下:

$$贴现息=40\ 000\times2\times\frac{9\%}{12}=600(元)$$

$$贴现所得=40\ 000-600=39\ 400(元)$$

有关的会计分录如下：

借：银行存款　　39 400

　财务费用　　600

贷：应收票据　　40 000

【例4－13】2015年9月1日，某企业将一张出票日为2015年5月1日、面值为60 000元、票面利率为8%、为期6个月的应收票据向银行进行贴现，银行规定的贴现率为12%。该票据的到期价值、现息和贴现所得可计算如下：

$$到期价值=60\ 000\times(1+6\times\frac{8\%}{12})=62\ 400(元)$$

$$贴现息=62\ 400\times2\times\frac{12\%}{12}=1\ 248(元)$$

$$贴现所得=62\ 400-1\ 248=61\ 152(元)$$

有关的会计分录如下：

借：银行存款　　61 152

　贷：应收票据　　60 000

　　财务费用　　1 152

企业以应收票据向银行贴现时，因在票据上背书而在法律上负有连带的偿还责任。即当票据到期承兑人无力支付票款时，进行票据贴现的企业有责任向银行支付票款。这种情况可能发生，也可能不发生，对于这种不确定的负债在会计上被称为“或有负债”。因此，从理论上讲，上述进行票据贴现时贷记的“应收票据”账户，实质上应作为或有负债贷记“应收票据贴现”账户。但为简化核算，我国规定，企业进行票据贴现时，不再设置“应收票据贴现”账户，而直接冲减“应收票据”账户，但在当期的财务报告附注中应反映此项或有负债。因此，当企业用于贴现的应收票据到期时，如果承兑人无力支付票款，贴现企业必须向银行兑付票款，并按所兑付的票款本息，借记“应收账款”账户，贷记“银行存款”账户。

二、应收账款

（一）应收账款的确认和计价

1. 应收账款的确认。应收账款是企业因销售商品、产品或提供劳务等，应向购货单位或接受劳务单位收取的款项。它是因企业的赊销业务而产生的，因此应在企业营业收入成立时予以确认。非销售活动引起的应收款项不属于应收账款的核算范围，应收账款是企业因赊销活动而形成的一项债权，是企业流动资产的一项重要组成内容。

2. 应收账款的计价。一般情况下，应收账款应按赊销商品或提供劳务时买卖双方所确认的实际金额计价，具体包括发票金额（价款及应收的增值税额）和代垫的运杂费两部分。但是,如果发生商业折扣和现金折扣,在计算应收账款的金额时还应考虑这两项因素。

(1)商业折扣。所谓商业折扣,是指企业在销售商品或提供劳务时,从价目表的报价中扣减一定的金额。扣减数额一般以原价的百分数表示,如某企业提供的商业折扣为原价的5%,8%等。企业向购货单位提供商业折扣,可能有多种原因,但主要目的是为了扩大销售而在价格上给予一定的优惠。企业在提供商业折扣的情况下,应收账款的入账价值应按扣除商业折扣后的实际售价确认;至于作为促销手段的商业折扣由于对双方应收应付的款项都没有影响,不再单独反映。

(2)现金折扣。所谓现金折扣,是指企业为了鼓励购货单位在一定期限内及早偿付货款而给予的一种折扣优待。现金折扣一般用符号"折扣/付款期限"表示。如折扣条件为"2/10,N/30",表示付款期为30天,如果在10天之内付清货款可享受2%的现金折扣。企业在赊销商品时向对方提供现金折扣,其目的是为了提前收回货款,减少坏账损失,但提供现金折扣也会使企业丧失部分现金收入。

在现金折扣条件下,应收账款入账金额的确定有两种方法:总价法和净价法。

总价法是指在企业销售商品时,销售收入和应收账款均按未扣除现金折扣的总价入账。如果客户在折扣期内付款、实际发生了现金折扣,则应将这笔现金折扣作为企业的财务费用处理。我国会计实务中一般采用总价法。

净价法是指企业在销售产品时,按照扣减现金折扣后的净额确认应收账款。如果客户超过了折扣期付款而丧失了现金折扣时,销货方可将现金折扣视为提供信贷所获得的收入,作为财务费用的减项处理。

(二)应收账款的会计处理

进行应收账款的核算,应设置"应收账款"总分类账户。该账户的借方登记企业因赊销商品、产品或提供劳务而向对方收取的价款及代垫运杂费等;贷方登记从购货方收回的款项等;余额在借方,表示企业尚未收回的款项。"应收账款"账户还应按不同的购货单位或接受劳务单位设置明细分类账。

【例4-14】某企业向A公司销售产品一批,销售价款为40 000元,适用的增值税税率为17%,代垫的运杂费为3 000元。有关的会计分录如下:

借:应收账款——A公司	49 800
贷:主营业务收入	40 000
应交税费——应交增值税(销项税额)	6 800
银行存款	3 000

收到货款时:

借:银行存款	49 800

贷：应收账款——A 公司　　49 800

【例 4 – 15】某企业向 B 公司销售产品一批，销售价款为 50 000 元，给予购货单位的现金折扣条件为“2/10，N/30”，适用的增值税税率为 17%。有关的会计分录如下：

借：应收账款——B 公司　　58 500
　贷：主营业务收入　　50 000
　　应交税费——应交增值税（销项税额）　　8 500

如果购货方在 10 天之内付款，享受到现金折扣时：

借：银行存款　　57 330
　财务费用　　1 170
　贷：应收账款——B 公司　　58 500

如果购货方在 10 天之后付款，没有享受到现金折扣时：

借：银行存款　　58 500
　贷：应收账款　　58 500

（三）坏账损失的会计处理

现代企业之间的商品购销活动，大多是建立在商业信用基础上的赊购赊销活动。企业为扩大销售，常常采用赊销的形式销售产品，为此就产生大量的应收账款。市场经济条件下，企业之间因竞争的加剧，经营风险增大，企业因赊销商品而发生的应收账款就存在不能完全收回的风险。对于企业无法收回的应收账款，称为坏账。由于发生坏账而造成的损失，称为坏账损失。

1. 坏账损失的确认。企业在确认坏账时，应具体分析各债务单位的财务状况和现金流量状况，对于有确凿证据表明确实不能收回的应收账款或收回可能性不大的应收账款，应确认为坏账。根据我国会计准则的规定，符合下列条件之一的应收账款，应确认为坏账：

（1）债务人破产，依照破产清算程序进行清偿后，确实无法收回的部分；

（2）债务人死亡，依其破产财产清偿后，确实无法收回的部分；

（3）债务人在较长时期（3 年以上）未履行偿债义务，确实无法收回或收回的可能性极小的应收账款。

2. 坏账损失的会计处理。对于坏账损失，会计上有两种处理方法，即直接转销法和备抵法。直接转销法是指只有在确认某项应收账款确实无法收回时才确认为坏账，并转销应收账款，同时作为坏账损失计入当期损益。备抵法是采用一定的方法按期估计坏账损失，计入当期费用，形成坏账准备；待坏账实际发生时，再冲销已计提的坏账准备和相应的应收账款。我国规定企业只能采用备抵法核算坏账损失。

采用备抵法，坏账损失与应收账款的发生计入同一会计期间，符合会计上的收入与费用相配比的原则；而且，在资产负债表中，应收账款既按账面价值反映，又按扣除坏账准备后可望收回的净值反映，比较真实地反映了企业的财务状况。

采用备抵法核算坏账损失，必须设置“坏账准备”账户。该账户的贷方登记企业计提的坏账准备，借方登记实际发生的坏账损失，期末余额在贷方，反映期末应收账款中预计不能收回的数额。在资产负债表中，“坏账准备”账户一般作为“应收账款”账户的抵减项列示在资产项目中。

在备抵法下，每期计提的坏账准备是一个估计数。由于坏账损失的发生具有极大的不确定性，所以，估计坏账损失时所依据的计提基础应尽可能符合实际。目前，估计坏账损失的方法主要有应收账款余额百分比法、账龄分析法和销货百分比法。

(1)应收账款余额百分比法。应收账款余额百分比法是根据会计期末应收账款的余额乘以估计的坏账损失率，来确定应计提的坏账准备的方法。该种方法认为，坏账损失的发生数与应收账款的余额直接相关，按应收账款的余额确定计提的坏账准备数符合配比原则。在这种方法下，要求期末坏账准备的数额必须与期末应收账款的余额保持在预先确定的比率(即估计的坏账损失率)上，并将这一数额与“坏账准备”账户的期末余额进行比较，如果要求保持的坏账准备数额大于“坏账准备”账户的期末余额，应增加计提坏账准备并计入资产减值损失；反之，则应冲减坏账准备并相应冲减资产减值损失。

【例4－16】某企业2013年末应收账款余额为800 000元，假设从该年起企业开始计提坏账准备，坏账准备的提取比例为应收账款的0.3%。2014年末企业发生坏账损失2 000元，年末应收账款余额为900 000元；2015年末应收账款余额为600 000元。要求采用应收账款余额百分比法计提坏账准备。有关的账务处理如下：

2013年末开始提取坏账准备时，当年应计提的坏账准备为2 400元(800 000×0.3%)，会计分录为：

借：资产减值损失　　2 400

　贷：坏账准备　　2400

2014年发生坏账损失2 000元，会计分录为：

借：坏账准备　　2 000

　贷：应收账款　　2 000

2014年末计提坏账准备时，当年应保持的坏账准备余额为2 700元(900 000×0.3%)，而“坏账准备”账户的期末贷方余额为400元，因此，应补提坏账准备2 300元，会计分录为：

借：资产减值损失　　2 300

　贷：坏账准备　　2 300

2015 年末计提坏账准备时，当年应保持的坏账准备余额为 1 800 元(600 000 × 0.3%)，而“坏账准备”账户的期末贷方余额为 2 700 元，应冲销坏账准备 900 元，有关的会计分录为：

借：坏账准备　　900

　贷：资产减值损失　　900

如果企业收回以前已冲销的坏账，必须通过“应收账款”账户。如上例中 2014 年发生的 2 000 元坏账损失在 2015 年又收回，有关的会计分录为：

借：应收账款　　2 000

　贷：坏账准备　　2 000

借：银行存款　　2 000

　贷：应收账款　　2 000

(2)账龄分析法。账龄分析法是根据企业应收账款明细账中各账户账龄的长短，通过划分账龄组，并将各账龄组应收账款的余额分别乘以相应的坏账损失率，以计算企业应计提坏账准备的一种方法。一般情况下，应收账款的账龄越长，发生坏账的可能性越大，所确定的坏账损失率也应越高。

【例 4－17】某企业 2015 年 12 月 31 日，根据各应收账款明细账的资料确认的应收账款账龄及估计的坏账损失，见表 4－2。

表 4－2　某企业应收账款账龄及估计的坏账损失分析表

2015 年 12 月 31 日　　单位：元

应收账款账龄	应收账款金额	估计坏账损失率(%)	估计坏账准备(元)
未过期	80 000	0.5	400
过期 1 个月	30 000	1	300
过期 2 个月	20 000	2	400
过期 3 个月	4 000	3	120
过期 4 个月	7 000	5	350
过期 4 个月以上	9000	8	720
合计	160 000	—	2 290

根据表 4－2 可知，该企业在 2015 年 12 月 31 日根据应收账款账龄估计的坏账损失为 2 290 元，相应的，“坏账准备”账户期末的贷方余额也应为 2 290 元。

现假设该企业 2015 年 12 月 31 日在调整前“坏账准备”账户的贷方余额为 1 200 元，那么，企业应补提的坏账准备为 1 090 元，有关的会计分录为：

借：资产减值损失　　1 090

贷:坏账准备 1 090

如果设该企业 2015 年 12 月 31 日在调整前“坏账准备”账户的借方余额为 1 000 元,那么,企业必须补提坏账准备 3 290 元,才能使“坏账准备”账户有贷方余额 2 290 元。有关的会计分录为:

借:资产减值损失 3 290

贷:坏账准备 3 290

(3)销货百分比法。销货百分比法是以赊销金额的一定百分比估计坏账损失。企业可根据过去的经验和当前的有关资料,估计坏账损失与赊销净额之间的比率,再以该比率乘以当期的赊销净额,作为当期应计提的坏账损失。

【例 4 - 18】某企业 2015 年度的赊销净额为 300 000 元,根据以往的经验和有关资料,估计的坏账损失率为 1%。那么,年末估计的坏账损失为 3 000 元(300 000 × 1%)。有关的会计分录为:

借:资产减值损失 3 000

贷:坏账准备 3 000

三、预付账款及其他应收款

(一)预付账款

预付账款是企业按照购货合同的规定,预先支付给供货单位的货款,如预付的材料采购、商品采购款等。

预付账款是企业的一项债权,在核算时一般应单独设置“预付账款”账户进行核算。企业在预付货款时,应借记“预付账款”账户,贷记“银行存款”账户;收到材料或商品时,应借记“原材料”等账户,贷记“预付账款”账户;该账户的余额在借方,表示尚未结清的预付货款。

对于预付账款业务不多的企业,可不再单独设置“预付账款”账户,而将预付的货款记入“应付账款”账户。预付货款时,借记“应付账款”账户,等收到材料或商品时再从贷方予以冲销。但这种处理办法,可能在有些期末使“应付账款”的某些明细账出现借方余额,所以,在编制资产负债表时,仍然要将“预付账款”和“应付账款”的金额分别列示。对于企业的预付账款一般不计提坏账准备。

(二)其他应收款

其他应收款是指除应收票据、应收账款和预付账款以外的其他各种应收、暂付款项,主要包括应收的各种赔款、罚款、存入的保证金、出租包装物的租金以及应向企业内部职工收取的各种垫付款等非营业应收款项。

对于企业发生的各种其他应收款,应单独设置“其他应收款”账户进行核算,并按不同的债务人设置明细分类账。当企业发生其他应收款时，应借记“其他应收款”账户，贷记“库存现金”等账户；收回其他应收款时，借记“库存现金”等账户，贷记“其他应收款”账户。

企业应定期对其他应收款进行检查，预计可能发生的坏账损失，并计提坏账准备。

复习思考题

1. 国家对货币资金的管理有哪些要求？

2. 按照国家现金管理条例的规定，允许使用现金的范围有哪些？

3. 银行转账结算方法有几种？请分别予以说明。

4. 什么是未达账项？未达账项有几种？在编制银行存款余额调节表时应如何调整未达账项？

5. 什么是贴现？带息应收票据的贴现与不带息应收票据的贴现有何区别？

6. 商业折扣与现金折扣在会计处理上有什么不同？

7. 在现金折扣条件下，采用总价法确认应收账款在会计处理上有何特点？

8. 什么是坏账？确认坏账的条件有哪些？

9. 备抵法下估计坏账的方法有几种？请进行分析比较。

练习题

1. 某企业 2015 年第二季度发生下列经济业务：

(1)4 月 6 日，从银行提取现金 300 元。

(2)4 月 14 日，采购员李明预借差旅费 1 800 元，开出现金支票。

(3)4 月 25 日，为总务部门核定备用金 1 000 元，以现金支付。

(4)5 月 3 日，李明报销差旅费 1 650 元，余款 150 元交回现金。

(5)5 月 7 日，企业拟在外地购进一批原材料，委托开户银行汇往外地 32 000 元设立采购专户。

(6)5 月 13 日，总务部门报销购买办公用品费 600 元，以现金支付。

(7)6 月 15 日，在盘点中发现现金多余 36 元，16 日经批准作为营业外收入。

(8)6 月 26 日,在盘点中发现现金短缺 58 元,28 日经批准计入当期损益。

(9)6 月 28 日,用外地的采购专户购进原材料一批,支付货款 26 000 元,增值税 4 420元,采购专户的余额 1 580 元转回开户银行。

要求:根据上述经济业务编制会计分录。

2. 某企业 2015 年 7 月 31 日银行存款日记账余额为 385 600 元,同日银行转来的对账单余额为 364 200 元,经核对后,发现有以下未达账项:

(1)7 月 29 日银行收到华兴公司的货款 24 000 元,企业尚未入账。

(2)7 月 30 日,企业收到光华公司的销货款 26 500 元,转账支票已送交银行,银行尚未入账。

(3)7 月 30 日,银行结算企业存款利息 4 800 元,企业尚未入账。

(4)7 月 30 日,企业开出现金支票 3 700 元,持票人尚未到银行取款。

(5)7 月 31 日,根据合同,银行代企业支付水电费 27 400 元,企业尚未收到银行的付款通知。

根据上述资料,编制该企业银行存款余额调节表。

3. 某企业在 2015 年 7 月 1 日将持有的两张商业承兑汇票向银行贴现。其中,一张为不带息商业承兑汇票,面值为 30 000 元,出票日为 5 月 1 日,期限为 6 个月。另一张为带息商业承兑汇票,面值为 45 000 元,出票日为 6 月 11 日,期限为 90 天,票面利率为 6%。假设银行年贴现率为 9%。

要求:计算贴现所得额并编制有关的会计分录。

4. 某企业第一年末应收账款余额为 640 000 元,假设从该年起企业开始计提坏账准备,坏账准备的提取比例为应收账款的 0.5%。第二年企业发生坏账损失 5 000 元,年末应收账款余额为 720 000 元。第三年发生坏账损失 3 000 元,但上年已冲销的坏账 5 000 元又收回,年末应收账款余额为 430 000 元。

要求:采用应收账款余额百分比法计提坏账准备并编制有关的会计分录。

第五章　存货

第一节　存货的范围及种类

一、存货的范围

(一)存货的概念及特点

存货是指企业在日常活动中持有以备出售的产成品或商品、处在生产过程中的在产品、在生产过程或提供劳务过程中耗用的材料、物料等。存货通常在一年或超过一年的一个营业周期内变现或者耗用,因此,存货属于企业的流动资产。

存货的核算既复杂又非常重要,这是因为它的核算不仅对于流动资产、营运成本、总资产的计算会产生直接的影响,而且对销售成本、毛利以及净利润的计算也会产生直接的影响。

存货区别于固定资产等非流动资产的最基本特征是,企业持有存货的最终的目的是为了出售,包括可供直接销售的产成品、商品,以及需经过进一步加工后出售的原材料等。具体来说,存货具有如下特点:

(1)存货通常是构成流动资产的极其重要的项目,一般都占流动资产总额的1/4以上,有的甚至超过一半。

(2)允许采用的存货计价方法的多样性使存货核算变得更加复杂。企业会计准则允许对存货采用多种计价方法,不同类别的存货可能采用不同的方法进行估价。

(3)存货存放于不同的地点,这使得对它的实物控制和盘点都很困难。

(4)存货质量、状况和价值的验证工作,远比其他项目的查验复杂和困难,特别是对于某些特殊的存货项目(如珠宝字画,糖、煤等堆积型存货,生产纸浆用木材,牲畜的查验等),更是如此,这大大增加了存货计量的难度。

(二)存货的范围

存货范围的界定,不是以存货的存放地点为标准的,而是以企业是否拥有其所有权作为判断标准。凡是法定所有权属于本企业的存货,无论其是否存放在本企业,都应作为本企业存货核算。例如,企业已经付款或承诺付款购入、尚未验收入库的在途材料,尚未售出的存放在承销人手中的商品,委托外单位加工的原材料等,虽然没有储存在本企业内,但法定所有权属于本企业,应作为本企业存货核算。反之,法定所有权不属于本企业的存货,即使存放于本企业,也不能作为本企业存货核算。例如,根据销售合同已经售出(取得收款的权利),所有权已经转移的存货,即使该存货尚未运离本企业,也不能再作为企业的存货进行核算。

二、存货的种类

存货的种类比较繁多,用途各异。为了便于对存货进行管理和核算,会计上必须对存货进行科学分类。对于不同的行业,由于存货的来源和用途不同,其分类也有所不同。企业存货按其来源和用途,可以分为以下几类:

(1)原材料,指企业在生产过程中经加工改变其形态或性质并构成产品主要实体的各种原料及主要材料、辅助材料、外购半成品(外购件)、修理用备件(备品备件)、包装材料、燃料等。为建造固定资产等各项工程而储备的各种材料,虽然同属于材料,但是由于用于建造固定资产等各项工程,不符合存货的定义,因此不能作为企业存货。

(2)在产品,指企业正在制造尚未完工的产品,包括正在各个生产工序加工的产品,和已加工完毕但尚未检验或已检验但尚未办理入库手续的产品。

(3)半成品,指经过一定生产过程并已检验合格交付半成品仓库保管,但尚未制造完工成为产成品,仍需进一步加工的中间产品。

(4)产成品,指制造企业已经完成全部生产过程并验收入库,可以按照合同规定的条件送交订货单位,或者可以作为商品对外销售的产品。企业接受外来原材料加工制造的代制品和为外单位加工修理的代修品,制造和修理完成验收入库后应视同企业的产成品。

(5)商品,指商品流通企业外购或委托加工完成验收入库用于销售的各种商品。

(6)周转材料,指企业能够多次使用、但不符合固定资产定义的材料,如为了包装本企业商品而储备的各种包装物,各种工具、管理用具、玻璃器皿、劳动保护用品以及在经营过程中周转使用的容器等低值易耗品和建造承包商的钢模板、木模板、脚手架等其他周转材料。但是,周转材料符合固定资产定义的,应当作为固定资产处理。

第二节　取得和发出存货的计量

一、取得存货的计量

企业取得存货应当按照成本进行计量。存货成本包括采购成本、加工成本和其他成本三个组成部分。具体来讲，取得存货的成本计量，应区分其来源渠道，分别按下列方法进行确定。

(一)外购存货的成本

企业外购存货主要包括原材料和商品。外购存货的成本即存货的采购成本，指企业物资从采购到入库前所发生的全部支出，包括购买价款、相关税费、运输费、装卸费、保险费以及其他可归属于存货采购成本的费用。

1. 购买价款，是指企业购入的材料或商品的发票账单上列明的价款，但不包括按规定可以抵扣的增值税额。

2. 相关税费，是指企业购买、自制或委托加工存货发生的进口关税、消费税、资源税和不能抵扣的增值税进项税额等应计入存货采购成本的税费。

3. 其他可归属于存货采购成本的费用，即采购成本中除上述各项以外的可归属于存货采购成本的费用，如在存货采购过程中发生的仓储费、包装费、运输途中的合理损耗、入库前的挑选整理费用等。这些费用能分清负担对象的，应直接计入存货的采购成本；不能分清负担对象的，应选择合理的分配方法，分配计入有关存货的采购成本，可按所购存货的数量或采购价格比例进行分配。

对于采购过程中发生的物资毁损、短缺等，除合理的损耗应当作为存货的其他可归属于存货采购成本的费用计入采购成本外，其余毁损、短缺部分应先记入“待处理财产损益——待处理流动资产损益”科目，在查明原因后区别不同情况进行会计处理：

(1)属于供货单位或运输单位的责任造成的存货毁损、短缺，应由责任人补足存货或赔偿货款，尚不能弥补的部分记入“管理费用”科目；

(2)属于自然灾害、意外事故等非常原因造成的存货毁损，待报经批准处理后，将扣除保险公司和过失人赔偿后的净损失，计入营业外支出。

(二)自制存货的成本

自制存货主要包括产成品、在产品、半成品等，其成本按其实际加工成本计量。实际加工成本包括直接材料、直接人工和制造费用。对于其中的制造费用，如果能够直接计入有关的成本核算对象，则应直接计入该成本核算对象；否则，应按照合理方法分配计入有关成本核算对象。

（三）委托加工存货的成本

委托加工存货，以实际耗用的原材料或者半成品以及加工费、运输费、装卸费和保险费等费用以及按规定应计入成本的税金，作为实际成本。

（四）投资者投入存货的成本

投资者投入存货的成本应当按照投资合同或协议约定的价值确定，但合同或协议约定价值不公允的除外。在投资合同或协议约定价值不公允的情况下，按照该项存货的公允价值作为其入账价值。

（五）盘盈存货的成本

盘盈的存货应按其重置成本作为入账价值。

二、发出存货的计量

（一）存货成本流转假设

存货流转包括实物流转和成本流转两个方面。实物流转是指存货实物在实际生产经营过程中的流转，即存货在采购、配送、销售等环节的实体移动。成本流转则是指当发生实物流转时，与实体相关的商品价值的转移，如外购或自制存货的成本流入及出售商品时的成本流出。实物流转是成本流转的前提和基础。理论上，存货的实物流转与成本流转应是一致的，即存货的进货成本应当随存货的耗用或销售而结转。但是，由于企业存货流动量很大，加之存货的品种繁多、单位成本多变，在实际工作中很难保证存货的成本流转与实物流转相一致。这是因为尽管不同批次的存货单价不同，但对于同规格、同品质的存货来说，实体相同，无任何区别，所以，无论哪一批存货被耗用或销售，都能满足生产或销售的需要，企业没有必要花费额外的成本去逐一辨别哪一批实物被发出，哪一批实物留做库存。出于存货实物管理和会计核算简便化的考虑，企业可以将成本的流转顺序和实物的流转顺序分离，只要按照不同的成本流转程序确认已发出存货的成本和库存存货的成本即可。这样，就出现了存货成本的流转假设。

采用不同的存货成本流转的假设，在期末存货与发出存货之间分配成本，就产生了不同的确定发出存货成本的方法，即发出存货的计价方法。企业应当根据各类存货的实物流转方式、企业管理的要求、存货的性质等实际情况，合理地选择发出存货成本的计价方法，以合理确定当期发出存货的实际成本。我国《企业会计准则》规定：对于性质和用途相似的存货，应当采用相同的成本计价方法确定发出存货的成本。企业在确定发出存货的成本时，可以采用先进先出法、移动加权平均法、月末一次加权平均法和个别计价法四种方法。

（二）发出存货的计价方法

1. 先进先出法。先进先出法是以先购入的存货应先发出（销售或耗用）这样一种存货实物流动假设为前提,对发出存货进行计价。采用这种方法,先购入的存货成本在后购入存货成本之前转出,据此确定发出存货和期末存货的成本。

【例5－1】大鹏公司会计政策规定,发出存货按先进先出法核算。该公司3月份原材料的明细账如表5－1所示。

表5－1　原材料明细分类账

原材料名称:甲材料　　　　数量单位:件
金额单位:元

日期	摘要	入库			出库			结存		
		数量	单价	金额	数量	单价	金额	数量	单价	金额
3.1	期初余额							500	50	25 000
3.8	购入	400	51	20 400				500 400	50 51	25 000 20 400
3.10	领用				500 300	50 51	25 000 15 300	100	51	5 100
3.15	购入	1 600	46	73 600				100 1 600	51 46	5 100 73 600
3.20	领用				100 300	51 46	5 100 13 800	1 300	46	59 800
3.22	购入	700	45	31 500				1 300 700	46 45	59 800 31 500
3.28	领用				800	46	36 800	500 700	46 45	23 000 31 500
3.31	本月合计	2 700		125 500	2 000		96 000	500 700	46 45	23 000 31 500

采用先进先出法,对发出的存货要逐笔进行计价并登记明细账的发出与结存,发出存货按先购进的存货的成本先结转,期末结存的是最后购进的存货成本。先进先出法的优点是可以随时结转存货发出成本,缺点是平时工作量较大,比较烦琐,特别对于存货进出量频繁的企业更是如此。在物价持续上涨情况下,采用先进先出法会使发出存货成本偏低,从而高估当期利润和期末存货价值。

2.移动加权平均法。移动加权平均法,是指以每次进货的成本加上原有库存存货的成本,除以每次进货数量与原有库存存货的数量之和,据以计算加权平均单位成本,作为在下次进货前计算各次发出存货成本的依据。加权平均单位成本的计算公式如下：

$$存货平均单位成本=\frac{原有库存存货的成本+本次进货的成本}{原有库存存货数量+本次进货数量}$$

$$发出存货的成本=本次发出存货数量\times本次发货前存货平均单位成本$$

【例 5－2】沿用例 5－1 的资料，假设大鹏公司采用移动加权平均法计算存货成本，则该公司 3 月份原材料的明细账如表 5－2 所示。

表 5－2　原材料明细分类账

原材料名称：甲材料　　　　数量单位：件　　金额单位：元

日期	摘　要	入　库			出　库			结　存		
		数量	单价	金额	数量	单价	金额	数量	单价	金额
3.1	期初余额							500	50	25 000
3.8	购入	400	51	20 400				900	50.44	45 400
3.10	领用				800	50.44	40 352	100	50.44	5 048
3.15	购入	1 600	46	73 600				1 700	46.26	78 648
3.20	领用				400	46.26	18 504	1 300	46.26	60 144
3.22	购入	700	45	31 500				2 000	45.82	91 644
3.28	领用				800	45.82	36 656	1 200	45.82	54 988
3.31	本月合计	2 700		125 500	2 000		95 512	1 200	45.82	54 988

注：保留两位小数点。

采用移动加权平均法，大鹏公司在每次购入存货之后，都要重新计算一次存货的平均单位成本。表 5－2 中的有关计算说明如下：

$$3月8日计算的原材料平均单位成本=\frac{25\,000+20\,400}{500+400}=50.44(元)$$

$$3月10日领用原材料应结转的成本=800\times50.44=40\,352(元)$$

$$3月15日计算的原材料平均单位成本=\frac{5\,048+73\,600}{100+1\,600}=46.26(元)$$

$$3月20日领用原材料应结转的成本=400\times46.26=18\,504(元)$$

$$3月22日计算的原材料平均单位成本=\frac{60\,144+31\,500}{1\,300+700}=45.82(元)$$

$$3月28日领用原材料应结转的成本=800\times45.82=36\,656(元)$$

采用移动加权平均法，每购进一批存货，就要计算一次加权平均单位成本，能够随时反映发出存货和库存存货的成本，企业管理当局可以及时了解存货的结存情况，而且计算出来的发出和结存存货的成本比较均衡和准确，比较符合配比原则。但对于收发货较频繁的企业，此种方法就显得计算复杂，工作量太大。

3.月末一次加权平均法。月末一次加权平均法，是指以月初存货成本加上当月全部进货成本，除以月初存货数量加上当月全部进货数量，计算出存货的加权平均单位成本，以此为基础计算当月发出存货和期末存货的成本的一种方法。加权平均单位成本的计算公式如下：

$$存货平均单位成本 = \frac{月初库存存货的成本 + 本月进货的总成本}{月初库存存货数量 + 本月进货总数量}$$

$$发出存货的成本 = 发出存货数量 \times 存货平均单位成本$$

$$月末结存存货的成本 = 月末结存存货数量 \times 存货平均单位成本$$

由于在计算加权平均单位成本时有时不能除尽，为了保证月末结存存货的数量、单位成本与总成本的一致，实务中，应当先按加权平均单位成本计算月末结存存货的成本，然后再倒挤出本月发出存货成本，将计算尾差挤入发出存货成本。

【例5－3】沿用例5－1的资料，假设大鹏公司采用月末一次加权平均法计算存货成本，则该公司3月份原材料的明细账如表5－3所示。

表5－3 原材料明细分类账

原材料名称：甲材料　　　　数量单位：件　　金额单位：元

日期	摘要	入库			出库			结存		
		数量	单价	金额	数量	单价	金额	数量	单价	金额
3.1	期初余额							500	50	25 000
3.8	购入	400	51	20 400				900		
3.10	领用				800			100		
3.15	购入	1600	46	73 600				1 700		
3.20	领用				400			1 300		
3.22	购入	700	45	31 500				2 000		
3.28	领用				800			1 200		
3.31	本月合计	2 700		125 500	2 000	47.03	94 064	1 200	47.03	56 436

注：保留两位小数点。

采用月末一次加权平均法，大鹏公司只需在月末计算一次加权平均单价即可。表5－2中的有关计算说明如下：

$$原材料平均单位成本 = \frac{25\ 000 + 125\ 500}{500 + 2\ 700} = 47.03(元)$$

$$本月结存原材料的成本 = 1\ 200 \times 47.03 = 56\ 436(元)$$

$$本月发出原材料应结转的成本 = 25\ 000 + 125\ 500 - 56\ 436 = 94\ 064(元)$$

采用月末一次加权平均法，存货核算平时只记发出存货数量，不记发出存货单价和金额,只在月末一次计算加权平均单价,并计算发出存货和结余存货的成本,比较简单,减少了存货日常核算的工作量。但由于平时无法从账上提供发出和结存存货的单价及金额,所以不利于存货成本的日常管理与控制。无论在上涨还是下跌情况下,计算出的存货成本与现行成本都有一定的差距。

4. 个别计价法。个别计价法,亦称个别认定法、具体辨认法、分批实际法,其特征是注重所发出存货具体项目的实物流转与成本流转之间的联系,逐一辨认各批发出存货和期末存货所属的购进批别或生产批别,分别按其购入或生产时所确定的单位成本计算各批发出存货和期末存货的成本,即把每一种存货的实际成本作为计算发出存货成本和期末存货成本的基础。对于不能替代使用的存货、为特定项目专门购入或制造的存货以及提供的劳务,通常采用个别计价法确定发出存货的成本。

【例 5-4】某机电进出口公司 4 月份购入和发出存货情况如下:

(1)期初库存 A 产品 10 件,每件成本 1 900 元;

(2)4 月 3 日,购入 A 产品 300 件,每件成本 2 000 元;

(3)4 月 8 日,发出 A 产品 100 件,其中 10 件系期初库存,90 件系 4 月 3 日购入;

(4)4 月 20 日,购入 A 产品 500 件,每件成本 2 100 元;

(5)4 月 25 日,发出 A 产品 600 件,其中 100 件系 4 月 3 日购入,500 件系 4 月 20 日购入。

$$\text{发出存货的成本} = 10 \times 1\,900 + 90 \times 2\,000 + 100 \times 2\,000 + 500 \times 2\,100 = 1\,449\,000(\text{元})$$

$$\text{期末存货的成本} = (300 - 90 - 100) \times 2\,000 = 220\,000(\text{元})$$

采用个别计价法,由于保持了实物流转与成本流转的一致性,所计算的发出存货和期末存货的成本最为准确。但在存货收发频繁情况下,其发出存货分辨的工作量较大,难度也较大。

第三节　存货的核算模式

存货的日常核算既可以按实际成本核算,也可以按计划成本核算,具体采用哪一种方法,由企业根据具体情况自行决定。

一、按实际成本法对存货进行核算

存货按实际成本核算,是指存货的日常收发及结存,无论是总分类核算还是明细分类核算,均按实际成本计价。其特点是:从存货收发凭证到明细分类账和总分类账,都按实际成本计价。存货按实际成本核算模式一般适用于规模较小、存货品种简单、采购业务不多的企业。由于存货的种类繁多,本节主要以原材料为例,说明存货收发的核算。

(一)账户设置

1."原材料"账户。该账户用于核算企业库存的各种原材料的实际成本,其借方登记验收入库的原材料的实际成本,贷方登记发出的各种原料的实际成本。余额在借方,表示月末企业库存原材料的实际成本。

2."在途物资"账户。该账户用于核算企业尚未验收入库的各种物资实际成本,其借方登记已支付的物资货款及采购费用,贷方登记验收入库的原材料的实际成本。余额在借方,表示月末企业尚未验收入库的各种物资实际成本。

3."库存商品"账户。该账户用于核算企业库存的各种商品的实际成本,包括外购商品、自制产品、商品等,其借方登记已经完工验收入库的各种产品的实际成本,贷方登记已经出售的各种产品的实际生产成本。余额在借方,表示库存产成品的实际成本。

4."委托加工物资"账户。该账户用于核算企业委托外单位加工的各种物资的实际成本,其借方登记领用加工物资的实际成本、支付的加工费用应负担的运杂费以及支付的税金(包括应负担的增值税、消费税),贷方登记加工完成验收入库的物资的实际成本。余额在借方,反映尚未完工的委托加工物资的实际成本等。

5."周转材料"账户。该账户用于核算企业周转材料的实际成本。该账户可按周转材料的种类,分别"在库"、"在用"和"摊销"进行明细核算。余额在借方,反映企业在库周转材料的实际成本以及在用周转材料的摊余价值。

(二)取得存货的核算

1.外购存货。由于采购地点和结算方式等的不同,造成企业外购的存货经常会出现付款和收料日期不一致的情况,企业应区别情况分别处理。

(1)货款已经支付,同时存货已验收入库。企业应根据结算凭证、发票账单凭证确定的存货购入成本,借记"原材料"等账户,根据取得的增值税专用发票上注明的税额,借记"应交税费——应交增值税(进项税额)"(一般纳税企业,下同)账户,按照实际支出的款项,贷记"银行存款"等账户。

【例5-5】大鹏公司为增值税一般纳税人,5月5日从众诚公司购入原材料一批,取得的增值税专用发票上注明的原材料价款为50 000元,增值税额为8 500元,发票等结算凭证已经收到,货款已通过银行转账支付,且材料已验收入库。大鹏公司应做如下会计分录:

借:原材料	50 000
应交税费——应交增值税(进项税额)	8 500
贷:银行存款	58 500

(2)结算凭证等单据已到,存货尚未验收入库。企业应根据结算凭证、发票账单等,借记“在途物资”“应交税费——应交增值税(进项税额)”账户,贷记“银行存款”或“应付票据”等账户。待收到存货后,再根据收料单,借记“原材料”等账户,贷记“在途物资”账户。

【例5-6】大鹏公司为增值税一般纳税人,5月11日从华美公司购入原材料一批,取得的增值税专用发票上注明的原材料价款为200 000元,增值税额为34 000元,发票等结算凭证已经收到,已开出商业承兑汇票,但材料尚未运到。大鹏公司收到发票等结算凭证时应做如下会计分录:

借:在途物资	200 000	
应交税费——应交增值税(进项税额)	34 000	
贷:应付票据		234 000

上述材料到达验收入库时,再做如下会计分录:

借:原材料	200 000	
贷:在途物资		200 000

(3)存货已验收入库,结算凭证等单据未到。此时企业在月内可以暂不入账,等到有关凭证到达后再按实际支付的货款入账。若到了月末时,有关凭证仍未达到,已入库的材料应按暂估价,借记“原材料”等账户,贷记“应付账款——暂估应付账款”账户,下月初用红字冲回。待有关结算凭证到达后,再按实际金额入账。

【例5-7】大鹏公司为增值税一般纳税人,5月18日购入原材料一批,材料已经运到,并验收入库,但发票等结算凭证月末仍未收到,货款尚未支付。该批材料的暂估价为80 000元。月末,大鹏公司应按照暂估价入账,做如下会计分录:

借:原材料	80 000	
贷:应付账款——暂估应付账款		80 000

下月初红字冲回:

借:原材料	[80 000]	
贷:应付账款——暂估应付账款		[80 000]

下月收到有关结算凭证,实际货款82 000元,增值税13 940元,同时支付货款:

借:原材料	82 000	
应交税费——应交增值税(进项税额)	13 940	
贷:银行存款		95 940

2.自制存货。自制存货完工入库,应按存货在生产过程中所归集的实际成本(包括直接材料、直接人工、制造费用),从“生产成本”账户转入“原材料”“库存商品”等

账户。

【例5-8】大鹏公司生产出产品一批，经检验合格验收入库。该批产品在加工过程中共耗用原材料35 000元，支付生产工人的工资8 000元，发生制造费用3 000元。大鹏公司应做如下会计分录：

(1)归集生产成本时：

借：生产成本　　46 000

　贷：原材料　　35 000

　　应付职工薪酬　　8 000

　　制造费用　　3 000

(2)验收入库时：

借：库存商品　　46 000

　贷：生产成本　　46 000

3. 委托加工取得的存货。

(1)发给外单位加工的物资，按实际成本，借记“委托加工物资”账户，贷记“原材料”“库存商品”等账户。

(2)支付加工费、运杂费等，借记“委托加工物资”账户，贷记“银行存款”等账户；需要缴纳消费税的委托加工物资，由受托方代收代交的消费税，借记“委托加工物资”账户(收回后用于直接销售的)或“应交税费——应交消费税”账户(收回后用于继续加工的)，贷记“应付账款”“银行存款”等账户。

(3)加工完成验收入库的物资和剩余的物资，按加工收回物资的实际成本和剩余物资的实际成本，借记“原材料”“库存商品”等账户，贷记“委托加工物资”账户。

【例5-9】大鹏公司委托甲公司加工一批包装箱，发出原材料一批，实际成本30 000元，以银行存款支付运杂费800元，另外，上述包装箱的加工费用6 000元尚未支付。大鹏公司应做如下会计分录：

(1)发出材料时：

借：委托加工物资　　30 000

　贷：原材料　　30 000

(2)支付运杂费时：

借：委托加工物资　　800

　贷：银行存款　　800

(3)计算应付的加工费用时：

借：委托加工物资　　6 000

　贷：应付账款　　6 000

(4)委托加工物资完工验收入库时:

借:周转材料 36 800

贷:委托加工物资 36 800

4. 投资者投入的存货。投资者投入的存货的成本,应当按照投资合同或协议约定的价值确定,但合同或协议约定价值不公允的除外。在投资合同或协议约定的价值公允的情况下,企业接受其他单位以存货作价投资时,按照合同或协议约定的价值,借记"原材料""库存商品"等账户,按照投资方所提供的增值税专用发票上注明的增值税额,借记"应交税费——应交增值税(进项税额)"账户,按照认缴的注册资本贷记"实收资本"或"股本"账户,差额记为"资本公积"。

【例5-10】A公司以公允价值300万元的材料投入大鹏公司,取得大鹏公司10%的股权,大鹏公司的实收资本总额为200万元,A公司材料运抵大鹏公司并开具增值税专用发票351万,A公司材料入库。大鹏公司应做如下会计分录:

借:原材料 3 000 000

应交税费——应交增值税(进项税额) 510 000

贷:实收资本 2 000 000

资本公积——资本溢价 1 510 000

5. 接受捐赠的存货。接受捐赠的存货,应当按照捐赠方提供凭据标明的价格加上支付的相关税费作为入账价值,捐赠方没有提供凭据的,应当参照同类或类似存货的估计市价金额加上支付的相关税费作为入账价值。

企业接受捐赠的存货,按捐赠实物的发票、报关单、有关协议以及同类实物的市场价格等资料确定的价值,借记"原材料""库存商品"等账户;按照注明的增值税额,借记"应交税费——应交增值税(进项税额)"账户;按照两者之和,贷记"营业外收入"账户。

【例5-11】大鹏公司接受B公司捐赠一批材料。B公司提供有关凭据表明该批材料的价值为50 000元,所取得的增值税专用发票上注明增值税额为8 500元。接受捐赠过程中大鹏公司以现金支付运杂费和其他相关税费600元。大鹏公司应做如下会计分录:

借:原材料 50 600

应交税费——应交增值税(进项税额) 8 500

贷:营业外收入——捐赠利得 58500

库存现金 600

(三)发出存货的核算

1. 发出原材料的核算。采用实际成本计价核算时,计价方法有先进先出法、移动加权平均法、月末一次加权平均法、个别计价法,企业可以根据企业的实际情况选用。计价方法一经确定,不得随意变更。由于企业材料的日常领、发业务频繁,为了简化核算,平时一般只登记材料明细分类账，反映各种材料的收发和结存金额，月末根据按实际成本计价的发料凭证，按领用部门和用途汇总编制“发料凭证汇总表”，据以登记总分类账，进行材料发出的总分类核算。

企业根据按照发出材料的用途分别进行明细核算。对于企业生产、管理、经营等领用原材料，应借记“生产成本”“制造费用”“销售费用”“管理费用”“在建工程”等账户，贷记“原材料”账户；对于福利部门领用原材料，应借记“应付职工薪酬”账户，贷记“原材料”“应交税费——应交增值税（进项税额转出）”等账户。

出售原材料，按售价和应收的增值税，借记“银行存款”等账户，按实现的营业收入，贷记“其他业务收入”账户，按专用发票上注明的增值税，贷记“应交税费——应交增值税（销项税额）”账户；月份终了，按出售原材料的实际成本，借记“其他业务成本”账户，贷记“原材料”账户。

【例5－12】大鹏公司根据“发料凭证汇总表”的记录，6月份基本生产车间领用甲材料600 000元，辅助生产车间领用甲材料30 000元，车间管理部门领用甲材料5 000元，企业行政管理部门领用甲材料3 000元，在建工程领用材料40 000元，共计678 000元。大鹏公司应做如下会计分录：

借：生产成本——基本生产成本	600 000	
——辅助生产成本	30 000	
制造费用	5 000	
管理费用	3 000	
在建工程	40 000	
贷：原材料——甲材料		678 000

【例5－13】大鹏公司销售一批积压材料，售价为20 000元，销售款项已存入银行。该材料的实际成本为17 500元，增值税率为17%。大鹏公司应做如下会计分录：

借：银行存款	23 400	
贷：其他业务收入		20 000
应交税费——应交增值税（销项税额）		3 400

同时，结转材料成本：

借：其他业务成本	17 500	
贷：原材料		17 500

2. 发出周转材料的核算。周转材料是指企业能够多次使用、逐渐转移其价值但仍保持原有形态不确认为固定资产的材料，如包装物、低值易耗品，以及企业（建造承包商）的钢模板、木模板、脚手架等。企业可按周转材料的种类，分别“在库”、“在用”和“摊销”进行明细核算。

周转材料在使用过程中,其价值是逐步损耗的,因此,周转材料的价值应采取一定的方法在使用期间内进行摊销。周转材料的摊销方法,主要有以下几种:

(1)一次转销法,即周转材料在第一次领用时,将其价值一次计入成本、费用的摊销方法。一次摊销法比较简单,但费用负担不够均衡。这种方法一般适用于一次领用数量不多、价值较低、使用期限较短或容易破损的周转材料。

在一次摊销法下,应在领用周转材料时,将其全部价值摊入有关的成本、费用,借记"制造费用""管理费用""其他业务成本""工程施工"等账户,贷记"周转材料"账户。报废时,将报废周转材料的残料价值,作为当月周转材料摊销额的减少,冲减有关的成本、费用,借记"原材料"等账户,贷记"生产成本""管理费用""销售费用""工程施工"等账户。

(2)分次摊销法,即根据周转材料的预计使用期限,将周转材料的价值分次摊入成本、费用的方法。采用这种方法,有利于成本、费用的合理、均衡负担。它主要适用于使用期限较长、单位价值较高或一次领用数量较大的周转材料的摊销。

(3)五五摊销法,即周转材料在领用时先摊销其账面价值的一半,在报废时再摊销其账面价值的另一半的方法。五五摊销法的最大优点是领用的周转材料保留在会计账簿上,便于通过账簿进行实物控制。但由于五五摊销法于领用和报废时分别摊销其50%的价值,企业成本费用负担不均衡的问题依然存在。五五摊销法适用于各月领用和报废比较均衡、各月摊销额相差不多的企业。

在分次摊销法和五五摊销法下,领用时应按其账面价值,借记"周转材料——在用"账户,贷记"周转材料——在库" 账户;摊销时应按摊销额,借记"生产成本""管理费用""销售费用""工程施工"等账户,贷记"周转材料——摊销"账户。周转材料报废时应补提摊销额,借记"生产成本""管理费用""销售费用""工程施工"等账户,贷记"周转材料——摊销"账户;同时,按报废周转材料的残料价值,借记"原材料"等账户,贷记"生产成本""管理费用""销售费用""工程施工"等账户;并转销全部已提摊销额,借记"周转材料——摊销"账户,贷记"周转材料——在用"账户。

按照我国《企业会计准则》的规定,一般企业的包装物、低值易耗品,应当采用一次转销法或五五摊销法进行摊销;建造承包商的钢模板、木模板、脚手架和其他周转材料等,可以采用一次转销法、五五摊销法或者分次摊销法进行摊销。

【例5-14】生产车间7月领用一批生产工具,其实际成本为2 000元。该批工具采用一次转销法摊销。10月该批工具报废,收回残料150元。大鹏公司应做如下会计分录:

(1)领用生产工具时:

借:制造费用　　　　2 000

贷:周转材料　　2 000

(2)报废生产工具时:

借:原材料　　150

贷:制造费用　　150

【例5－15】承例5－15,假设该批工具采用分次摊销法摊销,摊销期限为4个月。大鹏公司应做如下会计分录:

(1)领用生产工具时:

借:周转材料——在用　　2 000

贷:周转材料——在库　　2 000

(2)每月末登记摊销额500(2 000÷4)元:

借:制造费用　　500

贷:周转材料——摊销　　500

(3)第4个月末应转销已提摊销额:

借:周转材料——摊销　　2 000

贷:周转材料——在用　　2 000

(4)报废生产工具时:

借:原材料　　150

贷:制造费用　　150

【例5－16】承例5－15,假设该批工具采用五五摊销法摊销,应做如下会计分录:

(1)领用生产工具时:

借:周转材料——在用　　2 000

贷:周转材料——在库　　2 000

(2)领用时摊销所领工具的价值的一半:

借:制造费用　　1 000

贷:周转材料——摊销　　1 000

(3)报废时摊销其价值的另一半:

借:制造费用　　1 000

贷:周转材料——摊销　　1 000

(4)收回残料时:

借:原材料　　150

贷:制造费用　　150

同时转销报废的生产工具已提摊销额:

借:周转材料——摊销　　2 000

贷:周转材料——在用　　2 000

3. 发出其他存货的核算。发出其他存货(如在产品、库存商品等)的核算,与发出原材料的核算类似,可以比照原材料进行核算。

二、按计划成本法对存货进行核算

存货按计划成本核算,是指存货的日常收发及结存,无论总分类核算还是明细分类核算,均按照计划成本计价。其特点是:从存货收发凭证到明细分类账和总分类账,都按计划成本计价。存货的实际成本与计划成本的差异,通过"材料成本差异""产品成本差异"等账户核算,月份终了,将存货的计划成本与成本差异调整为存货的实际成本。对于存货收发业务较多且计划成本资料较为健全、准确的企业,一般都采用计划成本进行存货收发核算。下面仍以原材料为例来讲述,其他存货的核算可以比照原材料。

(一)账户设置

1. "材料采购"账户。该账户用于核算企业购入材料的采购成本,其借方登记购入材料的实际成本以及结转的节约差异,贷方登记结转入库物资的计划成本和结转的超支差异。余额在借方,表示月末在途材料的实际成本。

2. "原材料"账户。该账户用于核算企业库存的各种材料的增减变动及其结余情况,其借方登记已验收入库材料的计划成本,贷方登记发出材料的计划成本。余额在借方,表示企业库存的各种材料的计划成本。

3. "材料成本差异"账户。该账户用于反映已入库材料的实际成本与计划成本的差异,其借方登记入库材料超支差异及发出材料节约差异,贷方登记入库材料节约差异及发出材料应负担的超支差异。期末如果是借方余额,表示库存材料的超支差异;如果是贷方余额,表示库存材料的节约差异。

(二)取得存货的核算

1. 外购存货的核算。由于采购地点和结算方式等的不同,造成企业外购的存货经常会出现付款和收料日期不一致的情况,企业应区别情况分别处理。

(1)货款已经支付,同时存货已验收入库。

【例 5 - 17】光明公司为增值税一般纳税人,3 月 2 日从 A 公司购入原材料一批,取得的增值税专用发票上注明的原材料价款为 50 000 元,增值税额为 8 500 元,货款已通过银行转账支付,且材料已验收入库。该材料的计划成本为 51 000 元。光明公司应做如下会计分录:

支付货款时:

借:材料采购　　50 000

　　应交税费——应交增值税(进项税额)　　8 500

贷:银行存款　　58 500

材料验收入库时:

借:原材料　　51 000

贷:材料采购　　50 000

材料成本差异　　1 000

(2)结算凭证等单据已到,存货尚未验收入库。这种情况下会计分录的编制与第(1)种情况类似。

【例5-18】光明公司为增值税一般纳税人,3月18日从B公司购入原材料一批,取得的增值税专用发票上注明的原材料价款为30 000元,增值税额为5 100元,货款尚未支付,材料尚未到达。该材料的计划成本为29 500元。光明公司应做如下会计分录:

收到结算凭证等单据时:

借:材料采购　　30 000

应交税费——应交增值税(进项税额)　　5 100

贷:应付账款　　35 100

材料验收入库时:

借:原材料　　29 500

材料成本差异　　500

贷:材料采购　　30 000

(3)存货已验收入库,结算凭证等单据未到。企业在月内可以暂不入账,等到有关凭证到达后再按实际支付的货款入账。若到了月末时,有关凭证仍未达到,已入库的材料应按计划成本暂估入账,借记"原材料"等账户,贷记"应付账款——暂估应付账款"账户,下月初用红字冲回。待有关结算凭证到达后,再按第(1)种情况处理。

【例5-19】光明公司为增值税一般纳税人,5月18日购入原材料一批,材料已经运到,并验收入库,但发票等结算凭证月末仍未收到,货款尚未支付。该批材料的计划成本为60 000元。月末,光明公司应按照暂估价入账,做如下会计分录:

借:原材料　　60 000

贷:应付账款——暂估应付账款　　60 000

下月初红字冲回:

借:原材料　　[60 000]

贷:应付账款——暂估应付账款　　[60 000]

下月收到有关结算凭证,实际货款62 000元,增值税10 540元,同时支付货款:

借:材料采购　　62 000

　应交税费——应交增值税(进项税额)　　10 540

　贷:银行存款　　72 540

借:原材料　　60 000

　材料成本差异　　2 000

　贷:材料采购　　62 000

2.取得其他存货的核算。在计划成本法下,其他存货的成本差异也应通过相应的成本差异账户进行核算。

(三)发出存货的核算

采用计划成本核算的企业,存货发出的核算程序与实际成本核算基本相同。区别主要是在月末要计算存货的成本差异率,并根据存货的成本差异率来计算并结转成本差异额,将计划成本调整为实际成本。相关的计算公式如下:

$$\text{期初存货成本差异率}=\frac{\text{期初结存存货的成本差异}}{\text{期初结存存货的计划成本}}\times 100\%$$

$$\text{本期存货成本差异率}=\frac{\text{期初结存存货的成本差异}+\text{本期验收入库存货的成本差异}}{\text{期初结存存货的计划成本}+\text{本期验收入库存货的计划成本}}\times 100\%$$

本月发出存货应负担的成本差异 = 本月发出存货的计划成本 × 存货成本差异率

发出存货的实际成本 = 发出存货的计划成本 ± 发出存货应负担的成本差异

结存存货的实际成本 = 结存存货的计划成本 ± 结存存货应负担的成本差异

【例5-20】光明公司原材料日常收发及结存采用计划成本核算。9月月初结存原材料的计划成本为600 000元,实际成本为605 000元;本月入库材料成本为1 400 000元,实际成本为1 355 000元。当月发出材料(计划成本)的情况如下:基本生产车间领用800 000元,在建工程领用200 000元,车间管理部门领用5 000元,企业行政管理部门领用15 000元。

(1)计算当月材料成本差异率:

$$\text{本月材料成本差异率}=\frac{(605\ 000-600\ 000)+(1\ 355\ 000-1\ 400\ 000)}{(600\ 000+1\ 400\ 000)}\times 100\%=-2\%$$

(2)发出材料时:

借:生产成本　　800 000

　在建工程　　200 000

　制造费用　　5 000

　管理费用　　15 000

　贷:原材料　　1 020 000

(3)分配发出材料成本差异时:

基本生产车间应负担的成本差异 = 800 000 × (−2%) = −16 000

在建工程应负担的成本差异 = 200 000 × (−2%) = −4 000

车间管理部门应负担的成本差异 = 5 000 × (−2%) = −100

企业行政管理部门应负担的成本差异 = 15 000 × (−2%) = −300

(4)月末结转发出材料成本差异时：

借:材料成本差异	20 400
贷:生产成本	16 000
在建工程	4 000
制造费用	100
管理费用	300

第四节　存货结存数量的确定

由于企业存货的品种很多、收发频繁,难免会在日常收发、计量和计算上出现差错,再加上自然损耗、丢失、毁损、变质、超储积压等情况,往往会造成企业存货存在盘盈、盘亏等账实不符的现象。因此,企业必须要进行存货清查。

企业存货清查主要采用实地盘点的方法,也就是说企业存货的结存数量需要通过盘存来确定。存货数量的盘存制度一般分为实地盘存制和永续盘存制,存货盘存制度不同,对存货数量的确定及控制程度的影响也不相同。

一、实地盘存制

实地盘存制也称定期盘存制,指会计期末通过对全部存货进行实地盘点,以确定期末存货的结存数量,然后再乘以各项存货的盘存单价,计算出期末存货的总金额,记入各有关存货项目,倒轧本期已耗用或已销售存货的成本。采用这种盘存制度,平时对有关存货账户只记借方,不记贷方,每一期末,通过实地盘点确定存货数量,据以计算期末存货成本,然后计算出当期耗用或销货成本,记入有关存货账户的贷方。因此,这一方法也被称为“以存计耗”或“以存计销”。实地盘存制下确定期末存货数量的计算公式如下：

本期耗用或销货数量 = 期初存货数量 + 本期购货数量 − 期末存货数量

期初存货成本和本期购货成本这两项数字都不难从账上取得,待通过实地盘存,确定期末存货成本,则本期耗用或销货成本可用上述公式进行计算。

实地盘存制的优点是简化存货的日常核算工作。实地盘存制的主要缺点是:①采用这种方法只能到期末盘点时结转耗用或销货成本，不能随时反映存货收入、发出和结存的动态，不利于企业管理人员及时掌握情况。②容易掩盖存货管理中存在的自然和人为的损失。由于通过“以存计耗”或“以存计销”倒挤成本，从而使非正常销售或耗用的存货损失、差错，甚至偷盗等原因所引起的短缺，全部挤入耗用或销货成本之内，掩盖了仓库管理上存在的问题，削弱了对存货的控制。③期末的工作量较大。因此，实地盘存制的实用性较差，仅适用于那些自然消耗大、数量不稳定的鲜活商品等。

二、永续盘存制

永续盘存制也称账面盘存制，指对存货项目设置动态的库存记录，按品名、规格设置存货明细账，逐笔或逐日登记存货的收入和发出，并随时计算出结存数。通过会计账簿资料，就可以完整地反映存货的收入、发出和结存情况。在没有发生丢失或被盗的情况下，存货账户的余额应当与实际库存相符。采用永续盘存制，并不意味着无须对存货实物进行盘点，为了核对存货账面记录，加强对存货的管理，企业每年至少应对存货进行一次全面盘点。永续盘存制下确定期末存货数量的计算公式如下：

期末存货数量 = 期初存货数量 + 本期购货数量 - 本期发出存货数量

永续盘存制的优点是有利于加强对存货的管理。在各种存货明细记录中，可以随时反映每一存货收入、发出和结存的状态。通过账簿记录中的账面结存数，结合不定期的实地盘点，将实际盘存数与账存数相核对，可以查明溢余或短缺的原因；通过账簿记录还可以随时反映出存货是否过多或不足，以便及时合理地组织货源，加速资金周转。永续盘存制的缺点是存货明细记录的工作量较大，尤其是月末一次结转销售成本或耗用成本时，存货结存成本及销售或耗用成本的计算工作比较集中。采用这种方法需要将财产清查的结果同账面结存进行核对，在账实不符的情况下还需要对账面记录进行调整。在实际工作中，企业出于加强存货的管理，及时提供管理所需会计信息的需要，广泛使用永续盘存制。

实地盘存制和永续盘存制的相同点在于都是用来确定期末存货数量和本期发出存货数量的一种存货盘存制度，在期末都要进行存货盘点。二者的不同点在于：①记账方法不同。实地盘存制日常只记录增加数不记录减少数，而永续盘存制日常既记增加数又记减少数。②期末盘点的目的不同。实地盘存制期末盘点是为确定期末存货数量，然后倒挤出本期的发出存货成本，而永续盘存制期末盘点是为验证账面结存数与实有数是否相符。

三、盘盈盘亏的处理

存货应当定期盘点，每年至少盘点一次。盘点时，应将盘点的结果记录于“存货盘点表”。存货盘点的结果可能账实相符,也可能账实不符。对于账实相符的情况,在会计上不需要进行任何账务处理。对于账实不符的结果,要分清原因进行不同的会计处理。一般来说,造成账实不符的原因,一是记账错误;二是发生盘盈、盘亏或毁损。对于记账错误可以按照规定的错账更正方法进行更正;对于盘盈、盘亏或毁损要及时查明原因,并根据企业的管理权限,经股东大会或董事会,或经理(厂长)会议或类似机构批准后,在期末结账前处理完毕。

但需要特别指出的是,盘亏和毁损的原因不同,其会计处理也有所区别:①属于定额内合理损耗的,应在管理费用中核销;②属于计量收发差错和管理不善等原因造成的存货短缺,应先扣除残料价值、可以收回的保险赔偿和过失人赔偿,将净损失计入管理费用;③属于自然灾害等造成的存货毁损,应先扣除处置收入(如残料价值)、可以收回的保险赔偿和过失人赔偿,将净损失计入营业外支出。存货的盘亏或毁损属于非正常损失的,按规定不能抵扣的增值税进项税额应当予以转出。其中,非正常损失,是指因管理不善造成被盗、丢失、霉烂变质的损失。

对盘盈、盘亏、毁损的存货,应先通过“待处理财产损益——待处理流动资产损益”账户核算。该账户按盘盈、盘亏的资产种类和项目进行明细核算,主要核算企业在清查财产过程中查明的各种财产盘盈、盘亏和毁损的价值。企业对盘盈、盘亏、毁损的存货应在期末结账前处理完毕,处理后“待处理财产损益——待处理流动资产损益”账户应无余额。

存货盘盈时,借记“原材料”“库存商品”等账户,贷记“待处理财产损益——待处理流动资产损益”账户;企业按管理权限报经批准后处理时,应借记“待处理财产损益——待处理流动资产损益”账户,贷记“管理费用”账户。

存货盘亏、毁损时,借记“待处理财产损益——待处理流动资产损益”账户,贷记“原材料”“库存商品”“应交税费——应交增值税(进项税额转出)”等账户。材料、库存商品采用计划成本核算的,还应同时结转成本差异。企业按管理权限报经批准处理时,应按处置收入或残料价值,借记“库存现金”“原材料”等账户,按可收回的保险赔偿或过失人赔偿,借记“其他应收款”等账户,属于管理原因造成的,借记“管理费用”账户,属于非正常损失的,借记“营业外支出——非常损失”,账户贷记“待处理财产损益——待处理流动资产损益”账户。

【例5-21】某企业期末盘点存货时发现因管理不善而霉烂变质的甲材料1 000千克,其单位实际成本为10元/千克,经确认该批材料应负担的增值税为1 700元。经批准,由保管员赔偿3 000元,其余部分计入本期管理费用。该企业应做如下会计分录:

(1)批准前

借:待处理财产损益——待处理流动资产损益　　　　11 700

贷:原材料　　10 000

　　应交税费——应交增值税(进项税额转出)　　1 700

(2)批准后

借:其他应收款　　3 000

　管理费用　　8 700

　贷:待处理财产损益——待处理流动资产损益　　11 700

第五节　期末存货的计量

一个企业在生产、经营过程中,要不断地购进和耗用存货,到期末又都必然有未经售出或耗用的存货。为了客观、真实、准确地反映期末存货的实际价值,每个企业在会计期末都要对期末存货进行计量。期末存货计量的正确与否,不仅会影响到企业期末资产的计量,还会影响到企业损益的计算。如果期末存货的计量高于其实际价值,利润就会不适当地增加;如果低于其实际价值,利润又会不适当地减少。所以,企业对期末存货进行正确而恰当的计量是非常重要的。

一、成本与可变现净值孰低法的含义

我国《企业会计准则——存货》规定,"会计期末,存货应当按照成本与可变现净值孰低计量"。所谓的成本与可变现净值孰低法是指对期末存货按照成本与可变现净值两者之中较低者计价的方法。即在资产负债表日,当存货成本低于可变现净值时,存货按成本计量;当存货成本高于可变现净值时,存货按可变现净值计量,同时按照成本高于可变现净值的差额计提存货跌价准备,计入当期损益,其中,成本一般是指存货的历史成本;可变现净值是指在日常活动中,存货的估计售价减去至完工时估计将要发生的成本、估计的销售费用以及相关税费后的金额。

但需特别注意的是,确定存货可变现净值的前提是企业在进行日常活动,即企业在进行正常的生产经营活动。如果企业不是在进行正常的生产经营活动,比如企业处于清算过程,那么不能按照存货准则的规定确定存货的可变现净值。另外,可变现净值表现为存货的预计未来净现金流量,而不是简单地等于存货的售价或合同价。存货在销售过程中可能发生的销售费用和相关税费,以及为达到预定可销售状态还可能发生的加工成本等相关支出,构成现金流入的抵减项目。企业预计的销售存货的现金流量,扣除这些抵减项目后,才能确定存货的可变现净值。

二、成本与可变现净值孰低法下的会计核算

(一)存货减值迹象的判断

企业应当在期末判断存货是否存在减值的迹象。只有存在存货可能发生减值的迹象时,才进行减值测试。当存货存在下列情况之一的,表明存货的可变现净值低于成本:

(1)该存货的市场价格持续下跌,并且在可预见的未来无回升的希望;

(2)企业使用该项原材料生产的产品的成本大于产品的销售价格;

(3)企业因产品更新换代,原有库存原材料已不适应新产品的需要,而该原材料的市场价格又低于其账面成本;

(4)因企业所提供的商品或劳务过时或消费者偏好改变而使市场的需求发生变化,导致市场价格逐渐下跌;

(5)其他足以证明该项存货实质上已经发生减值的情形。

存货存在下列情况之一的,表明存货的可变现净值为零:霉烂变质的存货;已过期且无转让价值的存货;生产中已不再需要,并且已无使用价值和转让价值的存货;其他足以证明已无使用价值和转让价值的存货。

(二)存货跌价准备的提取方法

在比较成本与可变现净值时,通常有以下三种方法可供选择:

(1)单项比较法。在这种方式下,企业将每个存货项目的成本与其可变现净值逐一进行比较,按较低者计量存货,并且按成本高于可变现净值的差额计提存货跌价准备。

(2)分类比较法。在这种方式下,企业按存货类别的成本的总额与可变现净值的总额进行比较,每个存货类别均取较低者确定存货期末价值。

(3)总额比较法。在这种方式下,企业按全部存货的总成本与可变现净值总额相比较,以较低数作为期末全部存货的成本。

【例5-22】某公司12月31日结存A和B两大类原材料,A和B两大类原材料各有两种型号。该公司采用成本与可变现净值孰低法对期末存货进行计量。相关存货的成本与可变现净值比较的结果如表5-4所示。

表5-4　期末存货的减值测试表　　单位:元

存货项目		成本	可变现净值	确定的期末存货的计价		
				单项比较法(1)	分类比较法(2)	总额比较法(3)
A类	A-1	150 000	120 000	120 000		
	A-2	600 000	680 000	600 000		
小计		750 000	800 000		750 000	

续表

存货项目		成本	可变现净值	确定的期末存货的计价		
				单项比较法(1)	分类比较法(2)	总额比较法(3)
B类	B-1	900 000	850 000	850 000		
	B-2	250 000	210 000	210 000		
小计		1 150 000	1 060 000		1 060 000	
合计		1 900 000	1 860 000	1 780 000	1 810 000	1 860 000

根据表5-4的测试结果,采用单项比较法、分类比较法和总额比较法计算的存货跌价准备分别如下:

(1)采用单项比较法应计提的存货跌价准备。

(150 000-120 000)+(900 000-850 000)+(250 000-210 000)=120 000(元)

(2)采用分类比较法应计提的存货跌价准备。

1 150 000-1 060 000=90 000(元)

(3)采用总额比较法应计提的存货跌价准备。

1 900 000-1 860 000=40 000(元)

《企业会计准则——存货》规定,企业通常应当按照单个存货项目计提存货跌价准备。对于数量繁多、单价较低的存货,可以按照存货类别计提存货跌价准备。与在同一地区生产和销售的产品系列相关、具有相同或类似最终用途或目的,且难以与其他项目分开计量的存货,可以合并计提存货跌价准备。

(三)存货跌价准备的会计处理

为了核算企业存货发生减值时计提的存货跌价准备,企业应设置"存货跌价准备"账户。在资产负债表日,企业确定存货发生减值的,按存货可变现净值低于成本的差额,借记"资产减值损失"账户,贷记"存货跌价准备"账户。已计提跌价准备的存货价值以后又得以恢复,应在原已计提的存货跌价准备金额内,按恢复增加的金额,借记"存货跌价准备"账户,贷记"资产减值损失"账户。但转回的金额以将存货跌价准备的余额冲减至零为限。

【例5-23】大鹏公司采用"成本与可变现净值孰低法"对期末存货进行计量。

(1)2014年12月31日,大鹏公司A产品的账面成本为250 000元,由于A产品市场价格下跌,库存A产品的预计可变现净值为200 000元。

A产品应计提存货跌价准备=250 000-200 000=50 000(元)

大鹏公司应做如下会计分录:

借:资产减值损失　　50 000

　贷:存货跌价准备　　50 000

(2)2015 年 6 月 30 日,由于 A 产品市场价格有所上升,使得该批 A 产品的预计可变现净值变为 230 000 元。

A 产品应计提存货跌价准备 = 250 000 - 230 000 = 20 000(元)

由于前期已对该批存货计提了 50 000 元的存货跌价准备,当期应冲减已计提的存货跌价准备 30 000 元(50 000 元 - 20 000 元),冲减额小于已计提的存货跌价准备 50 000元,因此,应转回的存货跌价准备为 30 000 元。大鹏公司应做如下会计分录:

借:存货跌价准备　30 000

　贷:资产减值损失　30 000

(3)2015 年 12 月 31 日,由于 A 产品市场价格进一步上升,A 产品的可变现净值又有所恢复,预计 A 产品的可变现净值为 258 000 元。

到本期末,A 产品已不再减值,原计提的存货跌价准备应冲回,但对 A 产品已计提的"存货跌价准备"余额冲减至零为限。当期应转回的存货跌价准备为 20 000 元而不是 28 000 元。大鹏公司应做如下会计分录:

借:存货跌价准备　20 000

　贷:资产减值损失　20 000

复习思考题

1. 存货的特点有哪些?
2. 发出存货的计价方法有哪些? 各种方法有何优缺点?
3. 什么是实地盘存制和永续盘存制?
4. 什么是成本与可变现净值孰低法?
5. 存货减值的迹象主要有哪些?

练习题

1. 甲企业为增值税一般纳税人,增值税税率为 17%。原材料采用实际成本核算,原材料发出采用月末一次加权平均法计价。运输费不考虑增值税。2015 年 4 月,与 A 材料相关的资料如下:

(1)1 日,“原材料——A 材料”账户余额20 000 元(共2 000 千克,其中含3 月末验收入库但因发票账单未到而以2 000 元暂估入账的 A 材料200 千克)。

(2)5 日,收到3 月末以暂估价入库 A 材料的发票账单,货款1 800 元,增值税额306 元,对方代垫运输费400 元,全部款项已用转账支票付讫。

(3)8 日,以汇兑结算方式购入 A 材料3 000 千克,发票账单已收到,货款36 000 元,增值税额6 120 元,运输费用1 000 元。材料尚未到达,款项已由银行存款支付。

(4)11 日,收到8 日采购的 A 材料,验收时发现只有2 950 千克。经检查,短缺的50 千克确定为运输途中的合理损耗,A 材料验收入库。

(5)18 日,持银行汇票80 000 元购入 A 材料5 000 千克,增值税专用发票上注明的货款为49 500 元,增值税额为8 415 元,另支付运输费用2 000 元,材料已验收入库,剩余票款退回并存入银行。

(6)21 日,基本生产车间自制 A 材料50 千克验收入库,总成本为600 元。

(7)30 日,根据“发料凭证汇总表”的记录,4 月份基本生产车间为生产产品领用 A 材料6 000 千克,车间管理部门领用 A 材料1 000 千克,企业管理部门领用 A 材料1 000 千克。

要求:

(1)计算甲企业4 月份发出 A 材料的单位成本。

(2)根据上述资料,编制甲企业4 月份与 A 材料有关的会计分录。

2. 某企业为一般纳税人,原材料按照计划成本核算,增值税税率为17%,该企业2015 年12 月份发生下列业务:

(1)“原材料”账户月初余额为10 000 元,“材料成本差异”账户月初为借方余额500 元。

(2)12 月5 日,从外地购入甲材料,增值税专用发票上注明的材料价款为62 000 元,增值税额为10 540 元,该批材料计划成本为60 000 元,企业已经用银行存款支付上述款项,材料尚未入库。

(3)12 月15 日,购入甲材料取得的专用发票上注明的价款为28 500 元,增值税为4 845 元,双方采用商业汇票结算款项,材料验收入库,已经开出、承兑商业汇票。该批材料计划成本为30 000 元。

(4)12 月18 日收到12 月5 日购入的甲材料并验收入库。

(5)12 月30 日,汇总本月发出甲材料50 000 元,其中基本生产车间领用30 000 元,车间管理部门领用10 000 元,厂部管理部门领用10 000 元。

要求:

(1)根据上述资料计算12 月份材料成本差异率;

(2)计算月末甲材料的实际成本;

(3)编制相关会计分录。

3. 甲股份有限公司期末存货计价采用成本与可变现净值孰低法，该公司各期末存货的账面实际成本和可变现净值如下：

单位:元

	账面实际成本	可变现净值
2013 年 12 月 31 日	1 500 000	1 400 000
2014 年 6 月 30 日	1 380 000	1 260 000
2014 年 12 月 31 日	1 330 000	1 220 000
2015 年 6 月 30 日	1 470 000	1 470 000
2015 年 12 月 31 日	1 290 000	1 320 000

要求:计算各期末应提取的存货跌价准备并编制相关的会计分录。

4. 某企业 2015 年 12 月 31 日对存货进行清查时，发现有关情况如下：

(1)库存甲材料账面结存数量 3 000 件，单位成本 60 元，金额 180 000 元，实存 2 985件，盘亏 15 件，价值 900 元。经查明，差异系保管人员过失所致，经批准责令赔偿。

(2)乙材料账面结存数量250 千克，每千克 120 元，金额 30 000 元，全部毁损，作为废料处理，计价 200 元。经查明，差异由于自然灾害所致，其损失经批准作为非常损失处理。

(3)丙材料账面结存数量 15 000 千克，每千克 10 元，价值 150 000 元，实存 15 060 千克，盘盈 60 千克，价值 600 元。经查明，差异为收发计量差错原因造成，经批准转销处理。

要求:根据以上资料，编制存货清查结果审批前后的会计分录。

第六章　投资

第一节　投资概述

一、投资的意义

投资是企业为了获得收益或实现资本增值而向被投资单位投放资金的经济行为。投资作为企业经营的重要组成部分,对企业具有极为重要的战略性意义。

(一)充分利用企业的经济资源,以期获得较大的投资收益

作为企业,其经营的最根本的目标就是要从其经营活动中获得最大的经济利益,以实现资产最大限度的增值。企业进行投资一般有着极为明确的经济目的,即要在保证投资成本回收的前提下,获得预期的收益。企业为了合理有效地利用其经济资源,常常会寻找各种良好的投资机会,或通过购买股票、债券,或者通过以企业的固定资产、无形资产参股等方式进行对外投资,以期未来能够获得理想的投资收益。

(二)影响或控制其他企业相关的经济政策

企业在生产经营不很稳定的情况下,如原材料供应得不到根本的保证、销售体系不畅等情况下,希望通过对外投资,持有相关企业的一定股份,以便能够影响或控制这些企业的营运政策,如优先满足本企业的原材料需求、形成稳定的销售网络等,从而改变现有的经济状况。另外,残酷而激烈的市场竞争也是促使企业对外投资的重要因素。企业通过对外投资,收购或兼并强劲的竞争对手,或通过参股的方式取得竞争企业的一定股份,进而影响或控制竞争企业相关的经济政策,以减少巨大的竞争成本。

(三)实现经营的多元化,分散经营风险

由于企业的经营活动不可避免地要受其所处的各种环境因素的影响,如果企业的经营活动单一,一旦其所处的环境因素发生巨大变化,企业抵御风险的能力是非常有限的。为了分散经营风险,企业可以通过对外投资的方式,参股不同类型的企业,实现经营的多元化。

二、投资的分类

对投资进行适当的分类，是确定投资核算方法和如何在财务报表中列示的前提。按照不同的标准，投资有各种不同的分类。

（一）按照投资性质的不同，投资可分为权益性投资、债权性投资和混合性投资

1. 权益性投资。权益性投资是指企业为获得被投资企业的权益或净资产所做的投资。企业进行权益性投资，其目的并不是为了获得高于同期银行存款利息的利息收入，而是为了获得被投资企业的控制权，或对被投资企业施加影响，或为了获得高额的投资回报等。如购买普通股股票、通过联营的方式获得联营企业相应的股权等，均属于权益性投资。这种投资一般具有投资风险较高的特点，其收益与被投资企业的经营业绩密切相关。

2. 债权性投资。债权性投资是指企业为取得债权所做的投资。企业进行债权性投资，其目的是为了获得高于同期银行存款利息的利息收入，并保证到期收回本金。如购买国库券、金融债券、企业债券等，均属于债权性投资。这种投资一般具有投资风险低、收益稳定的特点，其收益与本金和约定的利息率有关，与被投资企业的经营业绩并无直接的关系。

3. 混合性投资。混合性投资往往表现为混合性证券投资，是指既有权益性又有债权性的投资。如购买可转换公司债券等。这种投资兼具权益性投资和债权性投资的特点，其投资风险比权益性投资低，且收益比较稳定。

（二）按照出资的具体形态的不同，投资可分为货币资金投资、实物资产投资和无形资产投资

1. 货币资金投资。货币资金投资是指通过投出货币资金所取得的投资，如以银行存款进行投资。

2. 实物资产投资。实物资产投资是指通过投出实物资产所取得的投资，如利用原材料、固定资产等进行投资。

3. 无形资产投资。无形资产投资是指通过投出无形资产所取得的投资，如利用专利权、土地使用权、专有技术等进行投资。

（三）按照管理层持有意图不同，投资可分为以公允价值计量且其变动计入当期损益的金融资产、持有至到期投资、可供出售的金额资产、长期股权投资

我国《企业会计准则》按照管理层持有意图不同，将一般企业的投资主要分为四项：以公允价值计量且其变动计入当期损益的金融资产、持有至到期投资、可供出售的金融资产、长期股权投资。其中，以公允价值计量且变动计入当期损益的金额资产、持有至到期投资、可供出售的金融资产遵循《企业会计准则第 22 号——金融工具确认和计量》;长期股权投资遵循《企业会计准则第2号——长期股权投资》。本章将按照《企业会计准则》对投资的分类,分别对以公允价值计量且其变动计入当期损益的金融资产、持有至到期投资、可供出售的金额资产、长期股权投资的相关业务加以介绍。

第二节 交易性金融资产

以公允价值计量且其变动计入当期损益的金融资产,包括交易性金融资产和直接指定为以公允价值计量且其变动计入当期损益的金融资产。其中,企业出现较多的是交易性金融资产,所以本节只介绍交易性金融资产。

一、交易性金融资产的确认条件

满足以下条件之一的金融资产,应当划分为交易性金融资产:

(1)取得该金融资产的目的,主要是为了近期内出售。例如,企业以赚取差价为目的从二级市场购入的股票、债券和基金等。

(2)属于进行集中管理的可辨认金融工具组合的一部分,且有客观证据表明企业近期采用短期获利方式对该组合进行管理。在这种情况下,即使组合中有某个组成项目持有的期限稍长也不受影响。

(3)属于衍生工具,但是,被指定为有效套期工具的衍生工具、属于财务担保合同的衍生工具、与在活跃市场中没有报价且其公允价值不能可靠计量的权益工具投资挂钩并需通过交付该权益工具结算的衍生工具除外。其中,财务担保合同是指保证人和债权人约定,当债务人不履行债务时,保证人按照约定履行债务或者承担责任的合同。

二、交易性金融资产的核算

(一)账户设置

1.“交易性金融资产”账户。该账户用于核算企业为交易目的持有的债券投资、股票投资、基金投资等交易性金融资产的公允价值。该账户可按交易性金融资产的类别和品种,分别按“成本”“公允价值变动”等进行明细核算,其借方登记交易性金融资产的取得成本、资产负债表日其公允价值高于账面余额的差额,贷方登记资产负债表日其公允价值低于账面余额的差额,以及企业出售交易性金融资产时结转的成本和公允价值变动损益。期末借方余额,表示企业期末持有的交易性金融资产的公允价值。

2.“公允价值变动损益”账户。该账户用于核算企业交易性金融资产等公允价值变动而形成的应计入当期损益的利得或损失。该账户贷方登记资产负债表日企业持有的交易性金融资产等的公允价值高于账面余额的差额,借方登记资产负债表日企业持有的交易性金融资产等的公允价值低于账面余额的差额。期末,应将本账户余额转入“本年利润”账户,结转后本账户无余额。

3.“投资收益”账户。该账户用于核算企业持有交易性金融资产等期间取得的投资收益以及处置交易性金融资产等实现的投资收益或投资损失。该账户贷方登记企业出售交易性金融资产等实现的投资收益,借方登记企业出售交易性金融资产等发生的投资损失。期末,应将本账户余额转入“本年利润”账户,结转后本账户无余额。

(二)核算特点

1.交易性金融资产在初始确认时,应按其公允价值计入成本,所发生的交易费用,则计入投资收益的借方。

2.持有期间获取的股利等收益计入当期损益。

3.在会计期末,交易性金融资产同样以公允价值来计量,因公允价值变动形成的利得或损失,应当计入当期损益。

(三)交易性金融资产的主要账务处理

交易性金融资产的主要账务处理可分为取得、持有期间和出售三个步骤,具体账务处理如下:

1.企业取得交易性金融资产时,按交易性金融资产的公允价值,借记“交易性金融资产——成本”账户,按发生的交易费用,借记“投资收益”账户,按实际支付的金额,贷记“银行存款”等账户。按已到付息期但尚未领取的利息或者已经宣告发放,但是尚未发放的现金股利,借记“应收利息”或“应收股利”账户,按实际支付的金额,贷记“银行存款”等账户。

2.在持有交易性金融资产期间被投资单位宣告发放的现金股利或在资产负债表日按债券票面利率计算利息时,借记“应收股利”或“应收利息”账户,贷记“投资收益”账户。

3.资产负债表日,交易性金融资产的公允价值高于其账面余额的差额,借记“交易性金融资产——公允价值变动”账户,贷记“公允价值变动损益”账户;公允价值低于其账面余额的差额,做相反的会计分录。

4.出售交易性金融资产,应按实际收到的金额,借记“银行存款”等账户,按该金融资产的账面余额,贷记“交易性金融资产”账户,按其差额,贷记或借记“投资收益”账户。同时,将原计入该金融资产的公允价值变动转出,借记或贷记“公允价值变动损益”账户,贷记或借记“投资收益”账户。

【例6-1】甲上市公司发生如下经济业务:

(1)4月18日,从二级市场购入A上市公司股票1 000 000股,每股8.4元,其中包含已宣告但尚未发放的现金股利0.4元,另发生相关的交易费用20 000元。甲公司将该股票划分为交易性金融资产。

(2)5月12日,收到A公司发放的现金股利。

(3)6月30日,该股票在证券交易所的收盘价格为每股7.7元。

(4)10月28日,将所持有的该股票全部出售,所得价款8 250 000元,已存入银行。

假定不考虑其他因素,甲公司应做如下会计分录:

(1)4月18日,购入A上市公司股票:

借:交易性金融资产——成本	8 000 000	
应收股利	400 000	
投资收益	20 000	
贷:银行存款		8 420 000

(2)5月12日,收到A上市公司发放的现金股利:

借:银行存款	400 000	
贷:应收股利		400 000

(3) 6月30日,确认该股票的公允价值变动:

借:公允价值变动损益	300 000	
贷:交易性金融资产——公允价值变动		300 000

(4)10月28日,A上市公司股票全部售出:

借:银行存款	8 250 000	
交易性金融资产——公允价值变动	300 000	
贷:交易性金融资产——成本		8 000 000
公允价值变动损益		300 000
投资收益		250 000

【例6-2】乙企业为制造企业,发生如下经济业务:

(1)2015年1月1日,从二级市场支付价款3 060 000元(含已到付息期但尚未领取的利息60 000元)购入某公司发行的债券,另发生交易费用63 000元。该债券面值3 000 000元,剩余期限为2年,票面年利率为4%,每半年付息一次,乙企业将其划分为交易性金融资产。

(2)2015年1月10日,收到该债券2014年下半年利息60 000元。

(3)2015年6月30日,该债券的公允价值为3 150 000元(不含利息)。

(4)2015 年 7 月 10 日,收到该债券 2015 年上半年利息。

(5)2015 年 12 月 31 日,该债券的公允价值为 3 110 000 元(不含利息)。

(6)2016 年 1 月 10 日,收到该债券 2015 年下半年利息。

(7)2016 年 3 月 31 日,乙企业将该债券出售,取得价款 3 230 000 元(含 1 季度利息 30 000 元)。

假定不考虑其他因素,乙企业应做如下会计分录:

(1)2015 年 1 月 1 日,购入债券:

借:交易性金融资产——成本　3 000 000

　应收利息　60 000

　投资收益　63 000

　贷:银行存款　3 123 000

(2)2015 年 1 月 10 日,收到该债券 2014 年下半年利息:

借:银行存款　60 000

　贷:应收利息　60 000

(3)2015 年 6 月 30 日,确认债券公允价值变动和投资收益:

借:交易性金融资产——公允价值变动　150 000

　贷:公允价值变动损益　150 000

借:应收利息　60 000

　贷:投资收益　60 000

(4) 2015 年 7 月 10 日,收到该债券上半年利息:

借:银行存款　60 000

　贷:应收利息　60 000

(5)2015 年 12 月 31 日,确认债券公允价值变动和投资收益:

借:公允价值变动损益　40 000

　贷:交易性金融资产——公允价值变动　40 000

借:应收利息　60 000

　贷:投资收益　60 000

(6)2016 年 1 月 10 日,收到该债券 2015 年下半年利息:

借:银行存款　60 000

　贷:应收利息　60 000

(7)2016 年 3 月 31 日,将该债券予以出售:

借:应收利息　30 000

　贷:投资收益　30 000

借:银行存款　　30 000
　贷:应收利息　　30 000
借:银行存款　　3 200 000
　公允价值变动损益　　110 000
　贷:交易性金融资产——成本　　3 000 000
　　　　　　　　——公允价值变动　　110 000
　　投资收益　　200 000

第三节　持有至到期投资

一、持有至到期投资的确认条件

持有至到期投资,是指到期日固定、回收金额固定或可确定,且企业有明确意图和能力持有至到期的非衍生金融资产。它具有以下三个基本特征:

(一)到期日固定、回收金额固定或可确定

"到期日固定、回收金额固定或可确定"是指相关合同明确了投资者在确定的期间内获得或应收取现金流量(例如,投资利息和本金等)的金额和时间。因此,从投资者角度看,如果不考虑其他条件,在将某项投资划分为持有至到期投资时可以不考虑可能存在的发行方重大支付风险。其次,由于要求到期日固定,从而权益工具投资不能划分为持有至到期投资。再者,如果符合其他条件,不能由于某债务工具投资是浮动利率投资而不将其划分为持有至到期投资。根据这一条件,持有至到期投资只能是债券,因为这个债券一般都有期限,而股票没有期限。

(二)有明确意图持有至到期

"有明确意图持有至到期"是指投资者在取得投资时意图就是明确的,除非遇到一些企业所不能控制、预期不会重复发生且难以合理预计的独立事件,否则将持有至到期。

存在下列情况之一的,表明企业没有明确意图将金融资产投资持有至到期:

1. 持有该金融资产的期限不确定。

2. 发生市场利率变化、流动性需要变化、替代投资机会及其投资收益率变化、融资来源和条件变化、外汇风险变化等情况时,将出售该金融资产。但是,无法控制、预期不会重复发生且难以合理预计的独立事项引起的金融资产出售除外。

3. 该金融资产的发行方可以按照明显低于其摊余成本的金额清偿。

4. 其他表明企业没有明确意图将该金融资产持有至到期的情况。

据此，对于发行方可以赎回的债务工具，如发行方行使赎回权，投资者仍可收回其几乎所有初始净投资（含支付的溢价和交易费用），投资者可以将此类投资划分为持有至到期投资。但是，对于投资者有权要求发行方赎回的债务工具投资，投资者不能将其划分为持有至到期投资。

（三）有能力持有至到期

“有能力持有至到期”是指企业有足够的财力资源，并不受外部因素影响将投资持有至到期。

存在下列情况之一的，表明企业没有能力将具有固定期限的金融资产投资持有至到期：

1. 没有可利用的财务资源持续地为该金融资产投资提供资金支持，以使该金融资产投资持有至到期。

2. 受法律、行政法规的限制，使企业难以将该金融资产投资持有至到期。

3. 其他表明企业没有能力将具有固定期限的金融资产投资持有至到期的情况。

企业应当于每个资产负债表日对持有至到期投资的意图和能力进行评价。发生变化的，应当将其重分类为可供出售金融资产进行处理。

企业将尚未到期的某项持有至到期投资在本会计年度内出售或重分类为可供出售金融资产的金额，相对于该类投资在出售或重分类前的总额较大时，通常指出售或重分类部分达到或超过企业持有至到期投资总额5%的情形，应当将该类投资的剩余部分重分类为可供出售金融资产，且在本会计年度及以后两个完整的会计年度内不得再将该金融资产划分为持有至到期投资。

二、持有至到期投资的核算

（一）账户设置

为了核算企业持有至到期投资的价值的增减变动情况，应设置“持有至到期投资”总账账户。该账户应当按照持有至到期投资的类别和品种，分别通过“成本”“利息调整”“应计利息”等进行明细核算。

（二）核算特点

1. 持有至到期投资应当按取得时的公允价值和相关交易费用之和作为初始确认金额，其中交易费用在“持有至到期投资——利息调整”账户核算。支付的价款中包含的已到付息期但尚未领取的债券利息，应单独确认为应收项目。

2. 持有至到期投资应当采用实际利率法，按摊余成本进行计量。在持有期间按照摊余成本和实际利率计算的利息收入，计入投资收益。实际利率应当在取得持有至到期投资时确定,在该持有至到期投资预期存续期间或适用的更短期间内保持不变。实际利率与票面利率差别较小的,也可按票面利率计算利息收入,计入投资收益。

3. 处置持有至到期投资时,应将所取得价款与该投资账面价值之间的差额计入投资收益。

(三)持有至到期投资的主要账务处理

持有至到期投资的会计处理,应着重于该金融资产的持有者打算“持有至到期”,未到期前通常不会出售或重分类。因此,持有至到期投资的会计处理主要应解决实际利率的计算、摊余成本的确定、持有期间的收益确认及将其处置时损益的处理。持有至到期投资的主要账务处理如下:

1. 企业取得的持有至到期投资,应按该投资的面值,借记“持有至到期投资——成本”账户,按支付的价款中包含的已到付息期但尚未领取的利息,借记“应收利息”账户,按实际支付的金额,贷记“银行存款”等账户,按其差额,借记或贷记“持有至到期投资——利息调整”账户。

2. 资产负债表日,持有至到期投资为分期付息、一次还本债券投资的,应按票面利率计算确定的应收未收利息,借记“应收利息”账户,按持有至到期投资摊余成本和实际利率计算确定的利息收入,贷记“投资收益”账户,按其差额,借记或贷记“持有至到期投资——利息调整”账户。

持有至到期投资为一次还本付息债券投资的,应于资产负债表日按票面利率计算确定的应收未收利息,借记“持有至到期投资——应计利息”账户,按持有至到期投资摊余成本和实际利率计算确定的利息收入,贷记“投资收益”账户,按其差额,借记或贷记“持有至到期投资——利息调整”账户。

3. 企业因持有至到期投资部分出售或重分类的金额较大,且不属于企业会计准则所允许的例外情况,使该投资的剩余部分不再适合划分为持有至到期投资的,企业应当将该投资的剩余部分重分类为可供出售金融资产,并以公允价值进行后续计量。

按其公允价值,借记“可供出售金融资产”账户,按其账面余额,贷记“持有至到期投资——成本、利息调整、应计利息”账户,按其差额,贷记或借记“其他综合收益”账户。已计提减值准备的,还应同时结转减值准备。

4. 出售持有至到期投资,应按实际收到的金额,借记“银行存款”等账户,按其账面余额,贷记“持有至到期投资——成本、利息调整、应计利息”账户,按其差额,贷记或借记“投资收益”账户。已计提减值准备的,还应同时结转减值准备。

【例 6 - 3】20 ×1 年 1 月 1 日,甲公司支付价款 1 000 万元(含交易费用)从活跃市场上购入某公司 5 年期债券,面值 1 250 万元,票面年利率 4.72%,按年支付利息(即每年利息为 59 万元),本金最后一次支付。合同约定,该债券的发行方在遇到特定情况时可以将债券赎回，且不需要为提前赎回支付额外款项。甲公司在购买该债券时，预计发行方不会提前赎回。不考虑所得税、减值损失等因素。

计算实际利率 r：

$$59\times(1+r)^{-1}+59\times(1+r)^{-2}+59\times(1+r)^{-3}+59\times(1+r)^{-4}+(59+1\,250)\times(1+r)^{-5}=1\,000$$

$$r=10\%$$

根据所计算的实际利率，计算 5 年的利息收入及期末摊余成本，见表 6－1。

表 6－1　利息收入及期末摊余成本计算表

单位：万元

年　份	期初摊余成本(a)	实际利息(b) 按 10% 计算	现金流入(c)	期末摊余成本 (d)＝(a)＋(b)－(c)
20×1	1 000	100	59	1 041
20×2	1 041	104	59	1 086
20×3	1 086	109	59	1 136
20×4	1 136	113	59	1 190
20×5	1 190	119	1 250＋59	0

注：数字四舍五入取整；数字考虑了计算过程中出现的尾数。

根据上述数据，甲公司做如下会计分录：

(1)20×1 年 1 月 1 日，购入债券：

借：持有至到期投资——成本　　1 250

　贷：银行存款　　1 000

　　持有至到期投资——利息调整　　250

(2)20×1 年 12 月 31 日，确认实际利息收入、收到票面利息等：

借：应收利息　　59

　持有至到期投资——利息调整　　41

　贷：投资收益　　100

借：银行存款　　59

　贷：应收利息　　59

(3)20×2 年 12 月 31 日，确认实际利息收入、收到票面利息等：

借：应收利息　　59

　持有至到期投资——利息调整　　45

　贷：投资收益　　104

借：银行存款　　59

贷:应收利息 59

(4)20×3 年 12 月 31 日,确认实际利息收入、收到票面利息等:

借:应收利息 59

持有至到期投资——利息调整 50

贷:投资收益 109

借:银行存款 59

贷:应收利息 59

(5)20×4 年 12 月 31 日,确认实际利息收入、收到票面利息等:

借:应收利息 59

持有至到期投资——利息调整 54

贷:投资收益 113

借:银行存款 59

贷:应收利息 59

(6)20×5 年 12 月 31 日,确认实际利息收入、收到票面利息和本金等:

借:应收利息 59

持有至到期投资——利息调整 60

贷:投资收益 119

借:银行存款 59

贷:应收利息 59

借:银行存款 1 250

贷:持有至到期投资——成本 1 250

【例 6－4】2014 年 7 月 1 日,乙公司从二级市场购入一批债券,剩余期限 3 年,划分为持有至到期投资。2015 年 7 月 1 日,出于利率变动和提高流动性的考虑,乙公司决定将该批债券的 30% 出售。当日,该批债券整体的公允价值为 5 200 000 元;摊余成本为 4 800 000 元,其中"持有至到期投资——成本"为 5 000 000 元,"持有至到期投资——利息调整"为贷方余额 200 000 元。

假定出售债券时不考虑交易费用及其他相关因素,乙公司出售该债券时应做如下会计分录:

(1)2015 年 7 月 1 日出售债券时:

借:银行存款 1 560 000

持有至到期投资——利息调整 60 000

贷:持有至到期投资——成本 1 500 000

投资收益 120 000

(2)2015 年 7 月 1 日重分类时:

借:可供出售金融资产——成本　　3 640 000

　持有至到期投资——利息调整　　140 000

　贷:持有至到期投资——成本　　3 500 000

　　其他综合收益　　280 000

第四节　可供出售金融资产

一、可供出售金融资产的确认条件

对于公允价值能够可靠计量的金融资产,企业可以将其直接指定为可供出售金融资产。例如,在活跃市场上有报价的股票投资、债券投资等。如企业没有将其划分为交易性金融资产、持有至到期投资等金融资产,则应将其作为可供出售金融资产处理。相对于交易性金融资产而言,可供出售金融资产的持有意图不明确。

二、可供出售金融资产的核算

(一)账户设置

为了核算企业持有的可供出售金融资产(包括划分为可供出售的股票投资、债券投资等金融资产)的价值变动情况,企业应设置"可供出售金融资产"总账账户。该账户应当按照可供出售金融资产类别和品种,分别"成本""利息调整""应计利息""公允价值变动"等进行明细核算。该账户期末借方余额,反映企业可供出售金融资产的公允价值。

(二)核算特点

1. 可供出售金融资产应当按照取得时的公允价值和相关交易费用之和作为初始确认金额。支付的价款中包含的已宣告但尚未发放的现金股利或已到付息期但尚未领取的债券利息,应单独确认为应收项目。

2. 资产负债表日,可供出售金融资产应当以公允价值进行后续计量,公允价值变动形成的利得或损失,除减值损失和外币货币性金融资产形成的汇兑差额外,应当直接计入所有者权益(其他综合收益)。

3. 出售(终止确认)时,售价和账面价值的差额计入投资收益;同时,将"其他综合收益"转出,计入当期损益。可供出售金融资产是外币货币性金融资产的,其形成的汇兑差额计入当期损益。采用实际利率法计算的可供出售金融资产的利息,应计入当期损益。

(三)可供出售金融资产的主要账务处理

可供出售金融资产的主要账务处理可分为取得、持有期间和出售三个步骤,具体账务处理如下:

1. 企业取得的可供出售的金融资产,应按其公允价值与交易费用之和,借记"可供出售金融资产——成本"账户,按支付的价款中包含的已宣告但尚未发放的现金股利,借记"应收股利"账户,按实际支付的金额,贷记"银行存款"等账户。

企业取得的可供出售金融资产为债券投资的,应按债券的面值,借记"可供出售金融资产——成本"账户,按支付的价款中包含的已到付息期但尚未领取的利息,借记"应收利息"账户,按实际支付的金额,贷记"银行存款"等账户,按差额,借记或贷记"可供出售金融资产——利息调整"账户。

2. 资产负债表日,可供出售债券为分期付息、一次还本债券投资的,应按票面利率计算确定的应收未收利息,借记"应收利息"账户,按可供出售债券的摊余成本和实际利率计算确定的利息收入,贷记"投资收益"账户,按其差额,借记或贷记"可供出售金融资产——利息调整"账户。

可供出售债券为一次还本付息债券投资的,应于资产负债表日按票面利率计算确定的应收未收利息,借记"可供出售金融资产——应计利息"账户,按可供出售债券的摊余成本和实际利率计算确定的利息收入,贷记"投资收益"账户,按其差额,借记或贷记"可供出售金融资产——利息调整"账户。

3. 资产负债表日,可供出售金融资产的公允价值高于其账面余额的差额,借记"可供出售金融资产——公允价值变动"账户,贷记"其他综合收益"账户;公允价值低于其账面余额的差额,做相反的会计分录。

4. 将持有至到期投资重分类为可供出售金融资产的,应在重分类日按其公允价值,借记"可供出售金融资产"账户,按其账面余额,贷记"持有至到期投资"账户,按其差额,贷记或借记"其他综合收益"账户。

5. 出售可供出售的金融资产,应按实际收到的金额,借记"银行存款"账户,按其账面余额,贷记"可供出售金融资产——成本、公允价值变动、利息调整、应计利息"账户,按应从所有者权益中转出的公允价值累计变动额,借记或贷记"其他综合收益"账户,按其差额,贷记或借记"投资收益"账户。

【例 6-5】A 公司于 2014 年 10 月 12 日从二级市场收购入股票 600 000 股,每股市价 20 元,手续费 24 000 元。A 公司将其划分为可供出售金融资产。A 公司至 2014 年 12 月 31 日仍持有该股票,该股票当时的市价为每股 25 元。2015 年 4 月 8 日,A 公司将该股票售出,售价为每股 23 元,另支付交易费用 27 600 元。

假定不考虑其他因素,A 公司应做如下会计分录:

(1)2014 年 10 月 12 日,购入股票:

借:可供出售金融资产——成本 12 024 000

贷:银行存款 12 024 000

(2)2014 年 12 月 31 日,确认股票价格变动:

借:可供出售金融资产——公允价值变动 2 976 000

贷:其他综合收益 2 976 000

(3)2015 年 4 月 8 日,出售股票:

借:银行存款 13 772 400

其他综合收益 2 976 000

贷:可供出售金融资产——成本 12 024 000

——公允价值变动 2 976 000

投资收益 1 748 400

【例 6－6】B 公司发生如下经济业务:

(1)2014 年 3 月 11 日,B 公司购入某公司发行的股票 500 000 股,每股 8 元,共支付价款 4 070 000 元(含交易费用 10 000 元和已宣告发放现金股利 60 000 元),B 公司将其划分为可供出售金融资产;

(2)2014 年 4 月 3 日,B 公司收到光明公司发放的现金股利 60 000 元;

(3)2014 年 6 月 30 日,该股票市价为每股 9 元;

(4)2014 年 12 月 31 日,B 公司仍持有该股票,该股票市价为每股 8.5 元;

(5)2015 年 5 月 20 日,B 公司以每股 8.8 元的价格将股票全部转让。

假定不考虑其他因素,B 公司应做如下会计分录:

2014 年 3 月 11 日,购入股票:

借:可供出售金融资产——成本 4 010 000

应收股利 60 000

贷:银行存款 4 070 000

2014 年 4 月 3 日,收到现金股利:

借:银行存款 60 000

贷:应收股利 60 000

2014 年 6 月 30 日,确认股票价格变动:

借:可供出售金融资产——公允价值变动 490 000

贷:其他综合收益 490 000

2014 年 12 月 31 日,确认股票价格变动:

借:其他综合收益　250 000
　贷:可供出售金融资产——公允价值变动　250 000

2015 年 5 月 20 日,出售股票:

借:银行存款　4 400 000
　其他综合收益　240 000
　贷:可供出售金融资产——成本　4 010 000
　　可供出售金融资产——公允价值变动　240 000
　　投资收益　390 000

下面将交易性金融资产的核算与可供出售金融资产的核算进行对比。

假定 B 公司将购入的光明公司股票划分为交易性金融资产,其他资料不变,则 B 公司应做如下会计分录:

2014 年 3 月 11 日,购入股票:

借:交易性金融资产——成本　4 000 000
　应收股利　60 000
　投资收益　10 000
　贷:银行存款　4 070 000

2014 年 4 月 3 日,收到现金股利:

借:银行存款　60 000
　贷:应收股利　60 000

2014 年 6 月 30 日,确认股票价格变动:

借:交易性金融资产——公允价值变动　500 000
　贷:公允价值变动损益　500 000

2014 年 12 月 31 日,确认股票价格变动:

借:公允价值变动损益　250 000
　贷:交易性金融资产——公允价值变动　250 000

2015 年 5 月 20 日,出售股票:

借:银行存款　4 400 000
　公允价值变动损益　250 000
贷:交易性金融资产——成本　4 000 000
　交易性金融资产——公允价值变动　250 000
　投资收益　400 000

第五节　长期股权投资

一、长期股权投资的含义

长期股权投资是指企业投出的期限在1年以上(不含1年)各种股权性质的投资,包括购入的股票和其他股权投资等。长期股权投资具有长期投资和权益性投资的双重性质。长期股权投资具体包括以下几个方面:

第一,企业持有的能够对被投资单位实施控制的权益性投资。这种投资也被称为对子公司投资。控制是指有权决定一个企业的财务和经营政策,并能据以从该企业的经营活动中获取利益。控制一般存在于以下情况:一是投资企业直接拥有被投资单位50%以上的表决权资本;二是投资企业虽然直接拥有被投资单位50%或以下的表决权资本,但具有实质控制权的。

投资企业对被投资单位是否具有实质控制权,可以通过以下一种或一种以上情形来判定:通过与其他投资者的协议,投资企业拥有被投资单位50%以上表决权资本的控制权;根据章程或协议,投资企业有权控制被投资单位的财务和经营政策;有权任免被投资单位董事会等类似权力机构的多数成员;在董事会或类似权力机构会议上有半数以上投票权。

第二,企业持有的能够与其他合营方一同对被投资单位实施共同控制的权益性投资。这种投资也被称为对合营企业投资。实务中,在确定是否构成共同控制时,一般可以考虑以下情况作为确定基础:一是任何一个合营方均不能单独控制合营企业的生产经营活动;二是涉及合营企业基本经营活动的决策需要各合营方一致同意;三是各合营方可能通过合同或协议的形式任命其中的一个合营方对合营企业的日常活动进行管理,但其必须在各合营方已经一致同意的财务和经营政策范围内行使管理权。当被投资单位处于法定重组或破产中,或者在向投资方转移资金的能力受到严格的长期限制情况下经营时,通常投资方对被投资单位可能无法实施共同控制。但如果能够证明存在共同控制,合营各方仍应当按照长期股权投资准则的规定采用权益法核算。

第三,企业持有的能够对被投资单位施加重大影响的权益性投资。这种投资也被称为对联营企业投资。重大影响,是指对一个企业的财务和经营政策有参与决策的权利,但并不能够控制或者与其他方一起共同控制这些政策的制定。实务中,较为常见的重大影响体现为在被投资单位的董事会或类似权力机构中派有代表,通过在被投资单位生产经营决策制定过程中的发言权实施重大影响。投资企业直接或通过子公司间接拥有被投资单位20%以上但低于50%的表决权股份时,一般认为对被投资单位具有重大影响,除非有明确的证据表明该种情况下不能参与被投资单位的生产经营决策,不形成重大影响。

企业通常可以通过以下一种或几种情形来判断是否对被投资单位具有重大影响:在被投资单位的董事会或类似权力机构中派有代表;参与被投资单位的政策制定过程,包括股利分配政策等的制定;与被投资单位之间发生重要交易;向被投资单位派出管理人员;向被投资单位提供关键技术资料。

上述三类权益性投资应当按照《企业会计准则——长期股权投资》进行核算,而对被投资单位不具有控制、共同控制或有重大影响,且在活跃市场中有报价、公允价值能够可靠计量的权益性投资,则列入《企业会计准则——金融工具确认和计量》进行核算,如交易性金融资产、持有至到期投资、可供出售的金融资产等。

二、取得长期股权投资的核算

(一)账户设置

为了核算企业长期股权投资的增、减变动和结存情况,应设置"长期股权投资"账户。该账户借方登记长期股权投资的初始成本及增加额,贷方登记长期股权投资的转让及减少额。期末余额在借方,反映企业持有的长期股权投资的价值。该账户应按被投资单位设置明细账,进行明细核算。长期股权投资采用权益法核算时,"长期股权投资"账户下,设置"投资成本""损益调整""其他综合收益""其他权益变动"等明细账户。

(二)企业合并形成的长期股权投资

长期股权投资既可以通过企业合并方式取得,也可以通过其他方式取得。取得的方式不同,长期股权投资确定的初始投资成本也不相同。

企业合并,是指将两个或者两个以上单独的企业合并形成一个报告主体的交易或事项。企业合并形成的长期股权投资,应区分同一控制下控股合并与非同一控制下控股合并分别确定初始投资成本。

1. 同一控制下的企业合并形成的长期股权投资。参与合并的企业在合并前后均受同一方或相同的多方最终控制且该控制并非暂时性的,为同一控制下的企业合并。

该类合并中,合并双方的合并行为不完全是自愿进行和完成的,合并作价往往不公允;该类合并从本质上说是参与合并各方资产和负债的重新组合,不属于交易,最终控制方在合并前后所能控制的资产并没有发生变化。因此,同一控制下取得的长期股权投资以在合并日享有的被合并方所有者权益账面价值的份额作为初始计量金额。合并方为合并所发生的各项直接相关费用，指合并方为进行企业合并发生的各项直接相关费用，如为进行企业合并而支付的审计费用、评估费用、法律服务费用等增量费用，应当于实际发生时作为“管理费用”直接计入当期损益。

合并方在合并前，首先要看合并方与被合并方所采用的会计政策是否一致，如企业合并前合并方与被合并方采用的会计政策不一致，应基于重要性原则，统一合并方与被合并方的会计政策。在按照合并方的会计政策对被合并方资产、负债的账面价值进行调整的基础上，计算确定形成长期股权投资的初始投资成本。

合并方以支付现金、转让非现金资产或承担债务方式作为合并对价的，应当在合并日按照取得被合并方所有者权益在最终控制方合并报表中的账面价值的份额作为长期股权投资的初始投资成本。长期股权投资的初始投资成本与支付的现金、转让的非现金资产及所承担债务账面价值之间的差额，应当调整资本公积（资本溢价或股本溢价）；资本公积（资本溢价或股本溢价）的余额不足冲减的，调整留存收益。合并方以发行权益性证券作为合并对价的，应按发行股份的面值总额作为股本，长期股权投资的初始投资成本与所发行股份面值总额之间的差额，应当调整资本公积（资本溢价或股本溢价）；资本公积（资本溢价或股本溢价）不足冲减的，调整留存收益。

合并方应在合并日按取得被合并方所有者权益在最终控制方合并报表中的账面价值的份额，借记“长期股权投资——成本”账户，按享有被投资单位已宣告但尚未发放的现金股利或利润，借记“应收股利”账户，按支付的合并对价的账面价值，贷记有关资产或借记有关负债账户，按其贷方差额，贷记“资本公积——资本溢价或股本溢价”账户；如为借方差额的，借记“资本公积——资本溢价或股本溢价”账户，资本公积（资本溢价或股本溢价）不足冲减的，应依次借记“盈余公积”“利润分配——未分配利润”账户。

【例6-7】A公司和B公司同为某集团的子公司。2015年9月8日，A公司以银行存款6 500 000元取得B公司所有者权益的70%，同日B公司所有者权益在最终控制方合并报表中的账面价值为10 000 000元。A公司应做如下会计分录：

借：长期股权投资	7 000 000	
贷：银行存款		6 500 000
资本公积——资本溢价		500 000

【例6-8】C和D两家公司同属某公司的子公司。C股份公司于2015年8月28日以发行股票方式从D公司的股东手中取得D公司60%的股份。C公司发行1 500万股普通股股票，该股票每股面值为1元。D公司2015年8月28日所有者权益在最终控制方合并报表中的账面价值为20 000 000元，C公司在2015年8月28日资本公积为1 800 000元，盈余公积为1 000 000元，未分配利润为1 500 000元。C公司取得该项长期股权投资时应

做如下会计分录：

借：长期股权投资　　12 000 000

　　资本公积　　1 800 000

　　盈余公积　　1 000 000

　　利润分配——未分配利润　　200 000

　贷：股本　　15 000 000

2. 非同一控制下的企业合并形成的长期股权投资。参与合并的各方在合并前后不受同一方或相同的多方最终控制的，为非同一控制下的企业合并。非同一控制下的控股合并中，购买方应当按照确定的企业合并成本作为长期股权投资的初始投资成本。企业合并成本包括购买方付出的资产、发生或承担的负债、发行的权益性证券的公允价值。

该类合并中，参与合并的各方在合并前后不存在任何关联方关系，其合并是合并各方自愿进行和完成的，是一种交易行为，交易作价相对公平合理。因此，非同一控制下取得的长期股权投资以购买方为进行企业合并支付的现金或非现金资产、发行或承担的债务、发行的权益性证券等在购买日的公允价值作为初始计量的金额。购买方为合并所发生的各项直接相关费用，应当于实际发生时作为"管理费用"直接计入当期损益。

【例 6－9】M 公司于 2015 年 9 月 2 日取得 S 公司 70% 的股权，取得该部分股权后能够控制 S 公司的生产经营决策。为核实 S 公司的资产价值，M 公司聘请资产评估机构对 S 公司的资产进行评估，支付评估费用 1 000 000 元。合并中，M 公司支付的有关资产在购买日的账面价值与公允价值如表 6－2 所示。本例中假定合并前 M 公司与 S 公司不存在任何关联方关系。

表 6－2　2015 年 9 月 2 日　　单位：元

项　目	账面价值	公允价值
土地使用权	40 000 000	50 000 000
专利技术	6 000 000	8 000 000
银行存款	2 000 000	2 000 000
合计	48 000 000	60 000 000

本例中因 M 公司与 S 公司在合并前不存在任何关联方关系，应作为非同一控制下的企业合并处理。M 公司对于合并形成的对 S 公司的长期股权投资，应按支付对价的公允价值确定其初始投资成本。M 公司应做如下会计分录：

借：长期股权投资　　60 000 000

管理费用　　1 000 000

贷:无形资产　　46 000 000

银行存款　　2 000 000

营业外收入　　13 000 000

需要说明的是,企业无论是以何种方式取得长期股权投资,取得投资时,对于支付的对价中包含的应享有被投资单位已经宣告但尚未发放的现金股利或利润,应确认为应收项目,不构成取得长期股权投资的初始投资成本。

(三)非企业合并取得的长期股权投资

以支付现金取得的长期股权投资,应当按照实际支付的购买价款作为初始投资成本,包括购买过程中支付的手续费等必要支出,但所支付价款中包含的被投资单位已宣告但尚未发放的现金股利或利润应作为应收项目核算,不构成取得长期股权投资的成本。

以发行权益性证券方式取得的长期股权投资,其成本为所发行权益性证券的公允价值,但不包括应自被投资单位收取的已宣告但尚未发放的现金股利或利润。为发行权益性证券支付给有关证券承销机构等的手续费、佣金等与权益性证券发行直接相关的费用,不构成取得长期股权投资的成本,应自权益性证券的溢价发行收入中扣除,溢价收入不足冲减的,应冲减盈余公积和未分配利润。

【例6-10】2015年5月10日,A公司通过定向增发2 000万股(每股面值1元)本公司普通股取得对B公司20%的股权。按照增发前后的平均股价计算,该2 000万股股份的公允价值为6 800万元。为增发该部分股份,A公司支付了300万元的佣金和手续费。假定A公司取得该部分股权后,能够对B公司的生产经营决策施加重大影响。

根据以上资料,A公司应当以所发行股份的公允价值作为取得长期股权投资的成本,其会计处理为:

借:长期股权投资——B公司　　68 000 000

贷:股本　　20 000 000

资本公积——股本溢价　　48 000 000

发行权益性证券过程中支付的佣金和手续费,应自权益性证券的溢价发行收入中扣除,其会计处理为:

借:资本公积——股本溢价　　3 000 000

贷:银行存款　　3 000 000

三、长期股权投资核算的成本法

长期股权投资在持有期间,根据投资企业对被投资单位的影响程度及是否存在活跃市场、公允价值能否可靠取得等情况,分别采用成本法及权益法进行核算。

(一)成本法的适用范围

成本法是指投资按成本计价的方法。在成本法下,长期股权投资以取得股权时的成本计价,其后,除了投资企业追加投资、收回投资等情形外,长期股权投资的账面价值保持不变。长期股权投资成本法的核算适用于下列情形:投资企业能够对被投资单位实施控制的长期股权投资。

(二)成本法的具体核算

采用成本法核算长期股权投资,其核算方法如下:

1. 初始投资或追加投资时,按照初始投资或追加投资时的成本增加长期股权投资的账面价值。

2. 被投资单位宣告分派的现金股利或利润中,投资企业按应享有的部分确认为当期投资收益。

【例6-11】甲公司2015年8月12日以4 000 000元的价格购入乙公司50%的股份,购买过程中另支付相关税费10 000元。甲公司对该部分投资采用成本法进行核算。乙公司2015年实现净利润1 000 000元,乙公司2016年4月22日宣告分派现金股利500 000元。

甲公司应做如下会计分录:

(1)2015年8月12日购入乙公司股份:

借:长期股权投资——乙公司	4 000 000	
管理费用	10 000	
贷:银行存款		4 010 000

(2)2016年从乙公司分得现金股利:

乙公司宣告分派现金股利时:

借:应收股利	300 000	
贷:投资收益		300 000

收到现金股利时:

借:银行存款	300 000	
贷:应收股利		300 000

四、长期股权投资核算的权益法

(一)权益法的适用范围

权益法指投资最初以投资成本计价,以后根据投资企业享有被投资单位所有者权益份额的变动对投资的账面价值进行调整的方法。在权益法下,进行初始投资或者追加投资时,按照初始投资成本或是追加投资成本增加长期股权投资的账面价值。投资后,随着被投资单位所有者权益的变动而相应调整,增加或是减少长期股权投资账面价值。长期股权投资权益法的核算适用于下列情形:

1. 企业持有的能够与其他合营方一同对被投资单位实施共同控制的长期股权投资。

2. 企业持有的能够对被投资单位施加重大影响的长期股权投资。

(二)权益法的具体核算

采用权益法核算长期股权投资,其核算方法如下:

1. 初始投资成本的调整。对于初始投资成本与应享有被投资单位可辨认净资产公允价值份额之间的差额,应区分以下情况分别处理:

(1)长期股权投资初始投资成本大于投资时应享有被投资单位可辨认净资产公允价值份额的,该部分差额本质上是投资企业在取得投资过程中通过购买作价体现出的与所取得股权份额相对应的商誉以及不符合确认条件的资产价值。因此,这种差额不要求对长期股权投资的成本进行调整。

(2)长期股权投资的初始投资成本小于投资时应享有被投资单位可辨认净资产价值份额的,该部分差额可以被看作是双方交易作价的过程中转让方给予投资企业的让步,该种经济利益流入应作为收益处理,计入投资当期的营业外收入,同时调整增加长期股权投资的成本。

2. 持有投资期间,随着被投资单位所有者权益的变动相应调整增加或减少长期股权投资的账面价值,并分别情况处理:

(1)对属于因被投资单位实现净损益产生的所有者权益的变动,投资企业按照持股比例计算应享有的份额,增加或减少长期股权投资的账面价值,同时确认为当期投资损益。

(2)对被投资单位除净损益以外其他因素导致的所有者权益变动,在持股比例不变的情况下,按照持股比例计算应享有或应分担的份额,增加或减少长期股权投资的账面价值,同时确认为其他综合收益或资本公积(其他资本公积)。

3. 被投资单位宣告分派利润或现金股利时,投资企业按持股比例计算应分得的部分,一般应冲减长期股权投资的账面价值。

【例 6-12】丙公司 2014 年 1 月 1 日以 59 000 000 元的价格购入丁公司 40% 的股份。丁公司 2014 年 1 月 1 日的可辨认资产的公允价值为 160 000 000 元。

丙公司对该部分投资采用权益法核算。丙公司取得投资后,丁公司实现的净利润及利润分配情况如下(单位:元):

年度	净利润	当年度分派现金股利
2014 年	20 000 000	14 000 000
2015 年	(3 000 000)	0

丙公司应做如下会计分录：

(1)2014 年 1 月 1 日购入丁公司股份：

丙公司应享有被投资单位净资产公允价值的份额 = 160 000 000 × 40% = 64 000 000(元)

长期股权投资的成本 59 000 000 元小于取得投资时点上应享有被投资单位净资产公允价值的份额 64 000 000 元，则初始投资成本与应享有被投资单位净资产公允价值份额之间的差额 5 000 000 元应计入取得投资当期的损益。

借：长期股权投资——投资成本　　64 000 000
　贷：银行存款　　59 000 000
　　营业外收入　　5 000 000

(2)2014 年确认投资收益：

丙公司应确认的投资收益 = 20 000 000 × 40% = 8 000 000(元)

借：长期股权投资——损益调整　　8 000 000
　贷：投资收益　　8 000 000

(3)2014 年从丁公司分得现金股利：

丙公司按持股比例应取得的现金股利 = 14 000 000 × 40% = 5 600 000(元)

丁公司宣告分派现金股利时：

借：应收股利　　5 600 000
　贷：长期股权投资——损益调整　　5 600 000

收到现金股利时：

借：银行存款　　5 600 000
　贷：应收股利　　5 600 000

(4)2015 年确认投资收益：

丙公司应确认的投资损失 = 3 000 000 × 40% = 1 200 000(元)

借：投资收益　　1 200 000
　贷：长期股权投资——损益调整　　1 200 000

五、处置长期股权投资的核算

企业持有长期股权投资的过程中，由于各方面的考虑，决定将所持有的被投资单位的股权全部或部分对外出售时，应相应结转与所售股权相对应的长期股权投资的账面价值，出售所得价款与处置长期股权投资账面价值之间的差额，应确认为处置损益。

采用权益法核算的长期股权投资，原记入其他综合收益、资本公积(其他资本公积)中的金额，在处置时亦应进行结转，将与所出售股权相对应的部分在处置时自其他综合收益、资本公积(其他资本公积)转入当期损益。

【例6－13】A企业原持有B企业45%的股权,2015年9月16日,A企业决定出售其持有的B企业股权的15%,出售时A企业账面上对B企业长期股权投资的账面价值构成为:投资成本10 000 000元,损益调整2 000 000元,出售取得价款2 160 000元。A企业应做如下会计分录:

A企业确认处置损益:

借:银行存款	2 160 000	
贷:长期股权投资——投资成本		1 500 000
长期股权投资——损益调整		300 000
投资收益		360 000

六、长期股权投资的减值

企业应当定期对长期股权投资的账面价值逐项进行检查,至少于每年年末检查一次。如果由于市价持续下跌或被投资单位经营状况变化等原因导致其可收回金额低于投资的账面价值,应将可收回金额低于长期股权投资账面价值的差额,确认为当期投资损失。长期股权投资减值准备一经计提不得转回。

为了核算企业长期股权投资的减值准备,企业应设置"长期股权投资减值准备"账户。资产负债表日,长期股权投资发生减值的,按应减记的金额,借记"资产减值损失"账户,贷记"长期股权投资减值准备"账户。当处置长期股权投资时,应同时结转已计提的长期股权投资减值准备。期末余额在贷方,反映企业已计提但尚未转销的长期股权投资减值准备。

【例6－14】2015年12月31日,某公司对其所持有的P公司的长期股权投资进行减值测试,发现该公司经营不善,亏损严重,对该公司长期股权投资的可收回金额下跌至8 000 000元。该项投资账面价值为9 500 000元。该公司应做如下会计分录:

借:资产减值损失	1 500 000	
贷:长期股权投资减值准备		1 500 000

复习思考题

1. 交易性金融资产的确认条件有哪些?

2. 持有至到期投资的核算特点有哪些?

3. 摊余成本是指什么？摊余成本概念与通常所称的历史成本概念是同一回事吗？

4. 交易性金融资产与可供出售金融资产在会计处理方面有哪些区别？

5. 同一控制下企业合并与非同一控制下企业合并形成的长期股权投资取得成本的确定有何区别？

6. 长期股权投资成本法和权益法的适用情形有哪些？

练习题

1. 2015 年 3 月至 5 月，甲公司发生的有关金融资产业务如下：

(1)3 月 1 日，向 F 证券公司划出投资款 1 000 万元，款项已通过开户行转入 D 证券公司银行账户。

(2)3 月 2 日，委托 F 证券公司购入 A 上市公司股票 100 万股，每股 8 元，另发生相关的交易费用 2 万元，并将该股票划分为交易性金融资产。

(3)3 月 31 日，该股票在证券交易所的收盘价格为每股 7.70 元。

(4)4 月 30 日，该股票在证券交易所的收盘价格为每股 8.10 元。

(5)5 月 10 日，将所持有的该股票全部出售，所得价款 825 万元，已存入银行。假定不考虑相关税费。

要求：编制甲公司上述业务的会计分录。

2. 乙公司 2015 年发生了如下有关金融资产业务：

(1)3 月 1 日，购入 B 上市公司股票 100 万股，每股 8 元，总价款 800 万元，另外又支付了相关税费 2 万元。乙公司将上述股票作为可供出售金融资产。

(2)5 月 8 日，B 公司宣告分配现金股利，每股 0.2 元；6 月 3 日收到现金股利 20 万元。

(3)6 月 30 日，该股票收盘价为 7 元。

(4)11 月 17 日，乙公司出售 B 公司股票 20 万股，收到价款 180 万元。

(5)12 月 31 日，B 公司股票每股收盘价为 10 元。

要求：编制乙公司上述业务的会计分录。

3. 丙公司 2015 年和 2016 年发生以下投资业务：

(1)丙公司 2015 年 1 月 1 日，以 350 万元购入 C 公司 10% 的股权，并准备长期持有。

(2)C 公司 2015 年 3 月 1 日宣告分派现金股利 100 万元。

(3)C 公司 2015 年实现净利润 500 万元。

(4)C 公司 2016 年 4 月 22 日宣告分派现金股利 400 万元。

要求:编制乙公司有关长期股权投资的会计分录。

4. 丁公司发生下列长期股权投资业务:

(1)2013 年 1 月 3 日,购入 D 公司股票 580 万股,占 D 公司有表决权股份的 25%,对 D 公司的财务和经营决策具有重大影响,丁公司将其用为长期股权投资核算。每股收入价 8 元。每股价格中包含已宣告但尚未发放的现金股利 0.25 元,另外支付相关税费 7 万元。款项均以银行存款支付。当日,D 公司所有者权益的账面价值(与其公允价值不存在差异)为 18 000 万元。

(2)2013 年 3 月 16 日,收到 D 公司宣告分派的现金股利。

(3)2013 年度,D 公司实现净利润 3 000 万元。

(4)2014 年 2 月 16 日,D 公司宣告分派 2013 年度股利,每股分派现金股利 0.20 元。

(5)2014 年 3 月 12 日,丁公司收到 D 公司分派的 2013 年度的现金股利。

(6)2015 年 1 月 4 日,丁公司出售所持有的全部 D 公司的股票,共取得价款 5 200 万元(不考虑长期股权投资减值及相关税费)。

要求:根据上述资料,编制丁公司长期股权投资的会计分录。

第七章　固定资产

第一节　固定资产概述

一、固定资产的定义及特征

固定资产是指企业为生产商品、提供劳务、出租或经营管理而持有的、使用年限超过一年、单位价值较高的有形资产。固定资产主要包括房屋、建筑物、机器设备、运输设备等。我国《企业会计准则第 4 号——固定资产》规定:“固定资产是指同时具有下列特征的有形资产:①为生产商品、提供劳务、出租或经营管理而持有的;②使用寿命超过一个会计年度。”其中,使用寿命是指企业使用固定资产的预计期间,或者该固定资产所能生产产品或提供劳务的时间。

固定资产是企业在生产经营过程中的主要劳动资料,但在实际中,也并不是把所有的劳动资料都列为固定资产,而是根据使用年限的长短及单位价值的大小,划分为固定资产和低值易耗品。在我国的会计实务中,一般把使用年限超过一年的房屋、建筑物、机器、机械、运输工具以及其他与生产经营有关的设备、工具、器具等,列为固定资产。对于不属于生产经营主要设备的物品,单位价值在 2 000 元以上,并且使用年限超过 2 年的,也作为固定资产,如企业职工食堂、托儿所、幼儿园等非生产用的房屋、建筑物等。凡不列为固定资产的劳动资料均列为低值易耗品。

企业的固定资产只有在同时满足以下两个条件时才能加以确认:第一,该固定资产包含的经济利益很可能流入企业;第二,该固定资产的成本能够可靠地计量。企业在对固定资产进行确认时,也可按照固定资产定义和确认条件,考虑企业的具体情况加以判断。

综上所述,企业的固定资产一般应具有以下基本特征:①固定资产是为生产商品、提供劳务、出租或经营管理而持有。这说明固定资产是用于企业的生产经营活动而不是用于出售,这一特征决定了固定资产与商品等流动资产的区别。②使用寿命超过一个会计年度。这说明固定资产属于长期资产，随着使用和磨损其账面价值会逐渐减少，必须通过计提折旧的方式将其价值逐渐转移到产品成本或费用中去。③固定资产为有形资产。固定资产具有实物特征，这一特征将固定资产与无形资产区别开来。有些无形资产可能同时符合固定资产的其他特征，如无形资产为生产商品、提供劳务而持有，使用寿命超过一个会计年度，但是由于其没有实物形态，所以不属于固定资产。④单位价值较高。这一特征使固定资产区别于单位价值较低的低值易耗品。例如，制造企业所持有的工具、用具、备品备件、维修设备等资产，施工企业所持有的模板、挡板、架料等周转材料等资产，尽管这些资产具有固定资产的某些特征，但由于数量多、单位价值较低，在实务中一般确认为低值易耗品。

在会计核算实务中，由于不同企业的经营内容、经营规模各不相同，固定资产的确认标准也不可能完全一致，各个企业可根据国家有关规定，结合企业的具体情况确定固定资产的标准，制定适合本企业的固定资产目录、分类方法，并作为进行固定资产核算的依据。企业制定的固定资产目录、分类方法等，应当编制成册，并按管理权限，经股东大会或董事会、经理（厂长）会议或类似机构批准，按照法律、行政法规的规定有关各方备案，同时备置于企业所在地，以供投资者等有关各方查阅。企业制定的固定资产目录、分类方法等，一经确定不得随意变更，如需变更，仍然应按照上述程序，经批准后报送有关各方备案，并在会计报表附注中予以说明。企业对于不能列入固定资产范围的工具、器具等，应作为低值易耗品进行核算和管理。

二、固定资产的分类

企业的固定资产由于种类繁多，在使用年限、用途、管理要求及使用情况等方面都各不相同。为了掌握和分析各类固定资产的增减变动、维修保养、配置和使用情况，加强固定资产管理，提高使用效率，并有利于正确进行固定资产核算和计提折旧，必须对固定资产进行科学合理的分类。

对固定资产进行分类，根据不同的管理需要和核算要求可以采用不同的分类标准，常见的固定资产分类方法有以下几种。

（一）按经济用途分类

固定资产按经济用途分类，可以分为生产经营用固定资产和非生产经营用固定资产。

1. 生产经营用固定资产。生产经营用固定资产是指直接参加生产经营过程或直接为生产经营过程服务的各种固定资产，如生产经营用的房屋、建筑物、机器设备、工具器具等。

2. 非生产经营用固定资产。非生产经营用固定资产是指不直接在生产过程中使用或不直接服务于生产经营过程的各种固定资产，如职工宿舍、职工福利设施用的房屋、设备及其他固定资产。

通过对固定资产按经济用途进行分类，可以了解企业生产经营用固定资产和非生产经营用固定资产的配置结构，借以考核和分析固定资产的利用情况，促使企业合理配置固定资产，充分发挥其使用效能。

(二)按使用情况分类

固定资产按使用情况分类，可以分为使用中固定资产、未使用固定资产和不需用固定资产。

1. 使用中的固定资产。使用中的固定资产是指正在使用中的生产经营用固定资产和非生产经营用固定资产。由于季节性原因或大修理原因而暂时停止使用的固定资产以及停放在生产部门备用的设备，企业以经营租赁的方式出租给其他单位使用的固定资产，也均作为使用中的固定资产。

2. 未使用的固定资产。未使用的固定资产是指企业新增的、正在调试或安装的尚未投入使用的固定资产；企业因改建或扩建等原因暂时停止、以后仍会继续投入使用的固定资产，也作为未使用的固定资产。

3. 不需用的固定资产。不需用的固定资产是指企业因转产或技术革新等原因而脱离企业生产经营、不再需要的固定资产。

固定资产按使用情况分类，有利于了解企业固定资产的利用情况，便于分析固定资产的利用效率，对于不需用的固定资产进行及时处理，也便于企业合理地计提折旧。

(三)按所有权分类

固定资产按所有权分类，可以分为自有的固定资产和租入的固定资产。

1. 自有的固定资产。自有的固定资产是指企业拥有占有权、处置权，可供企业长期使用的固定资产。

2. 租入的固定资产。租入的固定资产是指企业以支付租金的方式向外单位租入，供企业在一定时期内使用的固定资产。租入固定资产按租赁的方式分为经营性租入的固定资产和融资性租入的固定资产。经营性租入的固定资产由于只在短期内使用，一般登记在固定资产备查簿中；融资性租入的固定资产由于可供企业长期使用，应作为企业固定资产入账。

固定资产按所有权分类，可以了解企业固定资产的所属和取得情况，明确企业固定资产的产权结构，促使企业尽可能节约租金，提高固定资产的使用效率。

(四)综合分类

按照我国现行会计制度的规定，固定资产的分类是根据经济用途和使用情况进行综合分类的，具体来说可分为以下几种：

1. 生产经营用固定资产。生产经营用固定资产是指正在使用中的生产经营用固定资产。

2. 非生产经营用固定资产。非生产经营用固定资产是指正在使用中的非生产经营用固定资产。

3. 租出固定资产。租出固定资产是指在经营租赁方式下出租给外单位使用的固定资产。

4. 未使用固定资产。未使用固定资产是指尚未投入使用的新增固定资产。

5. 不需用固定资产。不需用固定资产是指本企业多余或不使用,需要处置的固定资产。

6. 融资租入固定资产。融资租入固定资产是指企业以融资租赁方式租入的固定资产,在租赁期内,应视同自有固定资产进行管理。

上述有关的固定资产的分类是针对一般情况下的理论分类和实际应用分类,但具体到每一个企业,由于经营性质、经营规模大小的不同,对于固定资产的分类可以有不同的方法,企业可以根据自己的实际情况和经营管理、会计核算的需要进行必要的分类。

三、固定资产的计价标准

对固定资产进行核算,既要采用实物计量单位,从实物数量方面反映固定资产的增减变动,也要对固定资产进行货币计价,以便确定固定资产的价值。正确地对固定资产进行货币计价,是合理地计提折旧,做好固定资产综合核算的必要条件。

固定资产的计价标准主要有三种,即原始价值、重置完全价值和净值。

(一)原始价值

固定资产的原始价值是指企业为购建某项固定资产达到预定可使用状态前所发生的一切合理、必要的支出。企业新建固定资产的计价、计提折旧的依据均采用原始价值计价。采用这种方法计价的主要优点是一切计入固定资产原始价值的支出都有凭据可查,有客观性和可验证性。所以,我国固定资产准则规定,固定资产一般应按取得时的原始价值计价入账。

固定资产采用原始价值计价也有明显的不足,当经济环境和社会物价水平发生变动时,它不能反映固定资产的真实价值,也不能反映企业真实的经营规模。所以,在必要时或一些特定的情况下还需要对固定资产按重置价值进行计价。

(二)重置完全价值

重置完全价值是指在当前的生产技术和市场条件下,企业重新购置同样的固定资产所需要的全部支出。重置完全价值又称重置价值,所反映的是固定资产的现时价值。通常是在无法取得固定资产的历史成本资料时,才按重置价值对固定资产进行计价。如盘盈的固定资产以及接受捐赠的固定资产,一般以重置完全价值进行计价。

(三)净值

固定资产的净值也称折余价值,是指固定资产原始价值减去折旧后的余额。它反映的是固定资产的现存账面价值,将其与固定资产的原始价值或重置完全价值相比较,还可以了解固定资产的新旧程度。

第二节　固定资产的取得

企业可以用不同的方式取得固定资产。固定资产的取得方式不同,其价值构成不同,有关的会计处理也不同。本节就固定资产不同取得方式下的入账价值及会计核算分别予以说明。

一、固定资产的入账价值

企业取得固定资产,必须计算取得时发生的成本支出,确定固定资产入账的原始价值。一般情况下,固定资产的入账价值应是企业为取得固定资产所发生的一切合理、必要的支出。这些支出既有直接发生的(如购置固定资产所支付的价款、运杂费、包装费和安装费等),也有间接发生的(如应予资本化的借款利息、外币借款折合差额以及应予分摊的其他间接费用)。但是,在具体确定固定资产的入账价值时,必须根据固定资产取得方式的不同具体确定。

(一)购入的固定资产

企业从外部购入的固定资产,以购入时实际支付的价款和相关税费作为入账价值,具体包括买价、运输费、装卸费、安装费以及相关的税金(如进口关税、车辆购置税等),但不包括可以抵扣的增值税进项税额。

(二)自行建造的固定资产

按建造该项固定资产达到预定可使用状态前所发生的必要支出,作为固定资产的入账价值,包括工程用物资成本、人工成本、缴纳的相关税费、应予资本化的借款费用以及应分摊的间接费用等。

(三)投资者投入的固定资产

按投资各方协商确认的价值,作为固定资产的入账价值。如果协商确认的价值不公允,应按公允价值入账。

（四）融资租入的固定资产

按租赁开始日租赁资产公允价值与最低租赁付款额现值两者较低者，作为固定资产的入账价值。固定资产的入账价值与最低租赁付款额之间的差额，作为未确认融资费用入账。

（五）接受捐赠的固定资产

对于接受捐赠的固定资产，如果捐赠方提供该固定资产购置的有关凭据时，按凭据上标明的金额加上企业支付的有关税费，作为入账价值；如果捐赠方没有提供有关凭据，应按其公允价值及有关税费作为入账价值。

（六）盘盈的固定资产

对于盘盈的固定资产，应作为前期差错处理，按其公允价值作为固定资产的入账价值。

对于固定资产的入账价值，还应特别注意以下几个问题：第一，购建固定资产所发生的借款利息支出，在固定资产达到预计可使用状态之前发生的借款利息，应予资本化计入固定资产的原始价值，在达到预计可使用状态之后发生的借款利息应计入当期损益。第二，企业为取得固定资产所缴纳的契税、耕地占用税、车辆购置税等相关税费，应计入固定资产的原始价值。第三，已达到预定可使用状态但尚未办理竣工决算手续的固定资产，可先按估计价值入账；待确定实际价值后，再进行调整。

二、固定资产取得的核算

企业以不同方式取得固定资产均导致了固定资产的增加，企业在固定资产增加时，应按取得时的实际成本借记“固定资产”账户，同时按其来源贷记“银行存款”“在建工程”“实收资本”等账户。如果增加的固定资产允许抵扣进项增值税，还应同时借记“应交税费——应交增值税（进项税额）”账户。下面主要说明购入、自行建造、投资者投入以及融资租入固定资产等方式取得固定资产的核算。

（一）购入固定资产

企业购入的固定资产，有的不需经过安装即可直接投入使用，有的则需通过安装才可投入使用，由此导致固定资产的价值构成及有关的会计处理也不同。

1. 购入不需安装的固定资产。企业购入的不需经过安装即可投入使用的固定资产，应按其实际支付的买价、运输费及装卸费等确认固定资产的原始成本，并借记“固定资产”账户，按发票上所列示的增值税进项税额，借记“应交税费——应交增值税（进项税额）”账户，按实际支付的总金额贷记“银行存款”等账户。

【例7－1】某企业购入一台不需经过安装即可投入使用的设备，该设备买价50 000元，增值税税额为8 500元，支付的运杂费及包装费为2 500元，以银行存款支付。企业购入该设备的会计分录为：

借：固定资产　　52 500

　应交税费——应交增值税（进项税额）　　8 500

　贷：银行存款　　61 000

在有些情况下，企业可能会以一笔款项购入多项没有单独标价的固定资产，这种情况称为一揽子购买方式。由于一揽子购入的不同类型的固定资产没有单独标价，这就需要将总价款在各项固定资产上进行分摊，分摊的标准是各项固定资产的公允价值。

【例7－2】某企业一揽子购入一座厂房和一套机器设备，总价款为450 000元，以银行存款支付。经有关机构的评估，该厂房的公允价值为360 000元，机器设备的公允价值为120 000元。则各项资产应分摊的成本可计算如下（假定不考虑增值税）：

首先，按公允价值为标准计算分配率：

$$\text{分配率}=\frac{450\ 000}{360\ 000+120\ 000}=0.937\ 5$$

其次，将实际支付的总价款在各项资产中进行分配：

$$\text{厂房的购买成本}=360\ 000\times 0.937\ 5=337\ 500(\text{元})$$

$$\text{机器设备的购买成本}=120\ 000\times 0.937\ 5=112\ 500(\text{元})$$

最后，根据以上分配结果，应编制的会计分录为：

借：固定资产——厂房　　337 500

　　　　　——设备　　112 500

　贷：银行存款　　450 000

2. 购入需要安装的固定资产。企业购入需要安装的固定资产，由于在购入后需要进一步支付安装成本，且安装成本构成固定资产价值的一部分，应首先通过“在建工程”账户进行核算，待安装完成交付使用时再转入“固定资产”账户。

【例7－3】企业购入需要安装的设备一台，该设备的买价为120 000元，增值税税额为20 400元，支付的运杂费为3 600元。企业为安装该设备共支付安装成本2 500元。以上款项均通过银行存款支付。有关的会计分录如下：

（1）购入设备时：

借：在建工程　　123 600

　应交税费——应交增值税（进项税额）　　20 400

　贷：银行存款　　144 000

（2）支付安装费用时：

借：在建工程　　2 500

　贷：银行存款　　2 500

(3)设备安装完毕交付使用时:

借:固定资产　　126 100

　贷:在建工程　　126 100

(二)自行建造固定资产

企业生产经营中所需要的固定资产,有的可通过外购取得,有的则需要自行建造。企业自行建造的固定资产,由于从开始建造到完工通常需要较长的时间,在建造期间要发生各种支出。为归集和核算企业在建造固定资产期间发生的各种支出,需要设置"在建工程"账户进行核算。企业为建造工程有时需要购置一些专用的材料物资,为核算这些专用的材料物资,则需要设置"工程物资"账户。

企业自行建造的固定资产,按实施方式的不同分为自营工程和出包工程。在不同的建造方式下,有关的会计处理也不同。

1. 自营工程。企业进行自营工程所发生的支出,主要包括施工所用的材料物资、施工工人的工资及其他支出。企业建造工程所发生的全部支出都必须计入工程成本。

自营工程所用的材料物资,必须区分不同的情况进行核算和计价。

(1)对于外购的工程用专项物资,应首先通过"工程物资"进行核算。建造固定资产领用工程物资时,应将工程物资的实际成本转入"在建工程"账户。

(2)进行自营工程领用生产产品所用的原材料或企业生产的产成品时,应将原材料或产成品的实际成本转入"在建工程"账户。

【例7-4】某企业采用自营方式建造一所仓库。为建造该仓库购进专用材料一批,买价250 000元,增值税为42 500元。建造该仓库发生了下列费用:购进的专项材料全部领用;计算建设工人的工资65 000元,企业辅助生产车间为工程提供劳务支出5 000元;领用了生产用材料50 000元,该批材料的进项增值税为8 500元;领用了企业生产的产品一批,成本为25 000元,计税价格为40 000元,增值税税率为17%;在工程完工时结转为建造工程发生的长期借款利息为12 000元。工程建设完工即交付使用。有关的会计分录如下:

(1)购入为建造工程购进的材料:

借:工程物资——专用材料　　250 000

　　应交税费——应交增值税(进项税额)　　42 500

　贷:银行存款　　292 500

(2)领用工程物资:

借:在建工程——仓库　　250 000

　贷:工程物资——专用材料　　250 000

(3)计算建设工人工资:

借:在建工程——仓库　　65 000
　贷:应付职工薪酬　　65 000

(4)辅助生产车间为工程提供的劳务支出:

借:在建工程——仓库　　5 000
　贷:生产成本——辅助生产成本　　5 000

(5)工程领用原材料:

借:在建工程——仓库　　50 000
　贷:原材料　　50 000

(6)工程领用产品:

借:在建工程——仓库　　25 000
　贷:库存商品　　25 000

(7)结转借款利息:

借:在建工程——仓库　　12 000
　贷:长期借款——应计利息　　12 000

(8)工程完工交付使用:

借:固定资产——仓库　　407 000
　贷:在建工程——仓库　　407 000

2. 出包工程。企业以出包方式建造固定资产时,工程项目的具体支出发生在承包单位。在这种方式下,“在建工程”账户主要用于核算与承包单位的结算往来。通常情况下,企业在出包工程时,首先要与承包单位签订建造合同,并预付工程款;在工程完工时,根据原定的合同和工程竣工决算表补付工程款,并结转固定资产。

【例7-5】某企业将新建厂房的工程出包给M公司承建,根据合同规定,首先预付工程款350 000元,工程完工后,根据工程竣工决算表验收合格后补付工程款120 000元,完工工程交付使用。M公司为增值税小规模纳税人。有关的会计分录如下:

(1)预付出包工程款:

借:预付账款　　350 000
　贷:银行存款　　350 000

(2)工程完工时,经验收合格补付工程款:

借:在建工程　　470 000
　贷:预付账款　　350 000
　　银行存款　　120 000

(3)工程完工交付使用:

借:固定资产——厂房　　470 000

贷:在建工程——出包工程　　470 000

企业自行建造固定资产,不论是采用自营方式,还是采用出包方式,在工程达到预定可使用状态前因进行试运转所发生的净支出,也应计入工程成本。企业的在建工程项目在达到预定可使用状态前所取得的试运转过程中形成的、能够对外销售的产品,其发生的成本,计入在建工程的成本;销售或转为库存商品时,按实际销售收入或按预计售价冲减工程成本。如果在建工程发生单项或单位工程报废或毁损,应根据在建工程已发生的成本,减去残料价值和过失人或保险公司等赔偿后的净损失,计入继续施工的工程成本;如果是由于非常原因造成的报废或毁损,或在建工程项目全部报废或毁损,应将其净损失直接计入当期营业外支出。

(三)投资者投入固定资产

投资者向企业直接投入固定资产,必须按照投资各方签订的合同或协议约定的价值及相关税费作为固定资产的入账价值,但合同或协议约定的价值不公允的除外。在会计处理上,一方面增加固定资产,另一方面增加投资者的投资额。

【例7-6】某企业接受投资人投入的一项固定资产,经投资各方协商确认的价值为230 000元,该固定资产已运达并办理了财产移交手续,没有从投资方取得该投入固定资产的增值税专用发票。有关的会计分录如下:

借:固定资产　　230 000

　贷:实收资本　　230 000

(四)融资租入固定资产

企业以融资租赁的方式租入固定资产,由于具有租期长、租约稳定、支付的租金基本包含了设备价款及利息等特点,实际上已承担了该项资产的主要风险与报酬。因此,对于融资租入的固定资产,企业应作为"固定资产"入账,但应单独设置"融资租入固定资产"明细账进行核算。融资租入的固定资产应与企业自有的固定资产一样在使用期限内计提折旧。

企业融资租入的固定资产,在租赁开始日,应当按租赁资产公允价值与最低租赁付款额现值两者较低者,作为固定资产的入账价值。所谓最低租赁付款额,是指在租赁期内,企业(承租人)应支付或可能被要求支付的各种款项,加上由企业(承租方)或与其有关的第三方担保的资产余值。其中,资产余值是指租赁开始日估计的租赁期届满时租赁资产的公允价值。

对于融资租入的固定资产,应根据确认的固定资产入账价值,借记"固定资产"账户;按最低付款额,贷记"长期应付款"账户;按两者之间的差额,借记"未确认融资费用"账户。未确认融资费用应在租赁期内各个期间按合理的方法进行分摊。

"未确认融资费用"账户是用于核算企业融资租入固定资产时所发生的未实现融

资费用。该账户的借方登记融资租赁开始日最低租赁付款额的现值大于租赁资产原账面价值的差额,贷方登记在租赁期内分摊到各个期间的费用,即由本账户的贷方转入各期的"财务费用"账户的部分。该账户期末有借方余额,反映企业未实现融资费用的摊余价值。

对于租赁过程中发生的运杂费、途中保险费和安装调试费等,也应作为融资租入固定资产的入账价值。

【例7-7】某企业2015年1月1日以融资租赁的方式租入一套生产设备,该设备的公允价值为4 700 000元,租赁期为5年,每年年末付款,租赁协议规定该设备的付款总金额为4 800 000元,其现值为4 660 000元。租入时的会计分录如下:

借:固定资产——融资租入固定资产	4 660 000
未确认融资费用	140 000
贷:长期应付款——应付融资租赁款	4 800 000

第三节 固定资产折旧

一、固定资产折旧的性质

固定资产可供企业长期使用并保持其实物形态不变,但其价值则由于固定资产的损耗而逐渐减少。固定资产损耗分为有形损耗和无形损耗两种。有形损耗又称物质损耗,是指固定资产由于使用及受自然力的影响而发生的损耗,如设备使用过程中发生的磨损,房屋、建筑物受到的自然侵蚀等。无形损耗是指由于技术进步等原因使固定资产在经济上、效能上发生的损耗,如因新技术的出现而使现有的固定资产技术水平相对陈旧、市场需求变化导致产品过时等,这种损耗的特点是固定资产虽然在物质形态上还可使用,但从经济上考虑已无使用价值。

对于固定资产在使用过程中发生的损耗,企业应计提折旧。所谓折旧,是指在固定资产的使用寿命内,按照确定的方法对应计折旧额进行系统分摊。所谓应计折旧额,是指固定资产的原价扣除其预计净残值后的余额。如果已对固定资产计提减值准备,还应当扣除已计提的固定资产减值准备累计金额。固定资产计提折旧的过程,实质上反映了固定资产价值转移的过程,即按照系统且合理的方法将固定资产的价值进行分摊,以反映收入与费用相配比的要求,待企业收入实现以后,这部分转移的价值是以货币资金的形式得到实现的。

二、影响固定资产折旧的因素

企业计提折旧的过程，是在固定资产的使用寿命内将其价值转移到产品成本中去的过程，因此，在计提折旧时，主要应考虑以下几个因素：

（一）原始价值

固定资产的原始价值又称固定资产原价，是企业取得固定资产时发生的实际成本。原始价值是计提折旧的基础，又称折旧基数。以原始价值作为计算折旧的基数，可以使折旧的计算建立在客观的基础上。有时，固定资产的重置成本也可替代其原始价值作为计算折旧的基数。

（二）预计净残值

预计净残值，是指假定固定资产预计使用寿命已满并处于使用寿命终了时的预期状态，企业目前从该项资产处置中获得的扣除预计处置费用后的金额。预计净残值是指固定资产报废时预计可收回的残值收入扣除预计清理费用后的数额。固定资产的预计净残值一般由企业的会计政策决定。企业有的固定资产直至不具有服务潜能时才予以报废，这种资产的净残值可能会很小；有的固定资产在还有相当使用寿命时就予以更替，这种资产的净残值则可能会很大。所以，企业应根据固定资产使用的具体情况预计净残值。

（三）预计使用年限

固定资产的预计使用年限也称固定资产的预计使用寿命，是指企业固定资产预计可使用的年限，或企业使用该资产预计所能提供的产品或者提供的服务的数量。企业在确定固定资产的预计使用年限或使用寿命时，主要应当考虑的因素有：资产的预计生产能力或实物产量；资产的有形损耗和无形损耗，以及有关资产使用的法律或类似的限制。

企业绝大多数固定资产的折旧是以年或月作为估计单位，但有些固定资产的使用寿命也可以用该固定资产预计所能生产的产品或提供服务的数量来表示，如汽车可以用预计可行驶的里程、专用设备可以用预计工作量作为使用寿命的估计单位。

（四）固定资产减值准备

固定资产减值准备是指固定资产已计提的固定资产减值准备累计金额。固定资产计提减值准备后，应当在剩余使用寿命内根据调整后的固定资产账面价值（固定资产账面余额扣减累计折旧和累计减值准备后的金额）和预计净残值重新计算确定折旧率和折旧额。

三、固定资产折旧范围

我国《企业会计准则第 4 号——固定资产》规定，企业应当对所有固定资产计提折旧。这里的所有固定资产，包括在用的房屋和建筑物、机器设备、仪器仪表、运输工具、季节性停用或大修理停用的固定资产、融资租入以及以经营租赁方式租出的固定资产等，也包括上述处于未使用或不需用状态的固定资产。

已达到预定可使用状态的固定资产，如果尚未办理竣工决算的，应按照估计价值暂估入账，并计提折旧；待办理竣工决算手续后，再按实际成本调整原来的暂估价值，原来已计提的折旧额不再调整。

不计提折旧的固定资产包括：已提足折旧但仍然继续使用的固定资产，按规定单独计价作为固定资产入账的土地。

在实际工作中，固定资产经常发生增减变动，这些增减变动也不一定是发生在期初，而固定资产的折旧一般是按月提取的。为简化核算工作，凡当月增加的固定资产，当月不计提折旧，从下月开始计提折旧；凡当月减少或停用的固定资产，当月仍然计提折旧，从下月起不再计提折旧。确切地说，企业每月计提折旧时，是以应计提折旧的固定资产月初余额为基础。

四、固定资产折旧方法

我国《企业会计准则》规定，企业应当根据与固定资产有关的经济利益的预期实现方式，合理选择固定资产折旧方法。企业可选用的折旧方法包括年限平均法、工作量法、双倍余额递减法和年数总和法等。其中，年限平均法和工作量法又统称为平均折旧法，双倍余额递减法和年数总和法统称为加速折旧法。

企业应当根据固定资产的性质和消耗方式，合理地确定固定资产的预计使用年限和预计净残值，并根据科技发展、环境及其他因素，选择合理的固定资产折旧方法，按照管理权限，经股东大会或董事会、经理（厂长）会议或类似机构批准，作为计提折旧的依据。同时，按照法律、行政法规的规定报送有关各方备案。由于不同的折旧方法使每期计入成本费用的折旧费不同，从而影响企业每期的损益及应缴纳的所得税，所以，折旧方法一旦确定一般不得随意变更。如确需进行变更，应按照规定的程序，经批准后报送有关各方备案，并在会计报表附注中说明。现就我国企业计提折旧所使用的方法分别进行说明。

（一）平均折旧法

平均折旧法是指采用一定的标准平均分摊折旧的方法，常用的平均折旧法包括年限平均法和工作量法。

1. 年限平均法。年限平均法是以固定资产的应计折旧额，按估计的使用年限平均计算各期折旧的一种方法。在年限平均法下，每年、每月计提的折旧额是相等的。

采用年限平均法计算折旧时，其基本的计算公式为：

$$年折旧额=\frac{原价-预计净残值}{预计使用年限}$$

$$月折旧额=年折旧额\div 12$$

在实际工作中，企业在计提每期的折旧额时，一般是根据固定资产的原价乘以其折旧率直接计算的。固定资产折旧率是指一定时期内固定资产折旧额与其原价的比率。计算公式如下：

$$年折旧率=\frac{年折旧额}{固定资产原价}\times 100\%$$

一般情况下，企业在计提固定资产折旧时常常事先预计净残值率。所谓预计净残值率，是指预计净残值占原始价值的比率。如果固定资产的净残值率已预先确定，那么，年折旧率、月折旧率可按下面的公式计算：

$$年折旧率=\frac{1-预计净残值率}{预计使用年限}\times 100\%$$

$$月折旧率=\frac{年折旧率}{12}$$

$$每月应计提的固定资产折旧额=月初应计折旧的固定资产原值\times 月折旧率$$

【例 7－8】某企业一幢厂房的原始价值为 3 600 000 元，预计可使用 20 年，预计的净残值率为 5%。计算该固定资产每月应计提的折旧额。

$$年折旧率=\frac{1-5\%}{20}\times 100\%=4.75\%$$

$$月折旧率=\frac{4.75\%}{12}=0.395\ 8\%$$

$$月折旧额=3\ 600\ 000\times 0.395\ 8\%=14\ 248.80(元)$$

采用年限平均法计提折旧，是以每月应计折旧固定资产的原始价值乘以月折旧率计算的。折旧率的确定，既可按个别固定资产项目计算个别折旧率，又可以把同类的固定资产归类计算分类折旧率，或者是把企业的全部固定资产综合起来计算综合的折旧率。

采用年限平均法计提折旧，其优点是计算简单，容易理解，比较适用于各个时期使用程度大致相同的固定资产，如房屋、建筑物等。但这种方法忽视了固定资产在各期的使用情况和使用效率可能不同，因此可能导致成本分摊不均衡的情况出现。在我国的实际工作中，企业计提固定资产折旧可直接采用年限平均法而不必报经有关部门批准，所以，企业大多数的固定资产一般都是采用年限平均法计提折旧。

2. 工作量法。工作量法是以固定资产预计可完成的工作量作为分摊标准，根据各期实际完成的工作量计算折旧额的一种方法。在这种方法下,单位工作量应分摊的折旧额是相等的。

工作量法下折旧的计算公式为:

$$单位工作量折旧额 = \frac{固定资产原价 \times (1 - 预计净残值率)}{预计工作总量}$$

$$某项固定资产月折旧额 = 该项固定资产当月实际工作量 \times 单位工作量折旧额$$

【例 7-9】某企业一辆运输货车的原始价值为 160 000 元,该货车预计净残值率为 5%,预计可行驶 800 000 公里。现假设本月该货车实际行驶了 5 000 公里。要求计算该固定资产的月折旧额。

$$单位公里折旧额 = \frac{160\ 000 \times (1 - 5\%)}{800\ 000} = 0.19\ (元)$$

$$本月该固定资产应计提的折旧额 = 5\ 000 \times 0.19 = 950(元)$$

采用工作量法计算折旧的优点是,将计提的折旧额与完成的工作量相结合,体现了收益和成本相配合的原则,比较适用于那些大型的专用性设备和运输设备。但是该种方法没有考虑固定资产的无形损耗,而且预计可完成的工作量也有较大的主观性。

(二)加速折旧法

加速折旧法是在固定资产使用的早期多提折旧,而后逐渐减少计提折旧额的折旧计算方法。这种方法与直线折旧法相比,由于固定资产早期的折旧额大于后期的折旧额,折旧的速度加快,所以称为加速折旧法;又由于其在固定资产的有效使用年限内,计提的固定资产折旧额逐渐减少,所以又称递减折旧法。

采用加速折旧法计提折旧,从理论上分析,是由于固定资产在使用的早期,生产效率高,产出量大,应当分摊较多的折旧费用;而随着使用时间的推移,固定资产越来越陈旧,效能也逐步降低,并且还会增加越来越多的维修费用;如果使其折旧费用逐渐减少就可使各期单位产品负担的费用比较均衡。在实际工作中,大多数企业倾向于采用加速折旧法还出于企业财务利益的考虑。因为采用加速折旧法与采用直线折旧法相比,在确定收益时,由于早期计入了数额比较大的折旧费用,故使早期的应税收益相对减少,从而使企业在使用这些固定资产的早期缴纳较少的所得税,后期缴纳较多的所得税,这实际上是推迟了企业应缴的所得税款,等于国家给企业提供了一笔免息贷款,从而使企业获得了一定的财务利益。另外,采用加速折旧法,由于加速回收了资金,减少了固定资产在使用过程中可能发生的无法预测的风险而引起的无形损失。

我国会计准则允许企业使用的加速折旧法有两种,即双倍余额递减法和年数总和法。

1. 双倍余额递减法。双倍余额递减法,是以固定资产逐年递减的账面折余价值乘以一个固定的折旧率计提折旧的一种方法,这个固定的折旧率是年限平均法下折旧率的两倍。在这种折旧方法下，由于折旧的累计数逐年增加，而固定资产的折余价值则随着折旧累计数的增加而逐年减少，但折旧率是固定的，这样计算出的折旧额呈逐年递减的趋势。双倍余额递减法的计算公式为：

$$年折旧率 = \frac{2}{预计使用年限} \times 100\%$$

$$月折旧率 = \frac{年折旧率}{12}$$

$$年折旧额 = 固定资产的账面净值 \times 年折旧率$$

对于双倍余额递减法，需要特别注意以下几个问题：

(1)第一年的折旧额是以双倍的直线折旧率乘以固定资产的原价计算的，固定资产的净残值并不从固定资产价值中抵减；

(2)折旧额是按年递减的，年内各月的折旧额是平均计算的；

(3)采用双倍余额递减法时，只要该项固定资产仍然使用，其账面净值就不可能被冲销完毕，因此，在固定资产的使用后期，如果发现使用双倍余额递减法计算的折旧额小于采用直线折旧法计算的折旧额，就可以改为直线法计提折旧。为了简化核算，也可在折旧的最后两年，将固定资产的账面折余价值扣除净残值后的余额平均分摊。

【例 7－10】某企业新购入一台设备的原始价值为 20 000 元，预计净残值率为 4%，预计使用年限为 5 年。采用双倍余额递减法计算每年应计提的折旧额见表 7－1。

表 7－1　双倍余额递减法下折旧计算表

年份	原始价值	年折旧率	年折旧额	累计折旧额	账面折余价值
0	—	—	—	—	20 000
1	20 000	40%	8 000	8 000	12 000
2	20 000	40%	4 800	12 800	7 200
3	20 000	40%	2 880	15 680	4 320
4	20 000	40%	1 760 *	17 440	2 560
5	20 000	40%	1 760	19 200	800
合计	—	—	19 200	—	—

* 设备使用最后两年每年应计提的折旧额 =（4 320－20 000 ×4%）÷2 =（4 320－800）÷2 =1 760。

2. 年数总和法。年数总和法是以固定资产在使用年限内的应计折旧额乘以递减的折旧率计算折旧的一种方法，该递减的折旧率是用固定资产的尚可使用年数除以固定资产的使用年数之和。由于固定资产的尚可使用年数逐年递减，由此计算出的每年折旧额也呈逐年递减的趋势。

年数总和法的计算公式为：

$$年折旧率=\frac{尚可使用年限}{预计使用年限总和}\times 100\%$$

$$月折旧率=\frac{年折旧率}{12}$$

$$年折旧额=(固定资产原值-预计净残值)\times 年折旧率$$

或

$$年折旧额=固定资产原值\times(1-净残值率)\times\frac{尚可使用年数}{n(n+1)\div 2}\times 100\%$$

式中：n 为预计使用年限。

【例7-11】某企业购进一台机器设备的原价为48 000元，该设备预计使用5年，预计的净残值率为3%。采用年数总和法计算固定资产的年折旧额。

首先，计算固定资产应计折旧总额和年数总和：

$$应计折旧额=48\ 000\times(1-3\%)=46\ 560(元)$$

$$年数总和=n\times(n+1)\div 2=5\times(5+1)\div 2=15$$

其次，采用年数总和法计算的年折旧额见表7-2。

表7-2　固定资产折旧计算表（年数总和法）

年份	应计折旧额	年折旧率	年折旧额	累计折旧额	账面净值
1	46 560	$\frac{5}{15}$	15 520	15 520	32 480
2	46 560	$\frac{4}{15}$	12 416	27 936	20 064
3	46 560	$\frac{3}{15}$	9 312	37 248	10 752
4	46 560	$\frac{2}{15}$	6 208	43 456	4 544
5	46 560	$\frac{1}{15}$	3 104	46 560	1 440
合计	—	—	—	46 560	1 440

五、固定资产折旧的账务处理

企业计提的固定资产折旧，一般是以月初应计折旧固定资产的原始价值为依据。在计提折旧时，应根据固定资产的使用地点和用途分别计入有关的成本费用中。对于生产车间固定资产计提的折旧，应记入“制造费用”账户；行政管理部门及非生产经营部门固定资产计提的折旧，应记入“管理费用”账户；销售部门所用固定资产计提的折旧，应记入“销售费用”账户；计提的所有折旧一律贷记“累计折旧”账户。

“累计折旧”账户是“固定资产”账户的备抵账户，在资产负债表中是以“固定资产”的抵减项目列示的。当企业计提固定资产折旧时，记入该账户的贷方；因清理报废、出售、盘亏等原因减少固定资产而相应转销其已提折旧额时，记入该账户的借方；该账户的期末余额在贷方，反映企业固定资产的累计折旧额。每期期末，以“固定资产”账户的借方余额减去“累计折旧”账户的贷方余额，即为固定资产的账面净值。

【例 7－12】某企业在 2015 年 3 月应计提的固定资产折旧为 35 400 元，其中，生产车间固定资产应计提折旧为 20 000 元，管理部门固定资产应计提的折旧为 15 000 元，销售部门固定资产应计提的折旧为 400 元。有关的会计分录如下：

借：制造费用	20 000	
管理费用	15 000	
销售费用	400	
贷：累计折旧		35 400

第四节　固定资产的后续支出与减值

一、固定资产的后续支出

固定资产的后续支出是指固定资产在使用过程中发生的更新改造支出、修理费用等。固定资产在长期使用的过程中，除了发生正常的整体性损耗需要计提折旧外，还会由于使用程度的不同发生部分损耗，从而影响固定资产的正常使用。为了保证固定资产经常处于可供使用的良好状态，尽量延长固定资产的使用寿命或提高其使用效率，需要对已投入使用的固定资产进行修理或更新改造。

固定资产修理或改良发生的支出，是在固定资产投入使用后发生的，固定资产的后续支出。固定资产后续支出在会计处理上有两种方法：资本化和费用化。确认后续支出是资本化还是费用化的原则是：如果后续支出能使流入企业的经济利益超过原先的估计，如延长了固定资产的使用寿命、提高了生产能力、改善了产品质量或使产品成本发生实质性的降低等，则这些支出符合固定资产的确认条件，应将其资本化，将这些支出计入固定资产的成本，同时还应从账面价值中扣除被替换的部分。例如，固定资产的更新改造支出或改良支出，由于符合资本化的条件，一般将这类支出予以资本化。如果发生的后续支出仅是为了维持固定资产现有的性能和状态，不符合固定资产确认条件的，应将其费用化，在实际发生时计入当期损益。比如，固定资产的修理费用大多都予以费用化。

（一）固定资产改良

固定资产改良也称固定资产的改建或扩建。对固定资产进行改良，一般发生的改良支出数额较大，改良后固定资产的性能、质量都有较大的提高，有时还会延长固定资产的使用年限,因此,对固定资产的改良支出一般都予以资本化。

企业对于改良的固定资产,由于改良后其性能、效率都有较大的提高,而且使用年限也会延长,所以,对于改良的固定资产应重新计价。改良固定资产价值的计算公式为:

改良后固定资产入账价值=改良前固定资产原价-改良过程中的变价收入+改良过程中的支出

对于经过改良延长其使用寿命的固定资产,还应对使用年限和折旧率进行调整。改良固定资产的核算一般通过"在建工程"账户。

【例7-13】某企业由于生产经营的需要对一幢厂房进行改建和扩建。该厂房原价为1 500 000元,预计净残值率为3%,预计使用20年,已经使用10年。改扩建过程中实际发生支出为900 000元,变价收入为60 000元。改良后预计可使用15年。改扩建该项固定资产有关的会计分录如下:

(1)将固定资产投入改扩建:

借:在建工程　　772 500

　累计折旧　　727 500

　贷:固定资产　　1 500 000

(2)改扩建中发生的支出:

借:在建工程　　900 000

　贷:银行存款　　900 000

(3)改扩建中收到的变价收入:

借:银行存款　　60 000

　贷:在建工程　　60 000

(4)改扩建完毕交付使用:

改扩建后固定资产的价值=772 500+900 000-60 000=1 612 500(元)

借:固定资产　　1 612 500

　贷:在建工程　　1 612 500

(二)固定资产的修理

固定资产投入使用后,由于固定的磨损以及各部分耐用程度的不同,可能会使固定资产发生局部的损坏。为了维持固定资产的正常运转,企业必须对固定资产进行维护和修理。对固定资产进行修理,并不能提高其使用效能或延长使用寿命,但能恢复固定资产的使用效能及保证正常的工作状态。固定资产的修理费用,一般在发生时计入"管理费用"或"销售费用"账户。

【例7-14】某企业对生产车间的机器设备进行全面检修,共发生修理费用6 700元;同时对销售部门的相关设施进行了日常的维护,发生维护费用2 000元。修理维护费用均由银行存款支付。有关的会计分录为：

借：管理费用　　6 700

　　销售费用　　2 000

　贷：银行存款　　8 700

二、固定资产减值

企业的固定资产在使用的过程中，由于发生损耗、破坏或由于技术陈旧等原因，可能导致其可收回金额低于账面价值，这种情况称为固定资产减值。为了正确地反映企业实际拥有的固定资产价值，企业应当在每一会计期末对固定资产进行检查，检查、测试固定资产是否发生了减值。如果固定资产存在减值迹象，应正确估计其可收回金额，如果可收回金额低于固定资产的账面价值，应将固定资产的账面价值减记至可收回金额，对于减记的金额确认为资产减值损失，计入当期损益，同时计提固定资产减值准备。

（一）固定资产减值的判断

企业在每一会计期末（即资产负债表日）判断固定资产是否发生减值迹象，应根据外部信息和企业内部固定资产状况两方面进行判断。

1. 外部信息。用以判断企业的固定资产是否发生减值的外部信息有：

（1）固定资产的市价在当期大幅度下跌，其跌幅明显高于因时间的推移或者正常使用而预计的下跌。

（2）企业经营所处的经济、技术或者法律等环境以及资产所处的市场在当期或者将在近期发生重大变化，从而对企业产生不利影响。

（3）市场利率或者其他市场投资报酬率在当期已经提高，从而影响企业计算资产预计未来现金流量现值的折现率，导致资产可收回金额大幅度降低。

2. 内部固定资产状况。在很多情况下，固定资产发生减值是由于固定资产本身的状况发生变化而造成的，主要有以下几种情况：

（1）有证据表明固定资产已经陈旧过时或者其实体已经损坏。

（2）固定资产已经或者将被闲置、终止使用或者计划提前处置。

（3）企业内部报告的证据表明固定资产的经济绩效已经低于或者将低于预期，如资产所创造的净现金流量或者实现的营业利润（或者亏损）远远低于（或者高于）预计金额等。

（4）其他表明资产可能已经发生减值的迹象。

（二）固定资产减值损失的计量

当有确凿的证据表明固定资产存在减值迹象的，企业应当在会计期末对固定资产进行减值测试，估计固定资产的可收回金额。

可收回金额应当根据固定资产的公允价值减去处置费用后的净额与其预计未来现金流量的现值两者之间较高者确定。对于可收回金额的估计，应当注意以下几个概念：

1. 固定资产的公允价值。固定资产的公允价值，是指在公平交易中，熟悉情况的交易双方自愿进行固定资产交换的金额。

在确认固定资产的公允价值时，应当按照以下顺序进行：

(1)对于有销售协议的固定资产，应当按销售协议价格作为固定资产的公允价值；

(2)存在活跃市场的固定资产，应当以固定资产的市场价格作为公允价值；

(3)既没有销售协议也不存在活跃市场的固定资产，应当以同行业类似资产的最近交易价格或结果估计公允价值；

(4)如果对固定资产的上述信息均无法获取，应当以该固定资产预计未来现金流量的现值作为其可收回金额。

2. 处置费用。处置费用是处置固定资产过程中发生的费用，包括与该固定资产处置有关的法律费用、相关税费、搬运费以及为使资产达到可销售状态所发生的直接费用等。

3. 预计未来现金流量的现值。预计未来现金流量的现值，应当按照固定资产在持续使用过程中和最终处置时所产生的预计未来现金流量，选择恰当的折现率，对其进行折现后的金额加以确定。

预计固定资产未来现金流量的现值，应当综合考虑固定资产的预计未来现金流量、使用寿命和折现率等因素。

(三)固定资产减值损失的会计处理

企业在会计期末，对固定资产进行减值测试并估计了固定资产的可收回金额以后，应将固定资产的可收回金额与账面价值进行比较，如果可收回金额大于账面价值，则不做任何账务处理；如果可收回金额小于账面价值，则应按两者的差额计提固定资产减值准备，借记“资产减值损失”账户，贷记“固定资产减值准备”账户。

企业已全额计提减值准备的固定资产，不再计提折旧。在资产负债表中，固定资产减值准备应当作为固定资产净值的减项反映。企业在处置固定资产时，或涉及债务重组、非货币交易等，应当同时结转已计提的固定资产减值准备。

【例 7－15】2015 年年底，某企业发现在用的一台机器设备发生了减值，该机器设备的账面价值为 254 000 元。经减值测试，该机器设备的可收回金额为 230 000 元。根据减值金额，应计提减值准备。有关的会计分录如下：

借：资产减值损失——固定资产减值损失　　　　24 000

贷：固定资产减值准备　　24 000

企业不仅需要在每期期末对固定资产进行检查，确认其实际价值。对于有在建工程的企业，由于有些在建工程的建设周期长，投资支出大，而且在建设中也存在一些不确定的因素，从而导致在建工程的实际价值低于账面价值。因此，也应定期或者至少在每年年度终了时对在建工程进行全面检查，如果有证据表明在建工程已经发生了减值，应当计提在建工程减值准备。

对于在建工程，存在下列一项或若干项情况的，应当计提在建工程减值准备：

(1)长期停建并且预计在未来3年内不会重新开工的在建工程；

(2)所建项目无论在性能上，还是在技术上已经落后，并且给企业带来的经济利益具有很大的不确定性；

(3)其他足以证明在建工程已经发生减值的情形。企业在建工程发生减值时，应借记"资产减值损失"账户，贷记"在建工程减值准备"账户。

企业在每期期末通过对固定资产或在建工程计提减值准备，可使固定资产或在建工程的期末价值得以正确反映。对于已经确认的减值损失，在以后的会计期间内不得转回。

第五节　固定资产的处置

一、固定资产处置的核算

企业所拥有的固定资产，因出售、转让、报废或毁损、对外投资、非货币性资产交换及债务重组等原因而退出企业时，需要对其进行处置。

固定资产处置，实际上是对企业减少的固定资产进行的清理工作，一般通过"固定资产清理"账户核算。该账户核算企业因出售、报废、对外投资等原因转入清理的固定资产账面价值以及在清理过程中发生的清理费用和变价收入，它的借方反映转入清理的固定资产账面价值和发生的清理费用，贷方反映清理固定资产的变价收入和应由有关单位或责任人赔偿的损失等。

企业因固定资产出售、报废或毁损等对固定资产进行处置的会计核算，一般需要通过以下几个步骤：

(一)固定资产转入清理

企业出售、报废和毁损的固定资产转入清理时，应按清理固定资产的账面净值，借记"固定资产清理"账户，按已提取的折旧，借记"累计折旧"账户，按已计提的资产减值准备,借记“资产减值准备”账户,按固定资产的原始价值,贷记“固定资产”账户。

(二)发生清理费用

固定资产在清理过程中发生的清理费用,如支付清理工人的工资等,也应计入“固定资产清理”账户。对于发生的清理费用,应按其实际发生额,借记“固定资产清理”账户,贷记“银行存款”等账户。

(三)出售收入和残料等的处理

企业收到出售固定资产的价款、报废固定资产的残料价值和变价收入等,应冲减清理支出。当实际收到出售价款和残料变价收入时,借记“银行存款”“原材料”等账户,贷记“固定资产清理”账户。

(四)保险赔偿或过失人赔偿的处理

企业毁损的固定资产在清理报废时,对于应由保险公司或过失人赔偿的损失,应冲减清理支出。实际收到赔偿损失或确认应获得的赔偿时,应借记“银行存款”或“其他应收款”账户,贷记“固定资产清理”账户。

(五)清理净损益的处理

固定资产清理完毕,清理过程中发生的所有收入和支出均计入了“固定资产清理”账户。该账户如果是借方余额,反映的是清理净损失;对于清理净损失,如果是生产经营期间正常的清理净损失,应借记“营业外支出——处置非流动资产损失”账户,贷记“固定资产清理”账户;如果是由于自然灾害等非正常原因造成的清理净损失,应借记“营业外支出——非常损失”账户,贷记“固定资产清理”账户。该账户如果是贷方余额,反映的是清理净收益;对于清理净收益,应借记“固定资产清理——处置非流动资产所得”账户,贷记“营业外收入”。

【例7-16】某企业的一幢旧仓库,因使用期满经批准报废。该仓库原始价值为480 000元,累计已提折旧465 000元。在清理过程中,发生清理费用13 600元,以银行存款支付;收回的残料作价入库10 500元。有关的会计分录如下:

(1)固定资产转入清理:

借:固定资产清理	15 000
累计折旧	465 000
贷:固定资产	480 000

(2)支付清理费用:

借:固定资产清理	13 600
贷:银行存款	13 600

(3)收回的残料入库:

借:原材料	10 500

贷:固定资产清理　　10 500

(4)结转清理净损益:

借:营业外支出——处置非流动资产损失　　18 100

贷:固定资产清理　　18 100

【例7-17】某企业出售运输部门的10台货车,售价为160 000元,增值税税率为17%,出售时支付有关费用4 000元。该批货车的原始价值为250 000元,累计已提折旧148 000元。有关的会计分录如下:

(1)将该批货车转入清理:

借:固定资产清理　　102 000

累计折旧　　148 000

贷:固定资产　　250 000

(2)支付清理费用:

借:固定资产清理　　4 000

贷:银行存款　　4 000

(3)收到出售的价款:

借:银行存款　　187 200

贷:固定资产清理　　160 000

应交税费——应交增值税(销项税额)　　27 200

(4)结转清理净损益:

借:固定资产清理　　54 000

贷:营业外收入——处理非流动资产所得　　54 000

二、固定资产盘亏的核算

为了保证企业固定资产的安全完整,保证固定资产核算的真实性,做到账实相符,必须对固定资产进行定期或不定期的清查。固定资产清查的方法是进行实地盘点。

企业对固定资产进行的定期清查,一般是在每年编制年度财务报告前,对企业的固定资产进行全面的实地盘点,编制"固定资产盘存报告表",对于账实不符的固定资产应查明原因,并按规定的程序报送有关部门。

对于清查过程中发现的盘亏固定资产,首先,应根据盘亏固定资产的账面记录予以注销,即根据固定资产的账面价值,借记"待处理财产损益——待处理非流动资产损益"账户,对于已计提的累计折旧,借记"累计折旧"账户,按固定资产的账面原价,贷记"固定资产"账户;待查明原因及批准处理后,对于应由有关的责任人及保险公司赔偿的，应借记“其他应收款”账户，对于盘亏的净损失，应借记“营业外支出”账户，同时贷记“待处理财产损益——待处理非流动资产损益”账户。

【例7－18】某企业在2015年年底对固定资产进行全面清查，发现一项仪器设备的实物已不存在，经批准作为盘亏处理。该设备的原始价值为47 000元，累计已提折旧25 000元。有关的会计分录如下：

(1)发现盘亏，未经批准处理前：

借：待处理财产损益——待处理非流动资产损益　　22 000
　　累计折旧　　25 000
　贷：固定资产　　47 000

(2)报经批准后，转入营业外支出：

借：营业外支出　　22 000
　贷：待处理财产损益——待处理非流动资产损益　　22 000

企业在财产清查中如果发现有盘盈的固定资产，应作为前期差错处理。盘盈的固定资产通过“以前年度损益调整”账户核算。

复习思考题

1. 简述固定资产的特征及其与流动资产的区别。
2. 固定资产的计价方式有几种？说明不同取得方式下固定资产入账价值的确定。
3. 试分析影响固定资产折旧的主要因素。
4. 计提固定资产折旧的方法有几种？说明各种方法的优缺点。
5. 为什么要计提固定资产减值准备？计提固定资产减值准备如何进行相应的会计处理？

练习题

1. 某企业购进一台需要安装的机器设备，购进时支付价款74 000元，增值税为12 580元，支付包装费和运杂费共计3 000元。购进后进行安装时领用原材料2 500元，计算安装工人工资1 300元。设备已安装完毕并交付使用。

要求:编制有关的会计分录。

2. 某企业以自营方式建造厂房一幢,为建造该厂房购进专用材料一批,买价360 000元,增值税为42 500元。建造该厂房时领用了全部的专项材料,支付建设工人的工资89 000元;领用了本企业生产的一批产品,成本为30 000元,计税价格为56 000元,增值税税率为17%;支付为建造厂房发生的借款利息12 000元。工程建设完工即交付使用。

要求:编制建造厂房的有关会计分录。

3. M企业购入一台设备,原始价值为45 000元,预计净残值1 500元,预计使用6年。要求采用双倍余额递减法和年限平均法计算每年应计提的折旧额。

4. 假设某企业购置了一套需要安装的生产线设备,与该生产线有关的业务如下:

(1)2014年1月1日购进待安装的生产线,买价为300 000元,增值税税额为51 000元,另外支付保险费及运杂费12 000元。

(2)安装生产线时领用本企业生产的产品一批,该批产品实际成本为20 000元,计税价格为36 000元,增值税税率为17%。

(3)安装工人应计工资9 000元,用银行存款支付其他安装费4 000元。

(4)2014年3月31日生产线安装完毕并投入使用。该生产线预计使用5年,预计净残值率为3%,采用使用年限法计提折旧。

(5)2015年12月31日,M企业将生产线出售,出售所得款为250 000元已存入银行,同时用银行存款支付清理费用14 000元,已于当日清理完毕。

要求:

(1)编制2014年购进、安装生产线及计提折旧的会计分录。

(2)编制2015年计提折旧和出售生产线的会计分录。

第八章　无形资产及其他资产

第一节　无形资产

一、无形资产的概念及特征

无形资产，是指企业拥有或者控制的没有实物形态的可辨认非货币性资产。相对于其他资产，无形资产具有以下特征：

（一）无形资产不具有实物形态

无形资产通常表现为某种权利、某项技术或是某种获取超额利润的综合能力，它们不具有实物形态，比如，土地使用权、非专利技术等。固定资产是通过实物价值的磨损和转移来为企业带来未来经济利益，而无形资产很大程度上是通过自身所具有的技术等优势为企业带来未来经济利益，在使用过程中不存在有形损耗、只存在无形损耗。但是，是否具有实物形态并非是识别无形资产唯一的标志，例如：应收账款、预付账款等是一种债权，虽然也无实物形态，但会计上却将其归为流动资产。

（二）无形资产具有可辨认性

符合以下条件之一的，则认为其具有可辨认性：

1. 能够从企业中分离或者划分出来，并能单独用于出售或转让等，表明无形资产可以辨认。某些情况下无形资产可能需要与有关的合同一起用于出售转让等，这种情况下也视为可辨认无形资产。

2. 产生于合同性权利或其他法定权利，无论这些权利是否可以从企业或其他权利和义务中转移或者分离。客户关系、人力资源等，由于企业无法控制其带来的未来经济利益，不符合无形资产的定义，不应将其确认为无形资产。内部产生的品牌、报刊名、刊头、客户名单和实质上类似的项目支出，由于不能与整个业务开发成本区分开来，因此，这类项目不应确认为无形资产。

3. 无形资产属于非货币性资产，所带来的未来经济利益具有很大的不确定性。无形资产由于没有发达的交易市场，一般不容易转化成现金，在持有过程中为企业带来未来经济利益的情况不确定，不属于以固定或可确定的金额收取的资产，属于非货币性资产。例如，企业账面上记载的专利权金额很小，如果经营有方，它为企业带来的利益远高于其账面价值，但如果有更好的替代技术，价值会丧失殆尽。

二、无形资产的内容及分类

无形资产通常包括专利权、非专利技术、商标权、著作权、特许权、土地使用权等。注意：商誉是企业合并成本大于合并取得被购买方各项可辨认资产、负债公允价值份额的差额，其存在无法与企业自身分离，不具有辨认性，不属于本章所讲的无形资产。企业合并中形成的商誉，适用《企业会计准则第 8 号——资产减值》和《企业会计准则第 20 号——企业合并》。

（一）专利权

专利权，是指国家专利主管机关依法授予发明创造专利申请人，对其发明创造在法定期限内所享有的专有权利，包括发明专利权、实用新型专利权和外观设计专利权。

它给予其持有者独家使用或控制某项发明的特殊权利。有的专利可能经济价值很小，有的专利会被更有经济价值的其他专利所淘汰，因此不应将所拥有的一切专利权都确认为无形资产。通常，只有那些从外单位购入、投资者投入或企业自行开发并按法律程序申请取得的，并能够给企业带来较大经济利益的专利，才确认为无形资产。

（二）非专利技术

非专利技术，也称专有技术。它是指不为外界所知、在生产经营活动中已被采用、不享有法律保护、可以带来经济效益的各种技术和诀窍。非专利技术一般包括工业专有技术、商业贸易专有技术、管理专有技术等。

非专利技术最具有经济性、机密性和动态性特征。通过使用非专利技术，能够提高企业的生产效率和经营能力，从而给企业带来较高的经济利益，正因为如此，企业往往不愿公开其掌握的非专利技术，因为一旦公布，就失去经济价值。

（三）商标权

商标是用来辨认特定的商品或劳务的标记。商标权指专门在某类指定的商品或产品上使用特定的名称或图案的权利。我国商标法规定，商标权有效期为 10 年，期满前可继续申请延长注册期。

商标权可通过购买或接受投资取得，也可通过将企业自行设计的商标向商标管理机构申请注册取得。现代社会，商标已成为重要的购物导向，成为企业和消费者的桥梁。一般情况下，具有著名商标的产品比没有商标的产品或不著名的产品售价要高出许多。高质量的产品、持续的别出心裁的广告，使顾客将商标与特定优质商品或服务联系起来,商标权的价值才能不断提高。但因为广告支出与商标价值的关系难以确定,按照会计惯例,广告费不增加商标权成本,而在发生时计入当期损益。

(四)著作权

著作权又称版权,指作者对其创作的文学、科学和艺术作品依法享有的某些特殊权利。著作权包括作品署名权、发表权、修改权和保护作品完整权,还包括复制权、发行权、出租权、展览权、表演权等。著作权受法律保护,法律规定作品的发表权、使用权和获得报酬权的有效期为作者终生及其死亡后50年,职务创作作品的保护期为50年。

(五)特许权

特许权,又称经营特许权、专营权,指企业在某一地区经营或销售某种特定商品的权利或是一家企业接受另一家企业使用其商标、商号、技术秘密等的权利。特许权通常有两种形式,一种是由政府机构授权,准许企业使用或在一定地区享有经营某种业务的特权,如水、电、邮电通信等专营权、烟草专卖权,等等;另一种指企业间依照签订的合同,有限期或无限期使用另一家企业的某些权利,如连锁店分店使用总店的名称等。

(六)土地使用权

土地使用权,指国家准许某企业在一定期间内对国有土地享有开发、利用、经营的权利。根据我国《土地管理法》的规定,我国土地实行公有制,任何单位和个人不得侵占、买卖或者以其他形式非法转让。企业取得土地使用权的方式大致有以下几种:行政划拨取得、外购取得及投资者投资取得。

三、无形资产账户的设置

无形资产通常是按实际成本计量,即以取得无形资产并使之达到预定用途而发生的全部支出作为无形资产的成本。应设置"无形资产"账户和"无形资产减值准备"账户进行核算。对于不同来源取得的无形资产,其成本构成不尽相同。

"无形资产"账户用来核算企业各项无形资产价值的增减变化及其余额。其借方登记企业取得的无形资产的历史成本;贷方登记无形资产摊销额或转销的摊余价值;期末借方余额反映尚未摊销的无形资产价值。

"累计摊销"账户核算企业对使用寿命有限的无形资产计提的累计摊销,是无形资产的备抵账户。企业按期(月)计提无形资产的摊销,借记"管理费用""其他业务成本"等账户,贷记本账户;处置无形资产还应同时结转累计摊销记入借方;期末贷方余额反映无形资产的累计摊销。

"研发支出"账户用来核算企业进行研究与开发无形资产过程中发生的各项支出。

该账户为成本类账户。按研究开发项目，分别开设“费用化支出”“资本化支出”进行明细核算。其借方登记企业自行开发无形资产实际发生的研发支出（资本化支出或费用化支出），贷方登记研发项目达到预定用途形成无形资产的研发支出（资本化支出）；期末未达到预定用途没形成无形资产转入“管理费用”用来归集的费用化支出。期末借方余额，反映企业正在进行的无形资产研发项目满足资本化条件的支出。

四、无形资产的取得

（一）外购的无形资产

外购的无形资产，其成本包括购买价款、相关税费以及直接归属于使该项资产达到预定用途所发生的其他支出。其中，直接归属于使该项资产达到预定用途所发生的其他支出包括使无形资产达到预定用途所发生的专业服务费用、测试无形资产是否能够正常发挥作用的费用等，但不包括下列各项支出：

（1）为引入新产品进行宣传发生的广告费、管理费用及其他间接费用；

（2）无形资产已经达到预定用途以后发生的费用。

在无形资产达到预定用途之前发生的其他经营活动的支出，如果该经营活动并非是为使无形资产达到预定用途所必不可少的，有关经营活动的损益应于发生时计入当期损益，而不构成无形资产的成本。

【例 8 - 1】福星公司购入一项专利权，增值税专用发票上价款 250 000 元，税额 15 000元，已用银行存款支付。福星公司应做如下会计分录：

借：无形资产——专利权　　250 000

　应交税费——应交增值税（进项税额）　　15 000

　贷：银行存款　　265 000

（二）投资者投入的无形资产

投资者投入的无形资产的成本，应当按照投资合同或协议约定的价值确定，倘若投资合同或协议约定价值不公允，则应按无形资产的公允价值入账。

【例 8 - 2】某股份有限公司接受 B 公司以其所拥有的专利权作为投资，双方协议约定的价值为 30 000 000 元，所确定的认缴资本为 30 000 000 元。按照市场情况估计其公允价值为 35 000 000 元，已办妥相关手续。公司应做如下会计分录：

借：无形资产　　35 000 000

　贷：实收资本　　30 000 000

　　　资本公积　　5 000 000

（三）土地使用权

企业取得的土地使用权通常应确认为无形资产。土地使用权用于自行开发建造厂房等地上建筑物时，土地使用权的账面价值不与地上建筑物合并计算其成本，而仍作为无形资产进行核算，土地使用权与地上建筑物分别进行摊销和提取折旧。但下列情况除外：

1. 房地产开发企业取得的土地使用权用于建造对外出售的房屋建筑物，相关的土地使用权应当计入所建造的房屋建筑物成本。

2. 企业外购的房屋建筑物，实际支付的价款中包括土地以及建筑物的价值，则应当对支付的价款按照合理的方法（如公允价值）在土地和地上建筑物之间进行分配；如果确实无法在地上建筑物与土地使用权之间进行合理分配的，应当全部作为固定资产核算。

注意：企业改变土地使用权的用途，将其作为用于出租或增值目的时，应将其转为投资性房地产。

【例 8－3】宏泰公司获得一块工业用地 40 年的使用权，发生支出 600 000 元，购买使用权时公司应做如下会计分录：

借：无形资产——土地使用权　　600 000

　贷：银行存款　　600 000

（四）自行开发的无形资产

对于企业自行进行的研究开发项目，无形资产准则要求区分研究阶段与开发阶段两个部分分别进行核算。

1. 研究阶段。研究是指为获取新的技术和知识等进行的有计划的调查，具体包括：为了获取知识而进行的活动，材料、设备、产品、工序、系统或服务替代品的研究，以及新的或经改进的材料、设备、产品、工序、系统或服务的可能替代品的配制、设计、评价和最终选择等。研究阶段的特点在于：

（1）计划性。研究阶段是建立在有计划的调查基础上，即研发项目已经董事会或者相关管理层的批准，并着手收集相关资料、进行市场调查等。

（2）探索性。为进一步的开发活动进行资料及相关方面的准备。

（3）未来成果的不确定性。企业无法证明其研究活动一定能够形成带来未来经济利益的无形资产。例如，某药品公司为研究开发某药品，经董事会或者相关管理层的批准，有计划地收集相关资料、进行市场调查、比较市场相关药品的药性和效用等活动。因此，研究阶段的有关支出在发生时应当费用化计入当期损益。

在研究阶段不会形成阶段性成果，因此企业内部研究阶段的支出，应当全部费用化，于发生时计入当期损益（管理费用）。

2. 开发阶段。开发是指在进行商业性生产或使用前，将研究成果或其他知识应用于某项计划或设计，以生产出新的或具有实质性改进的材料、装置、产品等。开发阶段的特点在于：

(1)具有针对性。

(2)形成成果的可能性较大。由于开发阶段相对于研究阶段更进一步，且很大程度上形成一项新产品或新技术的基本条件已经具备，此时如果企业能够证明满足无形资产的定义及相关确认条件，所发生的开发支出可资本化，确认为无形资产的成本。

具体而言，当开发阶段的有关支出同时满足下列条件时，就可作为无形资产确认，否则仍应计入当前损益：

第一，完成该无形资产以使其能够使用或出售在技术上具有可行性；

第二，具有完成该无形资产并使用或出售的意图；

第三，无形资产产生经济利益的方式，包括能够证明运用该无形资产生产的产品存在市场或无形资产自身存在市场，无形资产将在内部使用，应当证明其有用性；

第四，有足够的技术、财务资源和其他资源支持，以完成该无形资产的开发，并有能力使用或出售该项无形资产；

第五，归属于该无形资产开发阶段的支出能够可靠计量。

3. 内部开发的无形资产的计量。内部开发活动形成的无形资产，其成本由可直接归属于该资产的创造、生产并使该资产能够以管理层预定的方式运作的所有必要支出组成。如参与研究和开发活动的工资及其他有关费用，开发活动消耗的材料，用于研究和开发活动的设备和设施的折旧费等。

在开发无形资产过程中发生的除上述可直接归属于无形资产开发活动以外的其他销售费用、管理费用等间接费用，无形资产达到预定用途前发生的可辨认的无效和初始运作损失，为运行该无形资产发生的培训支出等，不构成无形资产的开发成本。

概括而言，内部开发无形资产的成本仅包括在满足资本化条件的时点，在无形资产达到预定用途前发生的支出总和，对于同一项无形资产在开发过程中达到资本化条件之前已经费用化计入损益的支出，不再进行调整。

4. 内部研究开发费用的账务处理。

(1)在进行会计核算时，企业研究阶段的支出全部费用化，计入当期损益(管理费用)；开发阶段的支出符合条件的才能资本化，不符合资本化条件的计入当期损益(管理费用)。值得注意的是，如果确实无法区分研究阶段的支出和开发阶段的支出，应将其所发生的研发支出全部费用化，计入当期损益。

(2)企业自行开发无形资产发生的研发支出，未满足资本化条件的，借记“研发支出——费用化支出”账户，满足资本化条件的，借记“研发支出——资本化支出”账户，贷记“原材料”“银行存款”“应付职工薪酬”等账户。企业购买正在进行中的研究开发项目，应按确定的金额，借记“研发支出——资本化支出”账户，贷记“银行存款”等账户。

(3)研究开发项目达到预定用途形成无形资产的,借记"无形资产"账户,贷记"研发支出——资本化支出"账户。

【例8－4】某企业自行研究开发一项有效降低碳排放专利技术,在研究开发过程中发生材料费40 000 000元、人工工资10 000 000元,以及用银行存款支付其他费用30 000 000元,总计80 000 000元,其中,符合资本化条件的支出为50 000 000元,期末,该专利技术已经达到预定用途。假定不考虑相关税费,企业应做如下会计分录:

(1)相关费用发生时:

借:研发支出——费用化支出	30 000 000	
——资本化支出	50 000 000	
贷:原材料		40 000 000
应付职工薪酬		10 000 000
银行存款		30 000 000

(2)期末,该项专利技术已经达到预定用途时:

借:管理费用	30 000 000	
无形资产	50 000 000	
贷:研发支出——费用化支出		30 000 000
——资本化支出		50 000 000

五、无形资产的摊销

(一)无形资产使用寿命的确定

无形资产初始确认和计量后,在此后使用该项无形资产期间内应以成本减去累计摊销额(和累计减值损失)后的余额计量。需要强调的是,确定无形资产在使用过程中的累计摊销额,其基础是判断其使用寿命。只有那些使用寿命有限的无形资产,才需要在估计的使用寿命内采用系统合理的方法进行摊销,无法预见无形资产为企业带来未来经济利益期限的视为使用寿命不确定,不应摊销,但应在末期进行减值测试。

无形资产的使用寿命包括法定寿命和经济寿命两个方面,有些无形资产的使用寿命受法律、规章或合同的限制,称为法定寿命。如我国法律规定发明专利权有效期为20年,商标权的有效期为10年。经济寿命是指无形资产可以为企业带来经济利益的年限。由于受技术进步、市场竞争等因素的影响,无形资产的经济寿命往往短于法定寿命,因此,在估计无形资产的使用寿命时,应当综合考虑各方面相关因素的影响,合理确定无形资产的使用寿命。

有些无形资产源自合同性权利或其他法定权利,其使用寿命不应超过合同性权利或其他法定权利的期限;如果企业使用该资产的预期使用期限短于合同性权利或其他法定权利的期限,则应当按照企业预期使用的期限确定其使用寿命。企业至少应当于每年年度终了,对无形资产的使用寿命进行复核,如果有证据表明,无形资产的使用寿命不同于以前的估计,则对于使用寿命有限的无形资产,应改变其摊销年限,并进行处理。对于使用寿命不确定的无形资产,如果有证据表明其使用寿命是有限的,则应视为会计估计变更,并按寿命有限的无形资产的处理原则进行处理。

如果合同或法律没有规定使用寿命的,企业应当综合各方面情况,聘请相关专家进行论证或与同行业的情况进行比较以及参考历史经验等,确定无形资产为企业带来未来经济利益的期限。经过上述努力仍无法合理确定无形资产为企业带来经济利益期限的,才能将其作为使用寿命不确定的无形资产。

(二)残值的确定

使用寿命有限的无形资产,其残值一般为零,除非有第三方承诺在无形资产使用寿命结束时愿意以一定的价格购买该项无形资产,或者存在活跃的市场,通过市场可以得到无形资产使用寿命结束时的残值信息,并且从目前情况看,在无形资产使用寿命结束时,该市场还可能存在的情况下,可以预计无形资产的残值。

残值确定以后,在持有无形资产的期间,至少应于每年年末进行复核,如果无形资产的残值重新估计以后高于其账面价值的,无形资产不再摊销,直至残值降至低于账面价值时再恢复摊销。

(三)使用寿命有限的无形资产摊销

无形资产的摊销期自其可供使用时(即其达到预定用途)开始至终止确认时止。在无形资产的使用寿命内系统地分摊其应摊销金额(应摊销金额是指无形资产的成本扣除残值后的金额,如果已计提减值准备的无形资产,还应扣除已计提的无形资产减值准备累计金额),摊销方法包括直线法、生产总量法等。

当月增加的无形资产,当月开始摊销;当月减少的无形资产,当月不再摊销。

【例8-5】某股份有限公司从外单位购得一项商标权,支付价款12 000 000元,款项已支付,该商标权的使用寿命为10年,不考虑残值的因素,则该公司每月应摊销100 000元。公司应做如下会计分录:

(1)取得商标权

借:无形资产——商标权　　12 000 000

　贷:银行存款　　12 000 000

(2)每月摊销商标权

借:管理费用　　100 000(12 000 000 ÷ 10 ÷ 12)

贷:累计摊销　　100 000

无形资产的摊销一般应计入当期损益,但如果某项无形资产是专门用于生产某种产品的,其所包含的经济利益是通过转入到所生产的产品中体现的,无形资产的摊销费用应构成产品成本的一部分。

(四)使用寿命不确定的无形资产

对于使用寿命不确定的无形资产,在持有期间内不需要摊销,如果期末重新复核后仍为不确定的,应当在每个会计期间进行减值测试。

六、无形资产的处置

无形资产的处置,主要是指无形资产出售、对外出租、对外捐赠,或者是无法为企业带来未来经济利益时,应予转销并终止确认。

(一)无形资产的出租

企业将所拥有的无形资产的使用权让渡给他人,并收取租金。这意味着企业仍拥有该项无形资产占有、使用、收益、处置的权利。受让方只有使用权,没有所有权。因此这项资产仍作为企业的无形资产保留其账面价值,继续进行摊销。该租金收入属于与企业日常活动相关的其他经营活动取得的收入,在满足收入准则规定的确认标准的情况下,应确认相关的收入及成本。

出租无形资产时,取得的租金收入,借记"银行存款"等账户,贷记"其他业务收入"等账户;摊销出租无形资产的成本并发生与转让有关的各种费用支出时,借记"其他业务成本"账户,贷记"累计摊销""银行存款"等账户。

【例8-6】鸿泰公司将一项专利技术出租给另外一个企业使用。协议规定,由受让方按使用其配方制造的产品销量支付使用费,每吨销售额支付100元。假定鸿泰公司履行合同所发生的费用为每吨3元,增值税适用税率为6%,转让期间应负担的无形资产成本为5 000元。鸿泰公司应做如下会计分录:

(1)取得转让收入时:

借:银行存款　　10 600

　贷:其他业务收入　　10 000

　　应交税费——应交增值税(销项税额)　　600

(2)支付转让费时:

借:其他业务成本　　300

　贷:银行存款　　300

(3)结转转让期间的无形资产摊销金额时:

借:其他业务成本　　5 000

贷:累计摊销　　5 000

(二)无形资产的出售

企业将无形资产出售,表明企业放弃无形资产的所有权。这意味着企业放弃对无形资产的占有、使用、处置的权利,而将这些权利转移给购买方。所以应注销无形资产和累计摊销,相关的减值准备也应一并转销。企业出售无形资产不属于《企业会计准则第 14 号——收入》的规范范围,所取得的价款与无形资产摊余价值的差额应确认为营业外收入或营业外支出。

出售无形资产时,应按实际收到的金额,借记"银行存款"等账户;按已摊销的累计摊销额,借记"累计摊销"账户;原已计提减值准备的,借记"无形资产减值准备"账户;按应支付的相关税费,贷记"应交税费"等账户;按其账面余额,贷记"无形资产"账户,按其差额,贷记"营业外收入——处置非流动资产利得"账户或借记"营业外支出——处置非流动资产损失"账户。

【例 8 - 7】某公司将拥有的一项商标权出售,增值税专用发票上注明的价款为 7 000 000元,税额为 420 000 元,共计 7 420 000 元。该商标权的账面余额为 6 000 000 元,累计摊销额为 4 000 000 元。公司应做如下会计分录:

借:银行存款　　7 420 000

　累计摊销　　4 000 000

　贷:无形资产　　6 000 000

　　应交税费——应交增值税(销项税额)　　420 000

　　营业外收入——处置非流动资产利得　　5 000 000

(三)无形资产的报废

如果无形资产预期不能为企业带来未来经济利益,不再符合无形资产的定义,应将其转销。比如,无形资产已被其他新技术所替代,不能为企业带来经济利益;或者无形资产不再受到法律保护,且不能给企业带来经济利益等。例如,甲企业的某项无形资产法律保护期限已过,用其生产的产品没有市场,则说明该无形资产无法为企业带来未来经济利益,应予转销。

无形资产预期不能为企业带来经济利益的,应按已摊销的累计摊销额,借记"累计摊销"账户;原已计提减值准备的,借记"无形资产减值准备"账户;按其账面余额,贷记"无形资产"账户;按其差额,借记"营业外支出"账户。

【例 8 - 8】某公司的某项专利技术,其账面余额为 8 000 000 元,摊销期限为 10 年,采用直线法进行摊销,已摊销了 5 年,假定该项专利权的残值为 0,计提的减值准备为 2 000 000元,今年用其生产的产品没有市场,应予转销。假定不考虑其他相关因素,公司应做如下会计分录:

借:累计摊销　　4 000 000
　　无形资产减值准备　　2 000 000
　　营业外支出——处置非流动资产利得　　2 000 000
　贷:无形资产——专利权　　8 000 000

第二节　其他资产

其他资产是指流动资产、长期投资、固定资产、无形资产等以外的资产,主要包括长期待摊费用、银行冻结存款、涉及诉讼中的财产等。

一、长期待摊费用

(一)长期待摊费用的概念及界定

长期待摊费用是指企业已经支出,但不能全部计入当期损益,应由本期和以后各期分担,摊销期限在1年以上(不含1年)的各项费用,如经营租赁方式租入固定资产的改良支出等。长期待摊费用应当在费用项目的受益期限内分期平均摊销。

在会计实务中,判断一项支出是否作为长期待摊费用时,通常要看它是否具备以下两个条件:一是收益期间一年以上;二是未来会计期间获得的收益能够抵补分期摊销的支出。只有符合上述条件的支出,才能确认为长期待摊费用。

长期待摊费用作为一项非流动资产,它与固定资产和无形资产相比有其自身的特点:

第一,长期待摊费用实质上是一种费用,它是为了一定目的而发生的支出。但由于其支出数额较大,且其受益期限较长,根据权责发生制原则,这些费用不宜全部计入当期损益,而应在其收益期间内分期摊销。从上述意义上讲,长期待摊费用可以看成是一种预付费用。

第二,长期待摊费用作为一项其他资产,它本身没有交换价值,不可转让。虽然把它作为一项资产,但它是一项虚资产,不能为企业清偿债务。

(二)长期待摊费用的核算

为了反映长期待摊费用的形成和摊销情况,应设置"长期待摊费用"账户。该账户属于资产类账户。企业发生长期待摊费用时,借记本账户,贷记"银行存款""原材料"等账户。摊销长期待摊费用时,借记"管理费用""销售费用"等账户,贷方登记本账户。期末借方余额反映尚未摊销完毕的长期待摊费用金额。该账户应按照费用支出的种类设置明细账,进行明细分类核算。

【例8-9】某公司以经营租赁的方式租入一间仓库,租期5年。根据租赁协议,该公司可以对仓库进行改良,所发生的费用由该公司自己承担。该公司对仓库进行了监控和防盗系统的安装,共发生9 000元的支出,以银行存款支付。该公司月摊销改良支出为150元(9 000 ÷5 ÷12),公司应做如下会计分录:

发生改良支出时:

借:长期待摊费用——租入固定资产改良支出　　9 000
　贷:银行存款　　9 000

每月末摊销改良支出时:

借:制造费用　　150
　贷:长期待摊费用——租入固定资产改良支出　　150

二、其他长期资产

(一)其他长期资产的概念与内容

其他长期资产是指不能归入前面提到各项资产的资产。这类资产的特点是为企业所拥有和控制,但不能参加企业正常的生产经营周转,其价值也无须进行摊销。其他长期资产一般包括国家批准储备的特种储备物资、银行冻结存款以及临时设施和涉及诉讼中的财产等。

1. 特种储备物资。特种储备物资是指国家批准储备的,具有专门用途,不参加企业生产经营周转的特种物资,是一种具有某种储藏条件而代为国家储备的物资。一般来说,特种储备物资不属于企业的资产,企业不拥有其所有权,但有保管的责任。其专门用途一般是指国家为应付自然灾害、意外事故等特殊需要而储备的物资。

2. 银行冻结存款。银行冻结存款是指企业由于某种原因被银行冻结,不能支取的存款。由于这部分存款被冻结,不再具有货币资金的支付手段功能,应将其确认为其他资产。

3. 诉讼中的财产。诉讼中的财产是指由于发生产权纠纷,进入司法程序后被法院定为涉及诉讼、尚未判定产权归属的财产。由于这些财产涉及诉讼,不能为企业正常使用,因而应确认为其他资产。

(二)其他资产的核算

其他资产是由于特种原因形成的资产,一般不参加企业的正常生产经营活动,也不是所有企业都拥有的资产,如果企业发生有关其他资产业务,可以设置"其他资产"账户进行核算。该账户属于资产类账户。其借方登记增加的其他资产,贷方登记减少的其他资产。期末借方余额表示实有的其他资产,并依据其他资产的内容设置明细账户,进行明细分类核算。

复习思考题

1. 什么是无形资产？试述无形资产的特征。

2. 无形资产的种类有哪些？

3. 开发阶段，要将有关支出资本化确认为无形资产，必须同时满足哪些条件？

4. 估计无形资产使用寿命应考虑哪些因素？

5. 如何核算无形资产的摊销和处置？

6. 与固定资产和无形资产相比长期待摊费用具有哪些自身的特点？

练习题

1. 红星钢铁厂接受投资者以非专利技术作为投资，投资各方协商价为300 000元，全部手续已办妥。编制相关会计分录。

2. 某企业研制一项新技术，开始并无成功把握。该企业在该新技术的研制过程中发生材料费100 000元，人工费400 000元。研究成功后，申请获得专利权，在申请过程中发生专利登记费60 000元，律师费10 000元。编制相关会计分录。

3. 某企业用银行存款购入一项商标权，价款36 000元，其有效期10年，企业按10年期限，分月摊销。编制相关会计分录。

4. 某企业是增值税一般纳税人，将一项专利权的使用权转让给A企业，取得收入60 000元，转让时发生费用2 500元，以上款项已用银行存款结算。按收入额的6%计算缴纳增值税。编制相关会计分录。

5. 某企业是增值税一般纳税人，出租一项专利权给B企业，取得租金收入500 000元存入银行，并缴纳营业税25 000元，当年该专利权摊销额为50 000元。编制相关会计分录。

第九章　负　债

第一节　负债概述

一、负债的含义

在会计恒等式"资产 = 负债 + 所有者权益"中,左方表明企业各种资金的存在形态,而右方的两个部分表明企业拥有资产的来源,即企业外部出资人对企业资产拥有的权益。这些权益按要求人的不同分为所有者权益和债权人权益两部分,其中债权人的权益称为"负债"。

负债是指企业过去的交易或者事项形成的、预期会导致经济利益流出企业的现时义务。

对于符合负债定义的义务,在同时满足以下条件时,确认为负债:

第一,与该义务有关的经济利益很可能流出企业。

第二,未来流出的经济利益的金额能够可靠地计量。

符合负债定义和负债确认条件的项目,应当列入资产负债表;符合负债定义、但不符合负债确认条件的项目,不应当列入资产负债表。

二、负债的特征

负债不仅包括企业必须依法履行的各种偿付义务,还包括许多并不具有法律约束力的推定义务,如产品质量保证债务。负债主要具有以下特点:

(一)负债是企业过去的交易或事项产生的现时义务

只有当企业实际已经承担了相应的义务时,才能在会计处理中确认这项负债。而未来发生的交易或者事项形成的义务,如公司董事会决定今后计划发行债券,不属于现时义务,不应当确认为负债。

(二)负债是在将来某个时日履行的强制性责任

负债是一种具有强制性的责任,这种强制性源于相关的法律、合同等的规定。例如,根据租赁合同承租房屋引起的应付租金,当合同取消时,企业将要支付的租金不存在了,有关的负债也就消失。强制性规定还包括负债的金额、偿还时间、利率,以及不能按期偿还时的惩罚措施等。

(三)义务的履行必须会导致经济利益的流出

负债的清偿意味着企业经济利益的牺牲。现在的负债代表着企业将来经济利益的付出,导致企业资产的减少。

(四)负债金额能够用货币确切计量或合理估计

能够用货币单位计量是会计要素的基本条件,即使有时不能准确地计量,也能够合理地加以估计。然而企业对当地政府的一些承诺,包括社会治安、计划生育、环境卫生、居民就业等,无法用货币单位计量,不属于负债。

三、负债的分类

按照偿还期限的长短,负债可划分为流动负债和非流动负债。一般来说,流动负债和非流动负债的划分是以1年或超过1年的一个周期为标准。

负债满足下列条件之一的,应当归类为流动负债:①预计在一个正常营业周期中清偿。②主要为交易目的而持有。③自资产负债表日起一年内到期应予以清偿。④企业无权自主地将清偿推迟至资产负债表日后一年以上。流动负债以外的负债应当归类为非流动负债。

值得注意的是,有些流动负债,如应付账款、应付职工薪酬等,属于企业正常营业周期中使用的营运资金的一部分。尽管这些经营性项目有时在资产负债表日后超过一年才到期清偿,但是它们仍应划分为流动负债。

负债按流动性分类,其目的是为了便于分析企业的财务状况和偿债能力。通过了解企业的流动资产和流动负债的相对比例,可以大致反映企业的短期偿债能力;同时,通过对可用于支付的流动资产(包括现金、应收账款等)与近期需支付的流动负债(包括短期借款、应付账款等)的比例,可以了解企业的清偿能力,这都是短期债权人所关注的。长期债权人关注的,是企业从长远来看的获利能力和经济效益,要从企业长期负债的多少与企业拥有的全部资产结构和未来的获利能力,来做出对企业长期负债偿还能力的判断。

第二节　流动负债

一、流动负债的特征及分类

流动负债是指将在 1 年或者超过 1 年的一个营业周期内偿还的债务，包括短期借款、交易性金融负债、应付票据、应付账款、预收账款、应付职工薪酬、应交税费、应付利息、应付股利、其他应付款等。需要说明的是，非流动负债中将于 1 年或超过 1 年的一个营业周期内到期的项目也应计入流动负债，在资产负债表中的流动负债部分的“一年内到期的非流动负债”项目反映。

（一）流动负债的特征

1. 偿还期限短，在债权人提出要求时即期偿付，或在 1 年或超过 1 年的一个营业周期内必须履行的义务。

2. 到期时必须动用资产、提供劳务或举借新的负债来清偿。

（二）流动负债的分类

流动负债可以有多种分类方法，常见的有如下两种：

1. 按照流动负债的应付金额的确定程度分类。

（1）应付金额可以确定的流动负债。这类流动负债一般在确认一项义务的同时，根据合同、协议或法律的规定具有确切的金额、债权人和付款日，并且到期必须归还。属于这类流动负债的有：短期借款、应付利息、应付账款、应付票据、预收账款、应付职工薪酬、其他应付款等。

（2）应付金额须视经营情况而定的流动负债。这类流动负债须待企业在一定的经营期末根据一定时期的经营状况才能计算确定。属于这类流动负债的有：应交税费、应付股利等。

（3）或有负债。这是一类特殊性质的负债，指负债的发生与否尚不确定，需取决于未来某一或更多事项是否发生的负债，如未决诉讼、应收票据贴现和信用担保等。

2. 按照流动负债产生的原因分类。

（1）筹资过程中产生的流动负债。这主要是指企业从银行或其他金融机构筹集资金而产生的流动负债项目，属于这类流动负债的有：短期借款、交易性金融负债、应付利息以及 1 年内到期的非流动负债等。

（2）结算过程中产生的流动负债。这主要是指企业在与外部有关单位进行结算时所产生的流动负债项目，属于这类流动负债的有：企业赊购材料形成的应付账款或应付票据。

(3)经营过程中产生的流动负债。这主要是指企业在核算正常的生产经营活动时,为了实行权责发生制而产生的流动负债项目,属于这类流动负债的有:应付职工薪酬、应交税费等。

(4)收益分配过程中产生的流动负债。这主要是指企业在对所实现的净利润进行分配过程中形成的各种负债项目,属于这类流动负债的有:应付股利或应付利润等。

二、短期借款

(一)短期借款概述

短期借款是指企业向银行或其他金融机构等借入的期限在1年以下(含1年)的各种借款。这部分借款一般是企业为维持正常生产经营所需资金而借入的,或为抵偿某项债务而借入的款项。企业借入的短期借款无论用于哪方面,只要借入了这笔资金,就构成了一项负债。归还借款时,除了归还借入的本金外,还应支付相应的利息。

(二)短期借款的核算

为了核算短期借款的业务,需设置“短期借款”总账账户。该账户贷方登记借入的各种短期借款金额,借方登记已归还的短期借款金额,期末贷方余额为尚未归还的短期借款金额。根据企业核算需要,在该账户下应按债权人设置明细账户,并按借款种类进行明细核算。需要注意的是,“短期借款”账户只记本金数,应计的利息通过“应付利息”和“财务费用”账户核算。

“应付利息”是指预先计入企业损益,但是尚未实际支付的费用,是权责发生制的具体体现,是为了合理计量各个会计期间的费用而采用的一种会计手段。该账户贷方登记按照合同利率计算确定的应付未付利息,借方登记实际支付利息,期末贷方余额为企业应付未付的利息。本账户可按存款人或债权人进行明细核算。

短期借款核算的内容有三个方面:

1. 短期借款的取得。借记“银行存款”账户,贷记“短期借款”账户。

2. 利息的计算与确认。企业发生的短期借款利息如果是按期(如按季)支付或者到期还本付息且金额较大的,按权责发生制原则,可以采用预提的办法,借记“财务费用”账户,贷记“应付利息”账户;支付利息时,借记“应付利息”账户,贷记“银行存款”账户。如果利息是按月支付的或到期还本付息但金额不大的,可以一次性计入财务费用,借记“财务费用”账户,贷记“银行存款”账户。

3. 短期借款的归还。借记“短期借款”账户,贷记“银行存款”账户。

【例9－1】某公司于2015年4月1日因生产经营临时需要，向银行借入短期借款800 000元，期限6个月，年利率6%，利息按季支付。公司应做如下会计分录：

(1)取得借款时：

借：银行存款　　800 000

　贷：短期借款　　800 000

(2)每月计提借款利息时：

月利息＝800 000×6%×1/12＝4 000(元)

4月和5月底计提利息时：

借：财务费用　　4 000

　贷：应付利息　　4 000

6月底支付该季度利息时：

借：财务费用　　4 000

　应付利息　　8 000

　贷：银行存款　　12 000

(3)7月、8月和9月底计提及结付利息时，做会计分录同(2)。

(4)借款到期偿还时：

借：短期借款　　800 000

　贷：银行存款　　800 000

三、应付票据

(一)应付票据的概述

根据《中华人民共和国票据法》的规定，票据指汇票、本票和支票等。汇票分为银行汇票和商业汇票。本节所介绍的应付票据仅限于企业签发的，尚未到期兑现的商业汇票。应付票据是一种期票，是由出票人出票，委托付款人在指定日期无条件支付确定的金额给收款人或者持票人的一种书面证明。

商业汇票按承兑人的不同分为商业承兑汇票和银行承兑汇票。我国有关法规规定，商业汇票的最长付款期限为6个月，因此站在付款方的角度将其作为流动负债进行管理和核算。

(二)应付票据的核算

企业应设置“应付票据”账户，用以核算各种签发、承兑的商业汇票；同时，设置“应付票据备查簿”，详细登记每一笔应付票据的种类、号数、签发日期、到期日、票面金额、合同交易号、收款人以及付款日和金额等详细资料。应付票据到期付清时，应在备查簿内逐笔注销。应付票据按是否带息分为带息票据和不带息票据。

1. 不带息应付票据的处理。不带息应付票据，其面值就是票据的到期值。其开出或偿付，均按面值核算。

(1) 不带息应付票据经过承兑时：

借：材料采购、原材料、库存商品等

　　应交税费——应交增值税（进项税额）

　　贷：应付票据

(2) 偿付不带息应付票据时：

借：应付票据

　　贷：银行存款

2. 带息应付票据的处理。

(1) 带息应付票据承兑后，企业的入账方法与不带息票据相同。

(2) 带息应付票据利息的核算。入账后应付票据的账面价值是否保持不变，取决于票据利息的核算方法。利息处理方法有两种：

第一，按期预提利息支出，借记"财务费用"，同时增加应付票据的账面价值，贷记"应付票据"账户；票据到期时，尚未计提利息的部分借记"财务费用"、已计提的部分借记"应付票据"，贷记"银行存款"账户。值得说明的是我国企业多采用这种方法。

第二，到期支付时一次计入"财务费用"，注意当利息金额不大、期限不长时可以采用这种方法。

(3) 票据到期清偿时，票据的到期值为票据面值与利息之和，借记"应付票据""财务费用"，贷记"银行存款"账户。

【例 9－2】某企业为增值税一般纳税人，采购原材料采用商业汇票方式结算货款，根据有关发票账单，购入材料的实际成本为 10 万元，增值税专用发票上注明的增值税为 1.7 万元。材料已经验收入库。企业开出三个月承兑的商业汇票，并用银行存款支付运杂费。假如该企业采用实际成本进行材料的日常核算，根据上述资料，公司应做如下会计分录：

借：原材料	100 000	
应交税费——应交增值税（进项税额）	17 000	
贷：应付票据		117 000

开出并承兑的商业承兑汇票如果不能如期支付，应在票据到期时将"应付票据"账面价值转入"应付账款"账户，待协商后再行处理。银行承兑汇票如果票据到期，企业无力支付到期票款时，承兑银行除凭票向持票人无条件付款外，对出票人尚未支付的汇票金额转为逾期贷款处理，并按照每天 0.05% 计收利息。

四、应付账款

(一)应付账款的概述

应付账款指企业因购买材料、商品或接受劳务等而发生的应付给供应单位的款项。它与应付票据不同,两者虽然都是由于交易而引起的负债,都属于流动负债,但应付账款是尚未结清的债务,而应付票据是一种期票,是延期付款的证明,有承诺付款的票据作为凭据。

(二)应付账款的核算

应付账款的主要核算问题是确定应付账款的入账时间和入账金额。应付账款的入账时间,原则上应是所购货物所有权转移或接受劳务的时点。实际工作中,如果所购货物和发票账单同时到达,一般是等货物验收入库后才根据发票价格登记应付账款。这主要是为了确认所购入的物资是否在质量、数量和品种上都与合同的条款相符,以免先入账而在验收入库时发现购入物资错、漏、破损等问题再行调账;如果已到期末,发票单据已收到而货物仍未到达,那么,为了正确反映企业的财务状况,应根据发票价格或协议价格登记应付账款,同时记录一项在途物质;如果物资先到,发票账单后到,这笔负债已经成立,应作为一项负债反映。由于应付账款需要根据发票账单登记入账,为了简化,平时暂不入账,月末为了在“资产负债表”上客观反映企业所拥有的资产和承担的债务,在实际工作中采用在月份终了将所购物资和应付债务以暂估价入账,待下月初再做相反的分录予以冲回,等结算凭证收到后再按正常的业务进行账务处理。

企业应设置“应付账款”账户进行核算,同时按供应单位设置明细账,进行明细核算。企业购入材料、商品等验收入库,但货款尚未支付,应根据相关凭证(发票账单、随货同行发票)上记载的实际价款或暂估价值,借记“物资采购”等,按专用发票上注明的增值税额,借记“应交税费——应交增值税(进项税额)”,贷记“应付账款”账户。企业接受供应单位提供劳务而发生的应付未付款项,根据供应单位的发票账单,借记“生产成本”“管理费用”等,贷记“应付账款”账户。企业支付应付账款时,借记“应付账款”、贷记“银行存款”账户;企业开出、承兑商业汇票抵付应付账款,借记“应付账款”、贷记“应付票据”账户。

【例9－3】某企业向庆华公司购入材料一批已验收入库,材料价款为20 000元,适用的增值税税率为17%,尚未支付货款(按实际成本法进行核算)。企业应做如下会计分录:

(1)购进材料,验收入库时:

借:原材料	20 000
应交税费——应交增值税(进项税额)	3 400

贷:应付账款 23 400

(2)支付货款时:

借:应付账款 23 400

贷:银行存款 23 400

(3)假如企业征得庆华公司同意,开出商业承兑汇票一张,面额 23 400 元,期限为 60 天,抵付货款。公司应做如下会计分录:

借:应付账款 23 400

贷:应付票据——商业承兑汇票 23 400

应付账款入账金额涉及两个问题:第一,是否考虑货币的时间价值;第二,如何处理购货的折扣问题。由于应付账款期限不长,一般不考虑货币时间价值;对于产生的现金折扣,有两种处理方法:总价法和净价法。我国规定,应付账款入账金额采用总价法核算,即按发票上记载的应付金额的总值(即不扣除折扣)记账。在这种方法下,应按发票上记载的全部应付金额,借记有关账户,贷记"应付账款"账户;获得的现金折扣,冲减财务费用。

【例 9-4】某企业于 2016 年 3 月 1 日向红星工厂购入材料一批,价款为 600 000 元(不含增值税),增值税税率为 17%,材料当日入库,付款条件为 2/10,1/20,N/30,采用实际成本法核算。企业应做如下会计分录:

(1)3 月 1 日购进材料验收入库:

借:原材料 600 000

应交税费——应交增值税(进项税额) 102 000

贷:应付账款 702 000

(2)若企业在 3 月 1~10 日之间付款:

借:应付账款 702 000

贷:银行存款 687 960

财务费用 14 040

(3)若企业在 3 月 11 日~20 日之间付款:

借:应付账款 702 000

贷:银行存款 694 980

财务费用 7 020

(4)若企业在 3 月 20 日后付款:

借:应付账款 702 000

贷:银行存款 702 000

企业对于确定无法支付的应付账款,直接转入营业外收入,借记"应付账款",贷记

“营业外收入”账户。

五、预收账款

（一）预收账款的概述

预收账款是企业根据双方协议商定，向购货方预先收取一部分货款，需要用以后的商品、劳务等偿付。如果无法履行合同条款，例如，无法交货或提供劳务，企业就应承担如数退还预收款项及相关的责任。预收账款代表了未实现的营业收入，它只有在未来的一个年度或一个营业周期内通过发送商品或提供劳务后才能转化为真正实现的收入。

（二）预收账款的核算

对于预收账款，在核算上有两种方法：一种方法是如果企业预收账款比较多，可以单独设置“预收账款”账户核算，待企业以产品或劳务偿付此项负债后，再进行结算。这种核算方法能完整地反映这项负债的发生及偿付情况，并且便于填列会计报表。另一种方法是预收账款情况不多的企业，可以将预收的货款直接作为应收账款的减项，反映在“应收账款”账户核算。这种方法在“应收账款”账户中能够完整反映与购货方结算的情况，但在填列会计报表时需要根据“应收账款”账户的明细科目进行分析填列。

单独设置“预收账款”账户核算的，其“预收账款”账户的贷方反映预收的货款和补付的货款，例如，向购货单位预收款项时，借记“银行存款”账户、贷记“预收账款”账户；借方反映应收的货款和退回多收的货款，例如企业销售实现时，按实现的收入和应交的增值税销项税额，借记“预收账款”账户，按实现的营业收入，贷记“主营业务收入”账户，按专用发票上注明的增值税额，贷记“应交税费——应交增值税（销项税额）”等账户。期末贷方余额，反映尚未结清的预收款项；如果期末余额在借方，则反映应收的款项。

【例9－5】某公司与菁华商场签订了1 000 000元的销货合同，适用的增值税税率为17%。根据合同规定，4月10日预收货款的40%，余额在5月10日产品送交后由买方补付。公司应做如下会计分录：

1. 假设该企业单独设置“预收账款”账户。

(1)4月10日收到预付的40%货款时：

借：银行存款　　400 000

　贷：预收账款——菁华商场　　400 000

(2)5月10日产品发出时：

借：预收账款　　1 170 000

　贷：主营业务收入　　1 000 000

应交税费——应交增值税(销项税额)　　170 000

(3)订货单位补付货款时:

借:银行存款　　770 000

　贷:预收账款　　770 000

2. 若企业预收的货款很少,未设置"预收账款"账户。

(1)4 月 10 日收到预付的 40% 货款时:

借:银行存款　　400 000

　贷:应收账款——菁华商场　　400 000

(2)5 月 10 日产品发出时:

借:应收账款　　1 170 000

　贷:主营业务收入　　1 000 000

　　应交税费——应交增值税(销项税额)　　170 000

(3)订货单位补付货款时:

借:银行存款　　770 000

　贷:应收账款——菁华商场　　770 000

六、应付职工薪酬

(一)职工薪酬的内容

人工成本是企业在生产经营过程中发生的各种耗费支出的主要组成部分,直接关系到产品成本和产品价格的高低,直接影响企业生产经营的成果。职工薪酬是指企业为获得职工提供的服务或解除劳动关系而给予的各种形式的报酬或补偿。职工薪酬包括短期薪酬、离职后福利、辞退福利和其他长期职工福利。企业提供给职工配偶、子女、受赡养人、已故员工遗属及其他受益人等的福利,也属于职工薪酬。其中短期薪酬是指企业在职工提供相关服务的年度报告期间结束后十二个月内需要全部予以支付的职工薪酬,因解除与职工的劳动关系给予的补偿除外。短期薪酬具体包括:职工工资、奖金、津贴和补贴,职工福利费,医疗保险费、工伤保险费和生育保险费等社会保险费,住房公积金,工会经费和职工教育经费,短期带薪缺勤,短期利润分享计划,非货币性福利以及其他短期薪酬。

(二)职工薪酬的核算

应付职工薪酬的会计处理主要涉及工资额的结算和工资费用分配两个方面。企业应当根据职工提供服务情况和工资标准计算应计入职工薪酬的工资总额,月份终了,按照受益对象计入相关资产的成本或当期费用:生产部门人员的职工薪酬,分别记入生产成本、制造费用或劳务成本;管理部门人员的职工薪酬记入管理费用;销售部门人员的职工薪酬记入销售费用;应由在建工程、研发支出负担的职工薪酬,计入在建工程、研发支出;因解除与职工的劳动关系给予的补偿,计入管理费用。发放时,借记"应付职工薪酬",贷记"银行存款"等账户。

【例9-6】2016年7月,分配公司当月应发工资200万元,其中:生产部门一线人员工资100万元;生产部门管理人员工资20万元;公司管理部门人员工资36万元;公司专设产品销售机构人员工资10万元;建造厂房人员工资22万元;内部开发存货管理系统人员工资12万元。公司应做如下会计分录:

借:生产成本	1 000 000	
制造费用	200 000	
管理费用	360 000	
销售费用	100 000	
在建工程	220 000	
研发支出	120 000	
贷:应付职工薪酬——工资		2 000 000

七、应交税费

企业作为商品的生产和经营者,必须按照国家规定履行纳税义务。对其在一定时期内取得的营业收入和实现的利润,要按照规定向国家缴纳各种税金,在企业发生纳税义务时应该按照权责发生制的原则将有关税费计入费用。这些应交的税金在尚未缴纳之前暂时停留在企业,形成一项负债,就等于借用政府一笔资金,从而形成企业对税务征管机构的负债。目前国家规定的税种主要有:增值税、消费税、城市维护建设税、资源税、土地增值税、房产税、车船使用税、耕地占用税、企业所得税、个人所得税等。

为了全面反映各种税金缴纳情况,设置"应交税费"账户,并设明细账户核算。除企业缴纳的印花税、耕地占用税以及其他不需要预计应交的税金外,其他各种税金都属于"应交税费"账户的核算范围。这个账户的贷方登记应交未交的各种税金,借方登记已缴纳或已经抵扣的各种税金;期末贷方余额为欠交税金额。

(一)应交增值税

增值税是以商品(含应税劳务)在流转过程中产生的增值额作为计税依据而征收的一种流转税。从计税原理上说,增值税是对商品生产、流通、劳务服务中多个环节的新增价值或商品的附加值征收的一种流转税。增值税已经成为中国最主要的税种之一,增值税的收入占中国全部税收的60%以上,是最大的税种。中国从2009年1月1日起,在全国所有地区实施消费型增值税。

由于增值税实行凭增值税专用发票抵扣税款的制度,因此对纳税人的会计核算水平要求较高，要求能够准确核算销项税额、进项税额和应纳税额。但实际情况是有众多的纳税人达不到这一要求，因此《中华人民共和国增值税暂行条例》将纳税人按其经营规模大小以及会计核算是否健全划分为一般纳税人和小规模纳税人。

小规模纳税人的一般认定标准是：从事货物生产或者提供应税劳务的纳税人，以及以从事货物生产或者提供应税劳务为主，并兼营货物批发或者零售的纳税人，年应征增值税销售额在 50 万元以下（含本数）的；除前项规定以外的纳税人，年应税销售额在 80 万元以下的。

一般纳税人的认定标准：除上述小规模纳税人以外的其他纳税人属于一般纳税人。

1. 增值税一般纳税企业。对于一般纳税企业来说，其增值税的缴纳实行税款抵扣制度，即在销售商品或提供劳务环节按销售额计算销项税额，购进环节按其获得的合法扣税凭证计算进项税额，其当期应纳增值税额 = 销项税额 − 进项税额。

（1）一般纳税企业账户设置。根据一般纳税企业的增值税缴税特点，企业应在“应交税费”下设置“应交增值税”和“未交增值税”明细科目进行明细核算。“应交增值税”明细科目的借方发生额，反映企业购进货物或接受应税劳务支付的进项税额、实际已缴纳的增值税等；贷方发生额，反映销售货物或提供应税劳务应缴纳的增值税、出口货物退税、转出已支付或应分担的增值税等；借方余额反映尚未抵扣的增值税。“应交增值税”明细账格式如表 9 − 1 所示。

表 9 − 1 应交增值税明细账

年		凭证		摘要	借方						贷方					借或货	余额
月	日	种类	编号		合计	进项税额	已交税金	减免税款	出口抵减内销产品应纳税额	转出未交增值税	合计	销项税额	出口退税	进项税额转出	转出多交增值税		

“未交增值税”明细科目的期末借方余额反映企业多交（尚未抵扣）的增值税，期末贷方余额反映企业应交的增值税。其基本结构如表 9 − 2 所示。

表 9 − 2 未交增值税明细账

（1）上交上期应交未交的增值税 （2）期末转入的当期多交增值税	（1）期末转入的当期应交未交的增值税
借方余额：多交的增值税	贷方余额：未交的增值税

（2）一般纳税企业增值税的计算。增值税的计算公式为：

当期应纳税额 = 当期销项税额 − 当期进项税额

其中当期销项税额 = 销售额 × 税率，当期进项税额 = 买价 × 税率。如果当期销项税额大于进项税额，其差额就是当期应交的增值税额；如果当期销项税额等于进项税额，当期应交的增值税额就是零；如果当期销项税额小于进项税额，当期不缴纳增值税，其差额可递延到下期抵扣销项税额。销项税额、进项税额的计算应注意以下几点：

①增值税一般纳税人适用的基本税率为17%，低税率为13%、11%、6%。

②这里的应税销售额是指纳税人销售货物或者提供应税劳务向购买方收取的全部价款和价外费用（如手续费、补贴、基金、集资费、返还利润、奖励费、违约金、储备费、运输装卸费、代收款项、代垫款项及其他各种性质的价外收费），但是不包括收取的销项税额。

③进项税额，是纳税人购进货物或者接受应税劳务所支付或者负担的增值税额。准予从销项税额中抵扣的进项税额，限于下列增值税扣税凭证上注明的增值税税额和按规定的扣除率计算的进项税额：第一，从销售方取得的增值税专用发票上注明的金额；第二，从海关取得的完税凭证上注明的增值税额；第三，购进农产品，根据获得的农产品收购发票和农产品销售发票计算准予抵扣的进项税额，按买价和13%的扣除率计算。

不得从销项税额中抵扣的进项税额有：第一，用于非应增值税项目、免征增值税项日、集体福利或者个人消费的购进货物或者应税劳务；第二，非正常损失的购进货物及相应的应税劳务；第三，非正常损失的在产品、产成品所耗用的购进货物或应税劳务；第四，国务院财政、税务主管部门规定的纳税人自用消费品等。

会计核算中，如果企业不能取得有关的扣税证明，则购进货物或接受应税劳务支付的增值税额不能作为进项税额扣税，其已支付的增值税只能计入购进货物或接受劳务的成本。

（3）一般纳税企业的账务处理。根据增值税的上述特征，一般纳税企业在会计处理上的主要特点是：一是在购进阶段，会计处理实行价与税的分离，其依据为增值税专用发票上注明的价款和增值税，属于价款部分，计入购入货物的成本；属于增值税额部分，计入进项税额。二是在销售阶段，销售价格中不再含税，如果定价时企业销售货物或者提供劳务采用销售额和销项税额合并定价的，按公式"销售额＝含税销售额÷（1＋增值税税率）"还原为不含税销售额，并按不含税销售额计算销项税额。

①一般购销业务。对于企业的采购业务，按取得增值税专用发票上注明的增值税额，借记"应交税费——应交增值税（进项税额）"，按专用发票上记载的货款，借记"原材料""库存商品"等，按应付或实际支付的金额，贷记"应付账款""应付票据""银行存款"等科目。购入物资发生的退货，做相反的会计处理。对于企业的销售业务或提供应税劳务业务，按实现的营业收入和按规定收取的增值税额，借记"应收账款""应收票据""银行存款"等，按专用发票上注明的增值税额，贷记"应交税费——应交增值税（销

项税额)”,按实现的营业收入,贷记“主营业务收入”等科目。发生的销售退回,做相反的会计处理。

【例9-7】某企业为增值税一般纳税人,本期购入一批原材料,增值税专用发票上注明的原材料价款为500万元,增值税额为85万元。货款尚未支付,材料已经到达并验收入库。企业当期销售产品收入为1 000万元(不含税价),符合收入确认条件,货款已经收到,适用增值税税率17%,不缴纳消费税(结转销货成本分录略)(该企业采用实际成本法进行日常材料核算)。

购入的原材料验收入库时:

借:原材料　　5 000 000

　应交税费——应交增值税(进项税额)　　850 000

　贷:应付账款　　5 850 000

实现销售时:

销项税额 = 1 000 × 17% = 170(万元)

企业应做如下会计分录:

借:银行存款　　11 700 000

　贷:主营业务收入　　10 000 000

　　应交税费——应交增值税(销项税额)　　1 700 000

②购入免税农业产品。按照增值税暂行条例规定,对农业生产者销售的自产农业产品、古旧图书等部分项目免征增值税。企业销售免征增值税项目的货物,不能开具增值税专用发票,只能开具普通发票。企业购进免税产品,一般情况下不能扣税,但按税法规定,对于购入的免税农业产品等可以按买价(或收购金额)的一定比率计算进项税额,并准予从销项税额中抵扣;这里购入免税农业产品的买价是指企业购进免税农业产品支付给农业生产者的价款。在会计核算时,一是按购进免税农业产品有关凭证上确定的金额(买价)或者按收购金额,扣除一定比例的进项税额,作为购进农业产品的成本;二是扣除的部分作为进项税额,待以后用销项税额抵扣。

【例9-8】某企业为增值税一般纳税人,本期收购农业产品一批,实际支付的价款为200万元,收购的农业产品已验收入库,款项已经支付(该企业采用实际成本法进行日常材料核算)。企业应做如下会计处理:

进项税额 = 200 × 13% = 26(万元)

借:原材料　　1 740 000

　应交税费——应交增值税(进项税额)　　260 000

　贷:银行存款　　2 000 000

③接受投资。接受投资转入的物资,按专用发票上注明的增值税,借记“应交税

费——应交增值税(进项税额)”,按确定的价值,借记“原材料”等科目,按其在注册资本中所占有的份额,贷记“实收资本”或“股本”,按其差额,计入“资本公积”科目。

④接受应税劳务。接受应税劳务,按专用发票上注明的增值税,借记“应交税费——应交增值税(进项税额)”,按专用发票上记载的应当计入加工、修理修配等物资成本的金额,借记“生产成本”“委托加工物资”“管理费用”等,按应付或实际支付的金额,贷记“应付账款”“银行存款”等科目。

⑤视同销售的会计处理。按照增值税暂行条例实施细则的规定,对于企业将自产、委托加工或购买的货物分配给股东或投资者;将自产、委托加工的货物用于非应税项目、集体福利或个人消费等,视同销售货物,需计算缴纳增值税。对于税法上某些视同销售的行为,如以自产产品对外投资,从会计角度看属于非货币性资产交换。因此,会计核算遵照非货币性资产交换准则进行会计处理。但是,无论会计上如何处理,只要税法规定需要缴纳增值税的,就应当计算增值税销项税额,并计入“应交税费——应交增值税(销项税额)”。

【例9-9】甲公司为增值税一般纳税人(适用的增值税税率为17%),本期以自产产品一批对乙公司投资,双方协议按产品的售价作价。该批产品的成本为200万元,假设售价和计税价格均为240万元。假定该笔交易符合非货币性资产交换准则规定的按公允价值计量的条件。另甲公司又将一批自产产品用于办公楼建设,该批产品的成本为100万元,假设售价和计税价格均为150万元。甲公司应分别做如下会计处理:

将自产产品用于投资,属于视同销售行为,应计算销项税额,且因资产所有权发生转移,故应确认销售收入。

以自产品对外投资应计算的销项税额 $=240\times17\%=40.8$(万元)

借:长期股权投资　　2 808 000
　贷:主营业务收入　　2 400 000
　　应交税费——应交增值税(销项税额)　　408 000
借:主营业务成本　　2 000 000
　贷:库存商品　　2 000 000

将自产产品用于办公楼建设,属于视同销售行为应计算销项税额,但由于资产所有权并未发生转移,故不确认销售收入。

借:在建工程　　1 000 000
　贷:库存商品　　1 000 000

⑥不予抵扣的项目。一般纳税企业购进货物用于免征增值税项目、集体福利或者个人消费等,所发生的进项税额不能抵扣,只能随货物的价款一起计入有关的成本或

费用。

企业购进的货物、加工的在产品和产成品等发生了非正常损失，原发生的进项税额不能再用于抵扣，需要从“应交税费——应交增值税（进项税额）”里转出，与货物成本一起作为损失处理。

【例9－10】某商业批发企业在财产清查中，发现短少商品10万元（无税成本），经查明，该批商品为仓库保管员保管不善丢失。处理结果是仓库保管员赔偿1万元，保险公司赔偿2万元。会计处理如下：

待转处理时：

借：待处理财产损益——待处理流动资产损益　　117 000

　贷：库存商品　　100 000

　　应交税费——应交增值税（进项税额转出）　　17 000

处理结果出来时：

借：其他应收款——应收保险公司赔款　　20 000

　　　　　　——应收个人赔款　　10 000

　管理费用　　87 000

　贷：待处理财产损益——待处理流动资产损益　　117 000

⑦缴纳增值税。对于企业来说，上交本月应交的增值税时，应借记“应交税费——应交增值税（已交税金）”，贷记“银行存款”。月度终了，将本月应交未交增值税自“应交税费——应交增值税”明细科目转入“应交税金——未交增值税”明细科目，借记“应交税费——应交增值税（转出未交增值税）”，贷记“应交税费——未交增值税”科目；将本月多交的增值税自“应交税费——应交增值税（转出多交增值税）”明细科目转入“应交税费——未交增值税”明细科目，借记“应交税费——未交增值税”，贷记“应交税费——应交增值税（转出多交增值税）”科目。本月上交上期的增值税，借记“应交税费——未交增值税”，贷记“银行存款”科目。

2. 小规模纳税企业的账务处理。

（1）小规模纳税企业账户设置。小规模纳税企业只需设置“应交税费——应交增值税”明细账户，采用三栏式账户，不需要在“应交增值税”明细账户中设置专栏。

（2）小规模纳税企业增值税计算。由于小规模纳税企业核算不健全，不能提供准确的税务资料，因此对小规模纳税企业采用简易征收办法征收增值税。首先，小规模纳税企业购入货物无论是否取得增值税专用发票，其支付的增值税额均不计入进项税额，不得由销项税额抵扣，应计入购入货物的成本。相应地，其他企业从小规模纳税企业购入货物或接受劳务支付的增值税额，如果不能取得增值税专用发票，也不能作为进项税额抵扣，而应计入购入货物或应税劳务的成本。其次，小规模纳税企业的销售收入按不含税价格计算。

2008 年 11 月修订前的增值税条例规定，小规模纳税人的征收率为 6%。考虑到增值税转型改革后，一般纳税人的增值税负担水平总体降低，为了平衡小规模纳税人与一般纳税人之间的税负水平，促进中小企业的发展和扩大就业，应当降低小规模纳税人的征收率。同时考虑到现实经济活动中，小规模纳税人混业经营十分普遍，实际征管中难以明确划分工业和商业小规模纳税人，因此，2009 年 1 月 1 日起施行的修订后的增值税条例对小规模纳税人不再设置工业和商业两档征收率，将征收率统一降至 3%。

应纳税额 = 不含税销售额 × 征收率

不含税销售额 = 含税销售额 ÷ (1 + 征收率)

(3) 小规模纳税企业的账务处理。

【例 9 - 11】某小规模纳税企业购入材料一批，取得的专用发票中注明货款 20 000 元，增值税 3 400 元，款项以银行存款支付，材料已验收入库（该企业按实际成本法进行日常材料核算）。

购入材料验收入库时：

借：原材料	23 400	
贷：银行存款		23 400

【例 9 - 12】接上题，该小规模纳税企业销售产品一批，所开出的普通发票中注明的货款（含税）为 30 900 元，增值税征收率 3%，款项已存入银行。企业编制会计分录如下：

不含税销售额 = 含税销售额 ÷ (1 + 征收率) = 30 900 ÷ (1 + 3%) = 30 000（元）

应交增值税 = 不含税销售额 × 征收率 = 30 000 × 3% = 900（元）

借：银行存款	30 900	
贷：主营业务收入		30 000
应交税费——应交增值税		900

(二) 应交消费税

消费税是以特定消费品为课税对象所征收的一种税，属于流转税的范畴。在对货物普遍征收增值税的基础上，选择少数消费品再征收一道消费税，目的是为了调节产品结构，引导消费方向，保证国家财政收入。现行消费税的征收范围主要包括：烟，酒，鞭炮，烟花，化妆品，成品油，贵重首饰及珠宝玉石，高尔夫球及球具，高档手表，游艇，木制一次性筷子，实木地板，摩托车，小汽车，电池，涂料等税目，有的税目还进一步划分若干子目。

1. 消费税的特点。消费税具有以下几个特点：

(1) 征收环节单一。消费税和增值税不同，消费税并非在应税消费品的所有环节

征收,只在其生产、委托加工或进口环节实行单环节征税(只有金银首饰钻石饰品在零售环节),批发与零售环节不再征收

(2)计税方法多样。消费税的计算有从价定率、从量定额、复合计税三种方法。

①从价定率法下的消费税应纳税额 = 销售额 × 比例税率,这里的销售额,指的是不含增值税的销售额,如果企业价税合计在一起,应将含增值税的销售额除以(1 + 增值税税率或征收率)换算为不含增值税的销售额。

②从量定额法下的消费税应纳税额 = 销售数量 × 定额税率,这里的销售数量,属于销售应税消费品的,为应税消费品的销售数量;属于自产自用应税消费品的,为应税消费品的移送使用数量;属于委托加工应税消费品的,为纳税人收回的应税消费品数量;进口的应税消费品,为海关核定的应税消费品进口征税数量。

③复合计税法下的消费税应纳税额 = 销售额 × 比例税率 + 销售数量 × 定额税率。

(3)税率差别大。对于不同的消费品,消费税税率差别很大,就其适用的比例税率来说,从 1% 到 56% 设有多档税率。

(4)消费税是价内税,是价格的组成部分。

2. 科目设置。企业按规定应交的消费税,在“应交税费”下设置“应交消费税”明细科目核算。“应交消费税”明细科目的借方发生额,反映实际缴纳的消费税和待扣的消费税;贷方发生额,反映按规定应缴纳的消费税;期末贷方余额,反映尚未缴纳的消费税;期末借方余额,反映多交或待扣的消费税。

3. 会计处理。

(1)产品销售的会计处理。企业销售产品时应缴纳的消费税,应分别情况进行处理:

①企业将生产的产品直接对外销售的,对外销售产品应缴纳的消费税,通过“营业税金及附加”科目核算;企业按规定计算出应交的消费税,借记“营业税金及附加”科目,贷记“应交税费——应交消费税”科目。

②企业将应税消费品用于在建工程、非生产机构等其他方面,按规定应缴纳的消费税,应计入有关的成本。例如,企业以应税消费品用于在建工程项目,应交的消费税计入在建工程成本。

【例 9 - 13】某公司本月份销售 20 辆摩托车,每辆销售价格 4 000 元(不含应向购买方收取的增值税额),货款尚未收到,摩托车每辆成本为 2 500 元。摩托车的增值税税率为 17%,消费税税率为 10%。编制会计分录如下:

应向购买方收取的增值税 = 4 000 × 20 × 17% = 13 600(元)

应缴纳的消费税 = 4 000 × 20 × 10% = 8 000(元)

借:应收账款　　　　93 600

贷:主营业务收入　　80 000

　　应交税费——应交增值税(销项税额)　　13 600

借:营业税金及附加　　8 000

　贷:应交税费——应交消费税　　8 000

借:主营业务成本　　50 000

　贷:库存商品　　50 000

【例9-14】2×11年7月,某企业将其生产的一批应纳消费税产品用于企业的厂房建设,该批产品成本为25万元,对外售价为30万元(不含增值税),该产品的增值税税率为17%,消费税率为10%。对于这项经济业务,企业应做如下会计处理:

$$应交的消费税 = 300\ 000 \times 10\% = 30\ 000(元)$$

借:在建工程　　280 000

　贷:库存商品　　250 000

　　应交税费——应交消费税　　30 000

(2)委托加工应税消费品的会计处理。按照税法规定,企业委托加工的应税消费品,由受托方在向委托方交货时代扣代缴税款(除受托加工或翻新改制金银首饰按规定由受托方缴纳消费税外)。委托加工的应税消费品,委托方用于连续生产应税消费品的,所纳税款准予按规定抵扣。这里的委托加工应税消费品,是指由委托方提供原料和主要材料,受托方只收取加工费和代垫部分辅助材料加工的应税消费品,对于由受托方提供原材料生产的应税消费品,或者受托方先将原材料卖给委托方,然后再接受加工的应税消费品,以及由受托方以委托方名义购进原材料生产的应税消费品,都不作为委托加工应税消费品,而应当按照销售自制应税消费品缴纳消费税。委托加工的应税消费品直接出售的,不再征收消费税。

在会计处理时,需要缴纳消费税的委托加工应税消费品,当委托方提货时,由受托方代收代缴税款。受托方按应扣税款金额,借记"应收账款""银行存款"等科目,贷记"应交税费——应交消费税"科目。委托加工应税消费品收回后直接用于销售的,委托方应将代收代缴的消费税计入委托加工的应税消费品成本,借记"委托加工物资"等科目,贷记"应付账款""银行存款"等科目,待委托加工应税消费品销售时,不需要再缴纳消费税;委托加工的应税消费品收回后用于连续生产应税消费品,按规定准予抵扣的,委托方应按代收代缴的消费税款,借记"应交税费——应交消费税"科目,贷记"应付账款""银行存款"等科目,待用委托加工的应税消费品生产出应纳消费税的产品销售时,再缴纳消费税。

【例9-15】某企业委托外单位加工材料(非金银首饰),原材料价款为20万元,加工费用为5万元,由受托方代收代缴的消费税为0.5万元,材料已经加工完毕验收入库,加工费用尚未支付。假定该企业材料采用实际成本核算。

根据该项经济业务,委托方应做如下会计处理:

①如果委托方收回加工后的材料用于继续生产应税消费品,委托方的会计处理如下:

借:委托加工物资	200 000	
贷:原材料		200 000
借:委托加工物资	50 000	
应交税费——应交增值税(进项税额)	8 500	
应交税费——应交消费税	5 000	
贷:应付账款		63 500
借:原材料	250 000	
贷:委托加工物资		250 000

②如果委托方收回加工后的材料直接用于销售,则委托方的会计处理如下:

借:委托加工物资	200 000	
贷:原材料		200 000
借:委托加工物资	55 000	
应交税费——应交增值税(进项税额)	8 500	
贷:应付账款		63 500
借:原材料	255 000	
贷:委托加工物资		255 000

(三)应交城市维护建设税

为了加强城市的维护建设,扩大和稳定城市维护建设资金的来源,国家开征了城市维护建设税。城市维护建设税与其他税种不同,没有独立的征税对象或税基,而是以增值税、消费税等流转税实际缴纳的税额之和为计税依据,随增值税、消费税等同时附征,本质上属于一种附加税。城市维护建设税规定,纳税人所在地为城市市区的,税率为7%;纳税人所在地为县城、建制镇的,税率为5%;纳税人所在地不在城市市区、县城或建制镇的,税率为1%。这种根据城镇规模不同,差别设置税率的办法,较好地照顾了城市建设的不同需要。企业按规定计算应交的城市维护建设税,借记"营业税金及附加"等、贷记"应交税费——应交城市维护建设税"账户;实际缴纳时,借记"应交税费——应交城市维护建设税"、贷记"银行存款"账户。

(四)应交企业所得税

企业所得税是指对中华人民共和国境内的企业(居民企业及非居民企业)和其他取得收入的组织以其生产经营所得为课税对象所征收的一种所得税。征税对象是纳税人取得的所得,包括销售货物所得、提供劳务所得、转让财产所得、股息红利所得、利息所得、租金所得、特许权使用费所得、接受捐赠所得和其他所得。企业应缴纳的所得税,在"应交税费"账户下设置"应交所得税"明细账户核算;当期应计入损益的所得税,作为一项费用,在净收益前扣除。企业按照一定方法计算计入损益的所得税,借记"所得税费用"、贷记"应交税费——应交所得税"账户。

值得说明的是,企业按照规定实行所得税先征后返的会计处理,应当在实际收到返还的所得税时,冲减当期的所得税费用。

(五)应交教育费附加

教育费附加是对缴纳增值税、消费税的单位和个人征收的一种附加费。作用是发展地方性教育事业,扩大地方教育经费的资金来源。应纳教育费附加=(实际缴纳的增值税、消费税税额)×3%。在会计核算时,应交的教育费附加在"应交税费"账户下设置"应交教育费附加"明细账户。企业按规定计算出应缴纳的教育费附加,借记"营业税金及附加""其他业务成本"等,贷记"应交税费——应交教育费附加"账户;实际缴纳时,借记"应交税费——应交教育费附加"、贷记"银行存款"账户。

(六)房产税、土地使用税、车船税和印花税

房产税是国家对在城市、县城、建制镇和工矿区征收的由产权所有人缴纳的一种税。房产税依照房产原值一次减除10%至30%后的余额计算缴纳。没有房产原值作为依据的,由房产所在地税务机关参考同类房产核定;房产出租的,以房产租金收入为房产税的计税依据。土地使用税是国家为了合理利用城镇土地,调节土地级差收入,提高土地使用效益,加强土地管理而开征的一种税,以纳税人实际占用的土地面积为计税依据,依照规定税额计算征收。车船税由拥有并且使用车船的单位和个人缴纳,按照适用税额计算缴纳。

企业按规定计算应交的房产税、土地使用税、车船税时,借记"管理费用"科目,贷记"应交税费——应交房产税"(或土地使用税、车船税)科目;上交时,借记"应交税费——应交房产税"(或土地使用税、车船税)科目,贷记"银行存款"科目。

印花税是对书立、领受购销合同等凭证行为征收的税款,实行由纳税人根据规定自行计算应纳税额,购买并一次贴足印花税票的缴纳方法。应纳税凭证包括:购销、加工承揽、建设工程承包、财产租赁、货物运输、仓储保管、借款、财产保险、技术合同或者具有合同性质的凭证;产权转移书据;营业账簿;权利、许可证照等。纳税人根据应纳税凭证的性质,分别按比例税率或者按件定额计算应纳税额。企业缴纳的印花税,是由纳税人根据规定自行计算应纳税额以购买并一次贴足印花税票的方法缴纳的税款。即一般情况下,企业需要预先购买印花税票,待发生应税行为时,再根据凭证的性质和规定的比例税率或者按件计算应纳税额,将已购买的印花税票粘贴在应纳税凭证上,并在每枚税票的骑缝处盖戳注销或者划销，办理完税手续。企业缴纳的印花税，不会发生应付未付税款的情况，不需要预计应纳税金额，同时也不存在与税务机关结算或清算的问题。因此，企业缴纳的印花税不需要通过“应交税费”科目核算，于购买印花税票时，直接借记“管理费用”科目，贷记“银行存款”科目。

八、应付股利

股份有限公司的利润按照股东的持股比例来分配，股利是股份公司股东对公司经营净利润的分享。股利的支付有两种基本形式：现金股利和股票股利。应付股利，是指企业经股东大会或类似机构审议批准分配的现金股利或利润。企业股东大会或类似机构审议批准的利润分配方案、宣告分派的现金股利或利润，在实际支付之前，形成企业的负债。

企业董事会或类似机构通过的利润分配方案中拟分配的现金股利或利润，不应确认为负债，但应在附注中披露。

企业经股东大会或类似机构审议批准的利润分配方案，按应支付的现金股利或利润，借记“利润分配”账户，贷记“应付股利”；实际支付现金股利或利润时，借记“应付股利”、贷记“银行存款”等账户。

九、其他应付款

其他应付款，是指企业除应付票据、应付账款、预收账款、应付职工薪酬、应付股利、应交税费、长期应付款等以外的其他各项应付和暂收的款项，包括应付租入固定资产和包装物的租金、存入的保证金、应付统筹退休金以及计算工资过程中的各种代扣应付款项。

在我国会计核算中，设置“其他应付款”账户对其进行核算，企业发生的其他各种应付、暂收款项，借记“管理费用”等账户，贷记“其他应付款”；支付的其他各种应付、暂收款项，借记“其他应付款”、贷记“银行存款”等账户。

第三节 非流动负债

一、非流动负债的特征及分类

非流动负债是指偿还期在一年或者超过一年的一个营业周期以上的负债，包括长期借款、应付债券、长期应付款、专项应付款等。与流动负债相比，长期负债具有偿还期限较长、债务金额大、偿还本息的方式多样化等特点。

（一）非流动负债的特征

企业为了扩大经营规模，添置长期耐用的固定资产，往往需要大量长期资金。为了筹措这些长期资金，企业会采用两种方式：一是发行股票；二是举借长期债务，即举债经营。站在筹资人的立场，与发行股票筹资方式相比，举借非流动负债有以下优点：

1. 非流动负债不影响企业原来的资本（或股权）结构，有利于保持投资者（或股东）控制企业的权利。

2. 非流动负债可以增加投资者所得的盈余。因此，如果企业经营所获得的投资利润率高于非流动负债的利率，剩余利益将全部归投资者（或股东）所有。

3. 在缴纳所得税时，非流动负债的利息支出除资本化以外的，可以作为正常的经营费用从利润总额中扣减。但股利则只能从税后利润中支付，不能作为纳税扣减项目。

当然，非流动负债也有其不足之处，主要表现在：首先，非流动负债可能会带来减少投资者利益的风险。当举债经营的投资利润率低于非流动负债的利率时，就会减少投资者的利益。其次，非流动负债的利息费用可能会成为企业财务上的沉重负担。再次，非流动负债会给企业带来较大的财务风险。非流动负债一般都有明确的到期日，如果企业无法及时支付利息或按期偿还本金，债权人的要求权可能会迫使企业进行破产清算。考虑到举债经营的优点与不足，企业应进行合理的财务决策，适度举债，确定合适的资本结构。

（二）非流动负债的分类

1. 按负债内容分类，非流动负债可分为长期借款、应付债券和长期应付款。

2. 按取得的途径分类，非流动负债可分为三类：从银行取得的非流动负债；从其他金融机构取得的非流动负债；从其他社会组织或个人取得的非流动负债。

3. 按计息和偿还方式分类，非流动负债可分为定期偿还的非流动负债和分期偿还的非流动负债。非流动负债利息的支付方式也可以分为一次付息和分期付息两种。

二、长期借款

（一）长期借款及借款费用的处理原则

长期借款，是指企业从银行或其他金融机构借入的期限在一年以上（不含一年）的借款。企业因借入资金所付出的代价，被称为借款费用。借款费用具体包括借款利息、折价或者溢价的摊销、辅助费用（企业在借款过程中发生的诸如手续费、佣金、印刷费等费用）以及因外币借款而发生的汇兑差额等。对于企业发生的权益性融资费用，例如发行公司股票的佣金，不应包括在借款费用中，应冲减股本溢价。

企业发生的借款费用，有两种方法可供选择：一是可直接归属于符合资本化条件的资产的购建或者生产的，应当予以资本化，计入相关资产成本；二是其他借款费用，应当在发生时直接计入当期损益。

所谓"符合资本化条件的资产"，是指需要经过相当长时间的购建或者生产活动才能达到可使用或者可销售状态的资产，包括固定资产、存货和投资性房地产等。

借款费用允许开始资本化必须同时满足三个条件：

1. 资产支出已经发生。例如，某企业用现金或者银行存款购买所需材料，支付有关职工薪酬等。

2. 借款费用已经发生。例如，建造一幢建设期为2年的厂房，从银行专门借入款项5 000万元，当日开始计息。

3. 为使资产达到预定可使用或者可销售状态所必要的购建或者生产活动已经开始。例如，主体设备的安装、厂房的实际开工建造。

（二）长期借款的核算

当企业借入各种长期借款时，按实际收到的款项，借记"银行存款"科目，贷记"长期借款——本金"账户；按借贷双方之间的差额，借记"长期借款——利息调整"账户。

在资产负债表日，企业应按长期借款的摊余成本和实际利率计算确定的长期借款的利息费用，借记"在建工程""财务费用"等账户，按借款本金和合同利率计算确定的应付未付利息，贷记"应付利息"账户，按其差额，贷记"长期借款——利息调整"账户。

企业归还的长期借款本金，借记"长期借款——本金"账户，贷记"银行存款"账户。

注意：当实际利率与合同利率差异较小的，也可以采用合同利率计算确定利息费用，简化会计核算。

【例9－16】某企业为建造一幢厂房，2014年1月1日借入期限为两年的长期专门借款1 000 000元，款项已存入银行。借款利率为9%，每年付息一次，期满后一次还清本金。2014年初，以银行存款支付工程价款共计600 000元，2015年初又以银行存款支付工程费用400 000元。该厂房于2015年8月底完工，达到预定可使用状态。假定不考虑闲置专门借款资金存款利息收入或者投资收益。根据上述业务，企业应做如下会计分录：

（1）2014年1月1日，取得借款时：

借：银行存款	1 000 000
贷：长期借款——本金	1 000 000

(2)2014 年初，支付工程款时：

借：在建工程　600 000

　贷：银行存款　600 000

(3)2014 年 12 月 31 日，计算 2014 年应计入工程成本的利息时：

借款利息 = 1 000 000 × 9% = 90 000(元)

借：在建工程　90 000

　贷：应付利息　90 000

(4)2014 年 12 月 31 日支付借款利息时：

借：应付利息　90 000

　贷：银行存款　90 000

(5)2015 年初支付工程款时：

借：在建工程　400 000

　贷：银行存款　400 000

(6)2015 年 8 月底，达到预定可使用状态时：

该期应计入工程成本的利息 = (1 000 000 × 9% ÷ 12) × 8 = 60 000(元)

借：在建工程　60 000

　贷：应付利息　60 000

同时：

借：固定资产　1 150 000

　贷：在建工程　1 150 000

(7)2015 年 12 月 31 日，计算 2015 年 9 ~ 12 月应计入财务费用的利息时：

应计入财务费用的利息 = (1 000 000 × 9% ÷ 12) × 4 = 30 000(元)

借：财务费用　30 000

　贷：应付利息　30 000

(8)2015 年 12 月 31 日支付利息时：

借：应付利息　90 000

　贷：银行存款　90 000

(9)2016 年 1 月 1 日到期还本时：

借：长期借款——本金　1 000 000

　贷：银行存款　1 000 000

三、应付债券

债券是指企业为筹集资金而对外发行的期限在一年以上的长期借款性质的书面证

明,约定在一定期限内还本付息的一种书面承诺。它属于一项非流动负债。

(一)一般公司债券

1. 公司债券的发行。企业发行的一年期以上的债券,构成了企业的长期负债。公司债券的发行方式有三种,即面值发行、溢价发行、折价发行。假设其他条件不变,债券的票面利率高于同期银行存款利率时,可按照超过债券票面价值的价格发行,称为溢价发行。溢价是企业以后各期多付利息而事先得到的补偿;如果债券的票面利率低于同期银行存款利率,可按低于债券面值的价格发行,称为折价发行。折价是企业以后各期少付利息而预先给投资者的补偿。如果债券的票面利率与同期银行存款利率相同,可按票面价格发行,称为平价发行。溢价或折价是发行债券企业在债券存续期内对利息费用的一种调整。

支付的债券代理发行手续费及印刷费等费用,如果发行费用大于发行期间冻结的资金所产生的利息收入,按发行费用减去发行期间冻结资金所产生的利息收入后的差额,根据发行债券所筹集资金的用途,分别计入财务费用或相关资产成本。如果发行费用小于发行期间冻结资金所产生的利息收入,按发行期间冻结资金所产生的利息收入减去发行费用后的差额,视同发行债券的溢价收入,在债券存续期间于计提利息摊销,分别计入财务费用或相关资产成本。

企业应设置"应付债券"账户,并在该账户下设置"面值""利息调整""应计利息"等明细账户,核算应付债券发行、计提利息、还本付息等情况。企业发行债券时,按实际收到的款项,借记"银行存款""库存现金"等账户,按债券票面价值,贷记"应付债券——面值"账户,按实际收到的款项与票面价值之间的差额,贷记或借记"应付债券——利息调整"账户。

2. 利息调整的摊销。按照权责发生制,债券的应计利息应按期预提(一般可按年预提),若有溢价或折价,也应同时在债券的存续期间分期摊销。摊销方法应当采用实际利率法。实际利率法是指按照应付债券的实际利率计算其摊余成本及各期利息费用的方法;实际利率是指将应付债券在债券存续期间的未来现金流量,折现为该债券当前账面价值所使用的利率。

企业发行的债券通常分为到期一次还本付息或一次还本、分期付息两种。资产负债表日,对于分期付息、一次还本的债券,企业应按应付债券的摊余成本和实际利率计算确定的债券利息费用,借记"在建工程""财务费用"等账户,按面值和计算确定的应付未付利息,贷记"应付利息"账户,按其差额,借记或贷记"应付债券——利息调整"账户。

对于一次还本付息的债券,应于资产负债表日按摊余成本和实际利率计算确定的债券利息费用,借记"在建工程""财务费用"等账户,按票面利率计算确定的应付未付利息,贷记“应付债券——应计利息”账户,按其差额,借记或贷记“应付债券——利息调整”账户。

采用分期付息、一次还本方式的,在每期支付利息时,借记“应付利息”账户,贷记“银行存款”账户;债券到期偿还本金并支付最后一期利息时,借记“应付债券——面值”“在建工程”“财务费用”等账户,贷记“银行存款”账户,按借贷双方之间的差额,借记或贷记“应付债券——利息调整”账户。

采用一次还本付息方式的,企业应于债券到期支付债券本息时,借记“应付债券——面值、应计利息”账户,贷记“银行存款”账户。

【例9-17】某企业2011年1月1日发行5年期面值为1 000 000元的债券用于日常生产经营活动。票面利率为6.5%,实际利率为5%。企业按1 064 942元的价格出售。该债券每年年末付息一次,到期一次还本。编制会计分录如下:

企业根据上述资料,采用实际利率法和摊余成本计算确定的利息费用,如表9-3所示。

表9-3 利息费用一览表 单位:元

付款日期	(1)支付利息	(2)利息费用	(3)摊销的利息调整 (1)-(2)	(4)应付债券摊余成本 上年(4)-(3)
2011年1月1日	1 000 000×6.5%	(4)×5%		1 064 942
2011年12月31日	65 000	53 247	11 753	1 053 189
2012年12月31日	65 000	52 659	12 341	1 040 848
2013年12月31日	65 000	52 042	12 958	1 027 890
2014年12月31日	65 000	51 395	13 605	1 014 285
2015年12月31日	65 000	50 715	14 285*	1 000 000

*尾数调整。

(1)收到发行债券款时:

借:银行存款 1 064 942

  贷:应付债券——面值 1 000 000

    ——利息调整 64 942

(2)2011年12月31日计提利息时:

2011年财务费用=1 064 942×5% =53 247(元)

2011年应计利息=1 000 000×6.5% =65 000(元)

2011年利息调整=65 000-53 247=11 753(元)

借:财务费用 53 247
　应付债券——利息调整 11 753
　贷:应付利息 65 000

(3)2012 年 12 月 31 日计提利息时:

2012 年财务费用 =(1 064 942 - 11 753) ×5% =52 659(元)

2012 年应计利息 =1 000 000 ×6.5% =65 000(元)

2012 年利息调整 =65 000 - 52 659 = 12 341(元)

借:财务费用 52 659
　应付债券——利息调整 12 341
　贷:应付利息 65 000

(4)2013 年 12 月 31 日计提利息时:

借:财务费用 52 042
　应付债券——利息调整 12 958
　贷:应付利息 65 000

(5)2014 年 12 月 31 日计提利息时:

借:财务费用 51 395
　应付债券——利息调整 13 605
　贷:应付利息 65 000

(6)2015 年 12 月 31 日债券到期时:

借:财务费用 50 715
　应付债券——利息调整 14 285
　贷:应付利息 65 000
借:应付债券——面值 1 000 000
　贷:银行存款 1 000 000

(二)可转换公司债券

可转换公司债券(简称公司转换债券),是一种可以在特定时间,按特定条件转换为普通股股票的特殊企业债券。可转换债券兼具有债券和股票的双重特性,有以下三个特点:

(1)与其他债券一样,可转换债券也有规定的利率和期限。投资者可以选择持有债券到期,收取本金和利息。

(2)可转换债券在转换成股票之前是纯粹的债券,但在转换成股票之后,原债券持有人就由债权人变成了公司的股东,可参与企业的经营决策和红利分配。

(3)可转换性是可转换债券的重要标志,债券持有者可以按约定的条件将债券转换成股票。转股权是投资者享有的、一般债券所没有的选择权。

我国发行可转换公司债券采取记名式无纸化发行方式，债券最短期限为3年，最长期限为5年。企业发行的可转换公司债券在“应付债券”账户下设置“可转换公司债券”明细账户核算。

四、长期应付款

长期应付款，是指企业除长期借款和应付债券以外的其他各种长期应付款项，包括应付融资租入固定资产的租赁费、以分期付款方式购入固定资产等发生的应付款项等。

在我国会计核算中，设置“长期应付款”账户对其进行核算，本账户可按长期应付款的种类和债权人进行明细核算。

五、预计负债

企业在生产经营过程中，还会发生一些预计可能产生的负债，如对外提供担保、未决诉讼、产品质量保证等。企业应规定确认的标准，合理地计提各项很可能发生的负债。对预计可能发生的负债应设置“预计负债”账户来核算。该账户的贷方记增加，借方记减少，余额在贷方，反映企业已预计尚未支付的债务。该账户按预计负债项目设置明细账。

复习思考题

1. 什么叫流动负债？流动负债有哪些分类方法？
2. 应付账款的入账时间和入账金额如何确定？
3. 企业应交的税费包括哪些内容？
4. 小规模纳税人和一般纳税人如何划分？其各自的核算特点是什么？
5. 职工薪酬包括哪些内容？
6. 与发行股票筹资方式相比，非流动负债有哪些优点？
7. 长期借款费用的内容包括哪些？
8. 长期借款费用开始资本化的条件有哪些？

练习题

1. 某企业2015年发生以下经济业务：

(1)1月15日，向银行借入短期借款50 000元。

(2)2月20日，向阳光公司购入材料，价款100 000元，增值税为17 000元，按合同规定开出期限为3个月的银行承兑汇票一张，年利率为7.5%。

(3)5月20日，企业3个月前开出的汇票到期，但因资金不足无力支付到期票款。

(4)6月30日，经计算6月份应付工资总额130 000元，其中生产工人工资80 000元，车间管理人员工资20 000元，厂部管理人员工资25 000元，在建工程人员工资5 000元。

(5)2015年12月10日宣布分配利润420 000元。

要求：根据上述资料，编制该企业相关经济业务的会计分录。

2. 甲公司接受一批订货合同，按合同规定，货款金额总计400 000元，预计6个月完成。订货方预付货款40%，另外60%待完工发货后再支付。该货物的增值税税率为17%。

要求：根据上述资料，编制该公司有关的经济业务的会计分录。

3. 某制造企业为一般纳税人，使用的增值税税率为17%，消费税税率为10%，库存材料采用实际成本核算，销售收入(或计税价格)均为不含增值税销售额。该企业2016年3月份发生如下经济业务：

(1)销售应税消费品一批，专用发票注明价款为300万元，增值税为51万元，该批产品成本为230万元，价款和增值税均未收到。

(2)工程领用本企业生产的应交消费税的产品，该产品成本为500万元，计税价格为700万元。

要求：根据上述资料，编制该企业有关的经济业务的会计分录(为简化核算，不考虑城市维护建设费和教育费附加)。

4. 某企业为小规模纳税人，本期购入原材料一批，增值税专业发票上记载售价为300 000元，增值税51 000元，企业开出商业承兑汇票，材料已验收入库。该企业本期销售产品，开出一张普通发票，发票注明售价847 999元，货款尚未收到。

要求：根据上述资料，编制该企业有关经济业务的会计分录。

5. 2015年4月1日，企业向银行借入短期借款50 000元，年利率为6%，期限为6个月，到期一次还本付息。该企业按季计提利息，9月30日，连本带息一次偿还。

要求:根据上述资料,编制该企业有关的经济业务的会计分录。

6. 某企业为了建造某项固定资产,于 2013 年 1 月 1 日从某商业银行借入期限为 3 年的人民币长期借款 500 万元,年利率为 10%,每年计息一次,单利计算,于借款期满一次归还借款及利息。根据企业会计准则的相关规定,这些借款费用可全额予以资本化处理。

要求:根据上述资料,编制该企业有关经济业务的会计分录。

第十章　所有者权益

第一节　所有者权益概述

一、所有者权益的概念

我国《企业会计准则——基本准则》第五章第二十六条规定:“所有者权益是指企业资产扣除负债后由所有者享有的剩余权益。”它是企业资产中扣除债权人权益后应由所有者享有的部分,既可反映所有者投入资本的保值增值情况,又体现了保护债权人权益的理念。这可以通过对基本会计方程式“资产 = 负债 + 所有者权益”的转换推导而得出,即

所有者权益 = 资产 − 负债

企业资产的来源有两个方面:负债和所有者权益。负债和所有者权益统称为权益,其含义是对企业资产的要求权。但是,二者之间又存在着明显的区别。

第一,对象不同。负债是对债权人负担的经济责任,所有者权益是对投资者负担的经济责任。

第二,性质不同。负债是在经营或其他事件中发生的债务,是债权人要求企业清偿的权利;所有者权益是投资人享有的对投入资本及其运用所产生盈余(或亏损)的权利。

第三,享有权利不同。债权人享有到期收回本金及利息的权利,在企业清算时,有优先获取企业用于清偿债务的资产的要求权,但没有经营决策的参与权和收益分配权;所有者享有参与收益分配、参与经营管理等多项权利,但对企业资产的要求权在顺序上置于债权人之后,即拥有的是对剩余资产的要求权。

第四,偿还期限不同。负债必须于一定时期偿还。为了保证债权人的利益不受侵害,法律规定债权人对企业资产的要求优先于投资者,因此债权又称为第一要求权。所有者权益在企业持续经营的情况下,一般不存在抽回的问题,即不存在约定的偿还日

期，而是企业的一项可以长期使用的资金，只有在企业清算时才予以偿还。投资者拥有的对剩余财产的要求权，又称为剩余权益。

第五，风险和收益不同。债权人获取的利息一般是按一定利率计算、预先可以确定的固定数额，无论盈亏，企业都要按期付息，风险较小，相应地债权人所获得的收益也较小。所有者能够获得多少收益，需视企业的赢利水平及经营政策而定，风险较大，相应地收益也较高，当然，也有可能要承担更大的损失。

二、所有者权益的来源构成

所有者权益的来源包括所有者投入的资本、直接计入所有者权益的利得和损失、留存收益等。直接计入所有者权益的利得和损失，是指不应计入当期损益、会导致所有者权益发生增减变动的、与所有者投入资本或者向所有者分配利润无关的利得或者损失。所有者权益通常由实收资本（股本）、资本公积、盈余公积和未分配利润构成。

（一）投入资本

投入资本是指所有者在企业注册资本的范围内实际投入的资本。所谓注册资本，是指企业在设立时向工商行政管理部门登记的资本总额，也就是全部出资者设定的出资额之和。企业对资本的筹集，应该按照法律、法规、合同和章程的规定及时进行。如果是一次筹集的，投入资本应等于注册资本；如果是分期筹集的，在所有者最后一次缴入资本以后，投入资本应等于注册资本。注册资本是企业的法定资本，是企业承担民事责任的财力保证。

在不同类型的企业中，投入资本的表现形式有所不同。在股份有限公司，投入资本表现为实际发行股票的面值，也称为股本；在其他企业，投入资本表现为所有者在注册资本范围内的实际出资额，也称为实收资本。

（二）资本公积

资本公积是指投资者或他人投入到企业、所有权归属于全体投资者，并且金额上超过注册资本部分的资本以及直接计入所有者权益的利得和损失。在我国，资本公积的主要用途是用来转增资本，不能用于弥补以前年度的亏损。

（三）盈余公积

盈余公积是从净利润中提取的，具有特定用途的资金，包括法定盈余公积、任意盈余公积。根据我国《公司法》的规定，公司应当按照税后净利润提取10%的法定公积金。公司法定公积金累计额为公司注册资本的50%以上的，可以不再提取。公司从税后净利润中提取法定公积金后，经董事会或者股东大会决议，还可以从税后净利润中提取任意公积金。

(四)未分配利润

未分配利润是企业历年净利润分配后的剩余部分。该部分可以留待以后年度进行分配或转增资本。当年未分配利润的数额等于企业当年实现的税后利润加上年初未分配利润,减去当年提取的盈余公积及当年分配利润后的余额。

第二节 投入资本

一、投入资本概述

(一)投入资本的法律规定

我国有关法律规定,投资者设立企业首先必须投入资本。《企业法人登记管理条例》明确规定,企业申请开业,必须具备符合国家规定并与其生产经营和服务规模相适应的资金数额。

投入资本就是投资人投入企业的"本钱",它是企业开展生产经营活动的必要物质基础。投入资本具体表现为投资者实际投入企业经营活动的各种财产物资。投资人可以用货币资金、存货、固定资产、知识产权和土地使用权等各种形式的资产对企业投资。所有者向企业投入的资本,在一般情况下不需要偿还,可供企业长期周转使用。

(二)投入资本的分类

投入资本按照所有者的性质不同,可以分为国家投入资本、法人投入资本、个人投入资本和外商投入资本。

1. 国家投入资本。国家投入资本是指有权代表国家投资的政府部门或者机构以国有资产投入企业所形成的资本。

2. 法人投入资本。法人投入资本是指我国具有法人资格的单位以其依法可以支配的资产投入企业所形成的资本。

3. 个人投入资本。个人投入资本是指我国公民以其合法财产投入企业所形成的资本。个人对股份制企业进行投资时,通常以购买股票的方式进行。

4. 外商投入资本。外商投入资本是指外国投资者以及我国香港、澳门和台湾地区的投资者将资产投入企业所形成的资本。

(三)投入资本的计量

根据我国法律规定,投资人可以用货币方式投资,也可以用固定资产和各种存货投资,符合国家规定比例的,还可以以无形资产进行投资,并且按规定正确计价。

1. 以货币投资的计量。投资者以货币方式投资,包括以人民币投资和以外币投资。我国企业投资者一般以人民币投资，企业应于实际收到和存入银行的时间和金额入账。

2. 以实物资产投资的计量。投资者如果以房屋、建筑物、机器设备等固定资产和原材料等实物资产投资，应当按照投资合同或协议约定价值确定这些实物资产的入账价值，但合同或协议约定价值不公允的除外。

3. 以无形资产投资的计量。投资者以专利权、专有技术、商标权、土地使用权等无形资产投资，应当按照投资合同或协议约定的价值确定，在投资合同或协议约定价值不公允的情况下，应按无形资产的公允价值入账。

二、投入资本的核算

（一）有限责任公司实收资本的核算

1. 设置的账户。有限责任公司为了核算企业实际收到的投入资本，应设置“实收资本”账户。该账户属于所有者权益类账户，贷方登记企业所有者投入企业各种资产的价值，借方登记按法定程序减少注册资本的数额；期末贷方余额表示企业实有的资本数额。该账户按投资者设立明细账，进行明细分类核算。

2. 主要账务处理。有限责任公司增加资本的途径主要有三条：一是所有者投入资本（包括原企业所有者和新投资者投入）。账务处理为，借记“银行存款”“原材料”“固定资产”“无形资产”等账户，贷记“实收资本”账户。二是将资本公积转为实收资本。账务处理为借记“资本公积”账户，贷记“实收资本”账户。三是将盈余公积转为实收资本。账务处理为，借记“盈余公积”账户，贷记“实收资本”账户。

【例10－1】豫兴公司2016年1月1日创立时，A、B两位投资人各投资1 500万元组成。其中A投资1 500万元现金；B用专有技术和使用过的固定资产作价投资。专有技术投资合同约定价值400万元，固定资产的投资合同约定价值1 100万元。企业在收到投资者投入的资产时，应做如下会计分录：

借：银行存款	15 000 000	
贷：实收资本——A		15 000 000
借：固定资产	11 000 000	
无形资产	4 000 000	
贷：实收资本——B		15 000 000

【例10－2】宏鑫公司经批准同意，将资本公积120 000元转增资本，应做如下会计分录：

借：资本公积	120 000	
贷：实收资本		120 000

(二)股份有限公司股本的核算

股份有限公司,其全部资本分为等额股份,股东以其所持股份为限对公司承担有限责任,公司以其全部资产对公司的债务承担责任。

1. 设置的账户。股份有限公司为了核算企业实际收到的投入资本,应设置"股本"账户。该账户属于所有者权益类账户,贷方登记在核定的股份总额范围内实际发行的股票票面总额,借方登记按照法定程序经批准减少的股本总额,期末贷方余额反映企业期末实有股本的数额。公司应设置股本备查簿详细记录核定的股本总额、股份总数、每股面值以及已认购股本的情况,并按股票种类及股东姓名设置明细账。

在实际工作中,企业发行股票取得的收入与股本总额往往不一致,通常有三种情况:一是公司发行股票取得的收入大于股本总额,即溢价发行;二是小于股本总额,即折价发行;三是等于股本总额,即面值发行。我国《公司法》规定,股票发行价格可以按票面金额,也可以超过票面金额,但不得低于票面金额,即不允许折价发行股票。在采用溢价发行股票的情况下,企业应将相当于股票面值的部分记入"股本"科目,其余部分在扣除发行手续费、佣金等发行费用后记入"资本公积"科目。

2. 主要账务处理。股份有限公司发行股票,在收到现金等资产时,按实际收到的金额,借记"库存现金""银行存款" 等账户,按股票面值和核定的股份总额的乘积计算的金额,贷记"股本"账户,按其差额,贷记"资本公积——股本溢价"账户。

【例 10-3】弘达股份有限公司 2015 年上市,发行普通股 2 000 万股,每股面值 1 元,发行价 1.2 元,公司在股票发行过程中,支付手续费、佣金等相关费用 75 万元。该公司应做如下会计分录:

借:银行存款　　23 250 000

　贷:股本——普通股　　20 000 000　(20 000 000 ×1)

　　资本公积——股本溢价　　3 250 000　(20 000 000 ×0.2 -750 000)

(三)减资

企业投入资本的减少将涉及投资者对企业投资的收回,会对企业资本实力造成较大的影响,并影响到企业生产经营过程的各个环节,对于债权人来讲将增加其债权的风险。因此,国家对企业资本的减少有非常严格的规定。企业应严格按照规定办理减资手续,并对减资业务进行及时、正确的核算。

1. 有限责任公司按法定程序减少注册资本

企业按法定程序报经批准减少注册资本的,借记"实收资本"科目,贷记"库存现金""银行存款"等科目。

2. 股份有限公司收购股票进行减资

为了核算股份有限公司股份回购的业务,需要设置"库存股"科目进行核算,该科目是所有者权益类科目，核算企业收购、转让或注销的本公司股份金额。库存股的特性和未发行的股票类似，没有投票权或是分配股利的权利，而公司解散时也不能变现。主要账务处理包括：

(1)企业为减少注册资本而收购本公司股份的，应按实际支付的金额借记"库存股"科目，贷记"银行存款"等科目。

(2)企业注销库存股，应按股票面值和注销股数计算的股票面值总额，借记"股本"科目，按注销库存股的账面余额，贷记"库存股"科目，按其差额，冲减股票发行时原已记入资本公积的溢价部分，借记"资本公积——股本溢价"科目，股本溢价不足冲减的，应依次冲减盈余公积、未分配利润，借记"盈余公积""利润分配——未分配利润"科目；如回购价格低于回购股份所对应的股本，所注销库存股的账面余额与所冲减股本的差额作为增加股本溢价处理，按回购股份所对应的股本面值，借记"股本"科目，按注销库存股的账面余额，贷记"库存股"科目，按其差额，贷记"资本公积——股本溢价"科目。

第三节　资本公积和其他综合收益

一、资本公积的性质和内容

(一)资本公积的性质

资本公积是指投资者或他人投入到企业、所有权归属于全体投资者并且金额上超过法定资本部分的资本以及直接计入所有者权益的利得和损失。从形成来源上看，资本公积不是由企业实现的净利润转化而来的。从本质上讲，资本公积应属于投入资本范畴，它与留存收益有着本质的区别。在进行会计核算时，应该区别对待资本公积和留存收益。

首先，要正确区分资本公积与实收资本。两者都属于投入资本的范畴，但是实收资本一般是投资者投入的、为谋求价值增值即为获取投资回报的原始投资，属于法定资本，与企业的注册资本相一致。计入各投资者名下的实收资本金额，表明各投资者在企业所拥有的产权份额，同时也是各投资者分配利润的依据。因此，实收资本无论是在来源上，还是金额上，都有比较严格的限制。资本公积有其特定的来源，其主要来源是资本(股本)溢价，是企业投入资本(实缴资本超过股票面值或资本设定价值的部分)，只是由于法律的规定而无法直接以资本的名义出现。此外，资本公积还包括直接计入所有者权益的利得和损失。不同来源形成的资本公积不是由某一投资者所拥有，而是由企业所有投资者共同享有。

其次,要区分资本公积与留存收益。资本公积与盈余公积尽管同属企业公积金,并归企业所有者共同拥有,但两者的形成来源截然不同。盈余公积与未分配利润是企业生产经营活动产生的结果,是企业实现净利润的转化形式,而且可以分配给投资者(股东)。而资本公积的形成有其特定的来源,是企业投资者(股东)投入资本的一部分,从本质上讲具有资本的属性,与企业的净利润无关。投资者投入的资本通常被视为企业的永久性资本,一般不得任意支付给投资者(股东)。只有在企业清算时,在清偿所有负债之后才能将剩余部分返还给投资者(股东)。

(二)资本公积的内容

资本公积的内容主要包括资本(股本)溢价和其他资本公积。

资本(股本)溢价是指企业在筹集资金的过程中,投资者投入的超过其注册资本(股本)中所占份额的投资额。溢价发行股票、投资者超额缴入资本等是形成资本(股本)溢价的主要原因。

其他资本公积是指股本溢价(或资本溢价)以外的资本公积,主要包括直接计入所有者权益的利得和损失。直接计入所有者权益的利得和损失,是指不应计入当期损益、会导致所有者权益发生增减变动的、与所有者投入资本或者向所有者分配利润无关的利得或者损失。

二、资本公积的核算

(一)设置的账户

企业应设置"资本公积"账户来总括反映资本公积的增减变动情况。它属于所有者权益类账户,贷方登记资本公积的增加数,借方登记资本公积的减少数;期末贷方余额表示企业实有的资本公积的数额。本账户应当分别"资本(股本)溢价""其他资本公积"进行明细分类核算。直接计入所有者权益的利得和损失也通过本账户进行核算。

(二)主要账务处理

1. 资本或股本溢价的核算。资本溢价是指投资者缴付企业的出资额大于该所有者在企业注册资本中所占有份额的数额。在企业重组并有新的投资者加入时,为了维护原有投资人的权益,新加入的投资者应投入比其资本比例份额更多的资金。新投资者多付出的资金称为资本溢价。

企业收到投资者投入的资本时,应按收到的投资额,借记"银行存款"等账户,按其资本份额贷记"实收资本"账户,差额贷记"资本公积"账户。

【例 10-4】某有限责任公司由甲、乙两位投资者各出资 200 万元设立,经过 3 年的经营后,丙投资者愿意投资该企业,为获得 1/3 与原投资者相同的投资比例,丙愿意出 250 万元。该公司应做如下会计分录:

借：银行存款　　2 500 000
　贷：实收资本　　2 000 000
　　资本公积——资本溢价　　500 000

股本溢价是指股份有限公司溢价发行股票时实际收到的款项大于股票面值总额的数额。

委托证券代理商发行股票而支付的手续费、佣金等，应从溢价发行收入中扣除。面值发行或溢价收入不足以支付发行费用的，应将发行收入等于股票面值的部分计入"股本"账户，不足部分冲减留存收益。

【例10－5】豫兴公司委托证券公司代理发行普通股200万股，每股面值1元，按每股1.2元的价格发行。公司与受托单位约定，按发行收入的3%支付手续费，从发行收入中扣除。假如收到的股款已存入银行。根据资料，企业应做如下会计分录：

公司收到受托发行单位交来价款＝200×1.2×(1－3%)＝232.8(万元)

应记入"资本公积"账户的金额＝40(溢价收入)－7.2(发行手续费)＝32.8(万元)

借：银行存款　　2 328 000
　贷：股本　　2 000 000
　　资本公积——股本溢价　　328 000

2. 其他资本公积的核算。其他资本公积，是指除资本溢价(股本溢价)项目以外形成的资本公积，其中主要包括直接计入所有者权益的利得和损失。例如：企业的长期股权投资采用权益法核算的，在持股比例不变的情况下，被投资单位除净损益以外所有者权益的其他变动，企业按持股比例计算应享有的份额，借记"长期股权投资——所有者权益其他变动"账户，贷记"资本公积——其他资本公积"。

3. 资本公积转增资本的核算。资本公积用于转增资本时，在办理增资手续后，借记"资本公积"账户，贷记"实收资本"账户。

三、其他综合收益

综合收益，是指企业在某一期间除与所有者以其所有者身份进行的交易之外的其他交易或事项所引起的所有者权益变动。综合收益总额项目反映净利润和其他综合收益扣除所得税影响后的净额相加后的合计金额。其他综合收益，是指企业根据其他会计准则规定未在当期损益中确认的各项利得和损失，具体区分为以后会计期间不能重分类进损益的其他综合收益项目和以后会计期间在满足规定条件时将重分类进损益的其他综合收益项目两大类。

第四节 留存收益

一、留存收益的性质和内容

(一)留存收益的性质

留存收益是指企业从历年实现的利润中提取或留存于企业的内部积累,它来源于企业的生产经营活动所实现的净利润,是从企业内部形成的资本,在性质上与所有者投入资本一样,属于所有者权益,是所有者权益的重要组成部分。

(二)留存收益的内容

留存收益包括企业的盈余公积和未分配利润两个部分。

基于保证企业均衡发展、保障债权人利益、改善职工生活福利条件的目的,我国《公司法》规定,企业在赢利年度必须在净利润中提取一定比例的积累用于利润分配以外的其他指定用途,这部分具有特定用途的留存收益在我国称为盈余公积。没有指定用途的留存收益被称为未分配利润。

1.盈余公积。

(1)利润分配的程序。企业实现的净利润加上年初未分配利润即为当年可供分配的利润。弥补以前年度亏损以后,其他主要分配内容和程序如下:

①提取法定盈余公积金。是指企业按照本年实现净利润的一定比例提取的盈余公积金。根据公司法的规定,公司制企业(包括国有独资公司、有限责任公司和股份有限公司)按净利润的10%提取;其他企业可以根据需要确定提取比例,但至少应按10%提取。企业提取的法定盈余公积金累计额已达到注册资本的50%时,可以不再提取。

②提取任意盈余公积金。公司制企业提取法定盈余公积金后,经过股东大会决议,可以提取任意盈余公积金;其他企业也可以根据需要提取任意盈余公积金。任意盈余公积金的提取比例由企业视情况而定。

③向投资者分配利润。企业提取法定盈余公积金后,可以按规定向投资者分配利润。企业如果发生亏损,可以用以后年度实现的利润弥补,也可以用以前年度提取的盈余公积金弥补。企业以前年度亏损未弥补完,不能提取法定盈余公积金。在提取法定盈余公积金前,不得向投资者分配利润。

(2)盈余公积的用途。提取盈余公积的目的是为了避免企业过量分配,为企业的进一步发展积累必要的后备资金,同时也是为了维护债权人的利益。其具体用途如下:

①弥补亏损。税法规定,企业某年度发生的亏损,在其后五年内可以用税前利润弥

补,从其后第六年开始,只能用税后利润弥补。如果税后利润不够弥补亏损,则可以用发生亏损以前提取的盈余公积来弥补(因为从发生亏损的年度开始,在亏损完全弥补之前不提取盈余公积)。用以前提取的盈余公积弥补亏损时,应由公司董事会提议,并经股东大会批准。

②转增资本或股本。企业将盈余公积转增资本时,必须经投资人同意或股东大会决议批准。在将盈余公积转增资本时,应按投资人持有的比例进行结转。盈余公积转增资本后,所剩余的法定盈余公积不得少于转增前公司注册资本的25%。

③发放现金股利或利润。企业当年无利润,原则上不得分配股利。在特殊情况下,当企业累积的盈余公积比较多,而未分配利润比较少时,为了维护企业形象,给投资者以比较均衡的投资回报,对于符合规定条件的企业,经股东大会特别决议,也可用盈余公积分派现金利润或股利。因为盈余公积从本质上讲,是由收益形成的,属于资本增值部分。

2.未分配利润。未分配利润是指企业实现的净利润经过弥补亏损、提取盈余公积和向投资者分配利润后留存在企业的、历年结存的利润,是企业所有者权益的组成部分。相对于所有者权益的其他部分,企业对未分配利润的使用有较大的自主权。从数量上来说,未分配利润是期初未分配利润加上本期实现的税后利润,减去提取的各种盈余公积和分配利润后的余额。未分配利润有两层含义:一是可留待以后年度使用的利润;二是未指定用途的利润。

二、留存收益的核算

(一)盈余公积的核算

1.设置的账户。企业应设置“盈余公积”账户来反映盈余公积的形成及使用情况。该账户属于所有者权益类账户,其贷方登记企业按照规定提取法定盈余公积及按照董事会决定提取的任意盈余公积;借方登记企业将盈余公积用于弥补亏损、转增资本而减少的盈余公积等;期末贷方余额反映企业提取的盈余公积的余额。该账户应当分别设置“法定盈余公积”“任意盈余公积”进行明细核算。

2.主要账务处理。

(1)盈余公积增加的核算。一般企业或股份有限公司按规定提取各项盈余公积时,借记“利润分配——提取法定盈余公积、提取任意盈余公积”账户,贷记“盈余公积——法定盈余公积、任意盈余公积”账户。

【例10-6】A公司2015年年末实现税后利润1 800 000元,公司股东大会决定按10%提取法定盈余公积,25%提取任意盈余公积。A公司应做如下会计分录:

借:利润分配——提取法定盈余公积　　180 000

——提取任意盈余公积　　450 000

贷:盈余公积——法定盈余公积　　180 000

——任意盈余公积　　450 000

(2)盈余公积减少的核算。企业盈余公积的减少表现为盈余公积的使用,具体体现在三个方面:

第一,盈余公积补亏。企业用盈余公积弥补亏损时,应按照当期弥补亏损的数额,借记"盈余公积"账户,贷记"利润分配——盈余公积补亏"账户。

【例10-7】红星公司经股东大会批准,用以前年度提取的盈余公积弥补当期亏损,弥补亏损的数额500 000元。该公司应做如下会计分录:

借:盈余公积　　500 000

贷:利润分配——盈余公积补亏　　500 000

第二,盈余公积转增资本(股本)。经股东大会或类似机构决议,用盈余公积转增资本,借记"盈余公积",贷记"实收资本"或"股本"账户。

【例10-8】某企业经批准同意,在本期将盈余公积100 000元转增资本。该企业应做如下会计分录:

借:盈余公积　　100 000

贷:实收资本　　100 000

【例10-9】甲股份有限公司按规定将盈余公积400 000元派送新股,每股面值1元。甲公司应做如下会计分录:

借:盈余公积　　400 000

贷:股本　　400 000

第三,盈余公积分配现金股利或利润。企业在用盈余公积弥补亏损后,如果仍有结余,经股东大会或类似机构决议,用于发放现金股利或利润时,应借记"盈余公积"账户,贷记"应付股利"账户。

【例10-10】乙股份有限公司本年因市场原因及经营管理不善造成少量亏损,补亏后,经股东大会决议,决定按股票面值的5%分配股利,从结存的盈余公积中列支。假设该公司发行在外的普通股2 000万股,每股面值1元。乙公司应做如下会计分录:

本次用于发放的盈余公积 = 1 × 5% × 2 000 = 100(万元)

借:盈余公积　　1 000 000

贷:应付股利　　1 000 000

(二)未分配利润的核算

未分配利润是在"利润分配"账户下,设置"未分配利润"明细账户进行核算的。

1. 期末结转的账务处理。期末结转利润时,企业应将各损益类账户的金额转入

“本年利润”账户，结平各损益类账户。结转后“本年利润”账户的贷方余额表示当期实现的净利润，借方余额表示当期发生的净亏损。

2. 弥补亏损的核算。企业在生产经营过程中既可能发生赢利，也可能出现亏损。企业按照会计准则的规定进行会计核算，如果当年账面利润为负数，即为“亏损”。与实现利润的情况相同，企业应将本年发生的亏损自“本年利润”账户转入“利润分配——未分配利润”账户，借记“利润分配——未分配利润”账户，贷记“本年利润”账户，结转后“利润分配”账户的借方余额，即为未弥补亏损的数额。

企业发生的亏损可以用次年实现的税前利润弥补。在用次年实现的税前利润弥补以前年度亏损的情况下，只需在年末结账时，将实现的利润结转到“利润分配——未分配利润”账户的贷方，其贷方发生额与“利润分配——未分配利润”的借方余额自然抵补。因此，以企业实现净利润弥补以前年度结转的未弥补亏损时，不需要进行专门的账务处理。

由于未弥补亏损形成的时间长短不同等原因，以前年度未弥补亏损，有的可以以当年实现的税前利润弥补，有的则须用税后利润弥补。无论是以税前利润还是税后利润弥补亏损，其会计处理方法相同，区别在于二者计算缴纳所得税的处理不同。用税前利润补亏，其弥补的数额可以抵减当期应缴纳的所得税，而用税后利润弥补亏损，则不能抵减当期所得税。

【例 10－11】某企业 2009 年发生亏损 200 万元，在年度终了时，企业应当结转本年发生的亏损。该企业应做如下会计分录：

借：利润分配——未分配利润　　2 000 000

　贷：本年利润　　2 000 000

假设该企业 2010 年至 2014 年每年实现税前利润 30 万元，根据制度规定，企业发生的亏损可以在五年内用税前利润进行弥补。该企业在 2010 年至 2014 年均可在税前进行亏损弥补，在每年终了时，应做如下会计分录：

借：本年利润　　300 000

　贷：利润分配——未分配利润　　300 000

该企业 2014 年“利润分配——未分配利润”账户期末余额为借方余额 50 万元，即还有 50 万元亏损未进行弥补。假设该企业 2015 年实现税前利润 80 万元，根据制度规定，该企业只能用税后利润弥补以前年度亏损，假设该企业适用的企业所得税税率为 25%，企业没有其他纳税调整事项，其应纳税所得额为 80 万元，当年应缴纳的所得税为 20 万元（80×25%），则企业应做的会计分录为：

（1）计算应缴纳所得税：

借：所得税费用　　200 000

贷:应交税费——应交所得税　　200 000

同时

借:本年利润　　200 000

贷:所得税费用　　200 000

(2)结转本年利润,弥补以前年度未弥补的亏损:

借:本年利润　　600 000

贷:利润分配——未分配利润　　600 000

(3)该企业 2015 年“利润分配——未分配利润”科目的期末余额为贷方余额 10 万元(-50+60)。

(三)以前年度损益调整

与未分配利润核算密切相关的还有涉及以前年度损益调整事项的处理。根据《企业会计准则第 28 号——会计政策、会计估计变更和差错更正》《企业会计准则第 29 号——资产负债表日后事项》等的规定,对于企业在本年度发现的重要前期差错更正涉及调整以前年度损益的事项以及年度资产负债表日至财务会计报告批准报出日之间发生的需要调整报告损益的事项,应通过“以前年度损益调整”科目进行核算,并将其余额转入“利润分配——未分配利润”科目。

复习思考题

1. 什么是所有者权益?
2. 所有者权益与负债相比有何特点?
3. 所有者权益按照来源是如何分类的?它们各自的含义是什么?
4. 试说明资本公积的内容。
5. 盈余公积的用途是什么?

练习题

1. 长城有限责任公司 2015 年的经济业务如下:

(1)收到国家投资 600 000 元,款项已存入银行。

(2)A 公司以一项旧设备作为向本企业的投资,所确认价值为 180 000 元。

(3)B 公司以一项专利技术作为向企业的投资,所确认价值为 50 000 元。

(4)接受某公司捐赠的不需要安装的新固定资产一台,按提供的相关凭证,其价值为 20 000 元。

(5)从企业实现的利润中提取盈余公积为 50 000 元。

要求:根据上述资料,做出相关经济业务的会计分录。

2. 某企业委托券商代理发行股票 1 000 万股,每股面值 1 元,每股发行价格 2 元。按发行价格的 1% 支付券商发行费用,从发行收入中扣除。

要求: 根据上述资料,做出相关经济业务的会计分录。

3. 丙公司 2015 年年初未分配利润为 250 000 元,本年实现净利润为 1 500 000 元。本年提取法定盈余公积金 150 000 元,向投资者分配现金股利 400 000 元。因扩大经营规模的需要,经批准,丙公司决定将资本公积 100 000 元和盈余公积 200 000 元转增资本。

要求:

(1)做出丙公司上述业务的会计分录。

(2)计算丙公司 2015 年年末"利润分配——未分配利润"科目的期末余额。

第十一章　成本计算

第一节　成本概述

一、费用、成本与成本核算

企业的生产经营过程，同时也是资产消耗和费用的发生过程。企业要生存和发展，就必然要发生各种费用支出，其中包括劳动手段、劳动对象和劳动力等方面的耗费。企业在一定经营时期内发生的、用货币表现的生产耗费，称为企业的生产费用。企业为生产一定种类、一定数量的产品所支出的各种生产费用的总和，就是这些产品的成本。费用与成本既有联系也有区别。成本是按照一定受益对象所归集的费用，即产品成本是相对于一定的产品而言所发生的费用，是按照产品品种、产品批别、生产步骤等成本计算对象对当期发生的费用进行归集而形成的。简言之，费用按照发生的经营期间计量，而成本按照受益对象确认，成本就是对象化的费用。

就制造企业来讲，其生产费用包括：①用于产品生产的费用，称为生产费用；②用于产品销售的费用，称为销售费用；③用于组织和管理生产经营活动的费用，称为管理费用；④用于筹集生产经营资金的费用，称为财务费用。制造企业为生产一定种类、一定数量产品所支出的各种生产费用之和，就是这些产品的生产成本，也称为产品的制造成本，简称产品成本。制造企业的销售费用、管理费用和财务费用，总称期间费用。期间费用不计入产品生产成本，而是直接计入当期损益。制造企业的成本核算，包括产品成本核算和期间费用核算。本章只就产品成本核算进行阐述，期间费用核算在本书的其他有关章节中进行阐述。

二、生产费用的分类

为了正确地计算产品成本，考核和分析费用的发生情况，必须对企业的生产费用进行合理分类。制造企业的生产费用可以按以下标准分类：

(一)按生产费用的经济内容分类

制造企业的生产费用按其经济内容划分,可以分为以下八个费用要素:

1. 外购材料,是指企业为进行生产经营活动而耗用的由外部购入的原料及主要材料、半成品、辅助材料、包装物、修理用备件和低值易耗品等。

2. 外购燃料,是指企业为进行生产经营活动而耗用的由外部购入的各种燃料。

3. 外购动力,是指企业为进行生产经营活动而耗用的由外部购入的各种动力。

4. 职工薪酬,是指企业为获得职工提供的服务而给予的各种形式的报酬以及其他相关支出。

5. 折旧费,是指企业按照规定的方法计提的固定资产折旧费用。

6. 利息支出,是指企业为借入款项而发生的利息支出冲减利息收入后的净额。

7. 税金,是指企业发生的应交房产税、车船使用税、土地使用税和印花税等。

8. 其他支出,是指不属于以上各要素的费用支出,如邮电费、差旅费、租赁费、外部加工费、保险费等。

生产费用按照经济内容的要素加以反映,便于考察生产费用中物化劳动消耗和活劳动消耗情况,揭示企业发生了哪些费用开支,从而为企业计算工业增加值指标提供依据。但这种分类不能反映生产经营费用的用途和发生地点,不能确定费用支出和各种产品之间的关系,不便于分析成本升降的原因以及费用支出是否合理。因此,生产费用还必须按其经济用途加以归类反映。

(二)按生产费用的经济用途分类

制造企业的生产费用按其经济用途分类,首先应分为计入产品成本的生产费用和不计入产品成本的期间费用。

1. 计入产品成本的生产费用。计入产品成本的生产费用在生产过程中的用途也各不相同。有的直接用于产品生产,有的间接用于产品生产。为了具体地反映计入产品成本的生产费用的各种用途,还应将这些费用进一步划分为若干个项目,即产品成本项目。

制造企业应当根据其生产特点和成本管理的要求,合理划分成本项目。为简化核算,一般企业可以设置直接材料、直接人工和制造费用三个成本项目。需要单独核算废品损失的企业,可以加设废品损失项目。各成本项目的具体内容如下:

(1)直接材料,是指直接用于产品生产,并构成产品实体或有助于产品形成的原料及主要材料、半成品、辅助材料以及燃料和动力。它还包括生产过程中用于包装产品、构成产品组成部分的内外包装物。直接材料可以是外购材料(燃料和动力),也可以是企业自制材料(燃料和动力)。

(2)直接人工,是指生产产品、提供劳务中的直接从事产品生产人员和直接提供劳务人员发生的职工薪酬。

(3)制造费用,是指企业内部各生产单位为组织和管理生产所发生的各项费用。它包括管理人员及其他非生产人员薪酬、固定资产的折旧费和修理费、租赁费、机物料消耗、低值易耗品摊销、取暖费、水电费、办公费、差旅费、运输费、保险费、设计制图费、劳动保护费、季节性和修理期间的停工损失等。

2. 不计入产品成本的期间费用。不计入产品成本,而直接计入当期损益的期间费用,包括产品销售费用、管理费用和财务费用。

对生产费用按其经济用途分类,可以划清产品制造成本和期间费用的界限;可以按照企业的生产特点和成本管理的要求设置成本项目;可以反映产品成本构成,寻找降低成本的途径;可以考核费用预算和成本计划的执行情况,分析费用支出是否节约合理,便于企业采取有效措施,挖掘降低成本的潜力。

三、成本类账户的设置

(一)"生产成本"账户

为了核算企业进行生产所发生的各项生产成本,应当设置"生产成本"账户。该账户属于成本类,用来核算应计入产品成本的各项费用。企业发生的直接材料、直接人工等直接费用和企业各生产车间应负担的制造费用计入本账户的借方;贷方登记月末企业已经生产完成并已验收入库的产成品的实际成本。期末余额在借方,表示尚未加工完成的各项在产品实际成本。企业可根据需要下设"基本生产成本"和"辅助生产成本"两个二级账户,分别核算基本生产车间和辅助生产车间在生产和管理过程中发生的直接费用以及分配转入的间接费用等。为了全面地了解成本的发生发展情况,基本生产成本明细分类账,需要按成本核算对象开设产品成本明细账(成本计算单),分别归集不同生产部门、不同产品和不同步骤生产过程中消耗的费用;并按规定的成本项目记录月初在产品成本、本月生产成本、完工产品成本及月末在产品成本。

辅助生产成本明细账用来核算辅助生产车间(机器修理、动力、运输等为生产服务的辅助生产车间)所发生的费用。辅助生产成本一般按车间以及产品或劳务的种类设置明细账,账内按照有关费用项目设置专栏。辅助生产费用归集后,按照受益对象,采用一定的分配方法进行分摊,分别记入"基本生产成本"、"制造费用"、"管理费用"和"销售费用"等账户的借方。

(二)"制造费用"账户

为了核算企业生产车间(部门)为生产产品和提供劳务而发生的各项间接费用,应当设置"制造费用"账户。该账户属成本类,其借方登记企业发生的各项制造费用;贷方登记按照企业成本核算方法的规定,月末分配计入有关成本计算对象上的制造费用,月末一般无余额。制造费用账户应按不同的车间、部门设置明细分类账户,在明细分类账户中,通常要按照费用的具体项目设置单独的金额栏。

四、成本核算的一般程序

第一步,确定成本核算对象,并据以设立"生产成本"总分类账和必要的明细分类账。

第二步,对发生的各项费用,编制生产费用分配表,分配计入各成本计算对象。

第三步,将归集的辅助生产车间的各项费用,按一定的标准和覆盖范围,在受益产品和单位之间进行分配。

第四步,将归集的制造费用,按照一定的标准在本车间各成本计算对象之间进行分配。

第五步,月末将各个成本核算对象下归集的生产费用,采用一定方法在完工产品和月末在产品之间进行分配,计算出完工产品的总成本和单位成本。

第六步,将完工产品成本转入"库存商品"账户。

五、成本核算的要求

制造企业为了完成成本会计的任务,充分发挥成本核算的作用,进行成本核算时,应符合如下各项基本要求。

(一)做好各项基础工作

为了保证企业成本核算的质量,企业应做好成本会计的基础工作。成本会计的基础工作包括以下内容:

1. 制定先进合理的消耗定额。保持定额的先进性和合理性,充分发挥其在控制生产耗费与加强管理上的积极作用。

2. 建立健全原始记录制度。对企业具体发生的生产经营活动进行及时、准确的原始记录,并规定原始记录与凭证的合理传递程序,为正确计算产品成本提供可靠资料。

3. 建立健全财产物资的盘点验收制度。企业所有财产物资的进出、消耗,都要经过计量、验收,这不仅有利于计算产品成本,而且还有利于加强企业财产物资管理,保证企业财产物资的安全完整。

4. 制定企业内部结算价格。对原材料、半成品、厂内各车间相互提供的劳务(如修理、运输等)制定企业内部结算价格,作为企业内部结算,进而计算产品成本和考核管理业绩的依据。制定企业内部各责任单位之间相互提供产品、劳务等进行相互结算的计价标准,不仅是正确计算产品成本的重要保证,也是分清各责任单位的经济责任,考核其经济效益的重要环节。

5. 选择适当的成本计算方法。企业应根据不同的生产特点和管理要求,选择适当的成本计算方法,正确计算产品成本。

(二)审核和控制企业的各项费用

根据国家规定的法规和制度,企业通过制订成本计划和各项消耗定额,对企业的各项费用进行三方面的审核和控制,即是否符合开支范围,是否符合生产费用开支范围,是否符合产品成本开支范围。为此,要对费用的发生情况,以及费用脱离定额或计划的差异进行日常的核算和分析,并及时进行反馈。对于不合法、不合理、不利于提高经济效益的开支要予以制止;对于已经造成的损失和浪费要追究责任、采取措施,防止以后再次发生;对于定额或计划不符合实际情况而产生的差异,应按照规定程序修订计划或定额。

(三)正确、及时地归集生产费用

制造企业在生产经营过程中发生的各项生产费用,应分别进行归集。对于生产费用,应按产品进行归集,计算各种产品成本,以便为产品的定期分析和考核、挖掘降低成本的潜力提供数据。计算产品成本,既要防止为算而算,过于烦琐,脱离实际,也要防止过于简化,不能为企业管理和成本控制提供所需数据的做法。对于经营管理费用,则应按照会计期间(月份、季度、年度)进行归集,正确计入当期损益。

(四)正确划分各种费用界限

为了正确地核算生产费用,正确计算产品成本,应正确划分以下五个方面的费用界限。

1. 正确划分收益性支出与资本性支出的界限。企业发生的各种费用支出,一般情况下可分为收益性支出和资本性支出。凡支出的效益仅与本会计年度相关,应当作为收益性支出,如各项生产支出(直接材料、直接人工、其他直接费用、制造费用),均属收益性支出。其收益期一般是本会计年度,因而应当作为当期的成本费用。凡支出的效益与若干个会计年度相关,应当作为资本性支出,如企业为了形成和扩大生产能力,购建固定资产和无形资产等,使企业在较长时期(多个会计年度)内受益的支出,均属资本性支出。其收益期一般跨越几个会计年度,因而需要在收益期内逐期摊销,计入成本费用。只有正确划分收益性支出与资本性支出的界限,才能正确计算各期的产品成本和企业损益。

2. 正确划分产品制造成本与期间费用的界限。为了正确计算产品成本和经营管理费用,正确计算企业各个月份的损益,应该将生产经营管理活动所发生的各项支出划分为两大类:一类是为产品制造而发生的各项生产费用,即用于产品生产的原材料、生产工人工资等职工薪酬和制造费用等,应当归属于产品制造成本,直接计入当期产品成本;另一类是为管理和组织生产经营活动而发生的各项管理费用、财务费用和销售费用，应当归属于期间费用，不计入产品成本，直接体现为当期损益。既要防止将应计入产品成本的项目计入期间费用，核算当期损益，又要防止将某些应计入期间费用的项目计入产品成本。这样才能正确核算产品成本和当期损益。

3. 正确划分应由本期负担的成本费用和应由以后各期负担的成本费用的界限。企业发生的成本费用，并不一定应由本期负担。本期支付或发生，但应由本期和以后各期负担的分摊期限在一年以上的各项费用，如以经营租赁方式租入的固定资产发生的改良性支出，支付时应列入“长期待摊费用”账户的借方，在期末按期摊入管理费用和销售费用。按照权责发生制的确认基础，正确划分应由本期负担的成本费用和应由以后各期负担的成本费用界限，可以从时间上正确反映产品成本和期间费用，便于分析考核企业生产经营费用计划和产品成本计划的完成情况。

4. 正确划分各种产品的费用界限。为了正确反映和监督成本计划的完成情况，企业应按照成本计算对象分别计算产品成本。在应由本期产品成本负担的生产费用中，能够直接确定应由某种产品负担的，直接计入该种产品的成本；应由几种产品共同负担的生产费用，则需采用比较科学、合理、简便的分配方法，分配后计入各种产品的成本。这时要分清可比产品成本和不可比产品成本的界限，防止将可比产品成本挤入不可比产品成本，以便正确考核分析可比产品成本降低计划的完成情况。分清赢利产品成本和亏损产品成本的界限，防止以盈补亏，弄虚作假。

5. 正确划分完工产品与在产品的费用界限。月末，如果某种产品已全部完工，没有在产品，该种产品应负担的生产费用就是全部该种完工产品的成本；如果某种产品全部未完工，即均为在产品，该种产品应负担的生产费用则全部为在产品成本；如果某种产品既有完工产品，又有在产品，那么该种产品应负担的生产费用，则要在完工产品与在产品之间采用适当的分配方法进行合理分配。必须注意，企业不得以任何目的人为地提高和降低在产品成本，随意调节完工产品成本。

第二节　成本费用的归集与分配

制造企业费用按其经济内容可以划分为外购材料、外购燃料、外购动力、职工薪酬、利息支出、税金和其他支出等八个要素费用。这些要素费用，有的直接用于产品生产而且专门设有成本项目；有的虽直接用于产品生产，但没有专门设立成本项目；有的间接用于产品生产；有的用于经营管理；有的属于非生产费用。对这些要素费用应当分别进行分配和归集，通过不同的账户进行核算。

一、生产费用在各种产品之间的归集与分配

(一)材料费用的归集与分配

材料费用包括各种原材料、主要材料、辅助材料、燃料、外购半成品、包装物、修理用配件、低值易耗品等企业生产经营过程中领用的各种材料的货币表现,它在产品成本中一般占较大比重。因而,加强对材料费用的控制与核算,对正确计算产品成本,节约材料消耗,从而降低产品成本具有重大的作用。

在材料费用的控制与核算过程中,企业除了建立有关材料消耗定额之外,平时领发材料应办理必要的手续,并填制有关凭证。常用的原始凭证有领料单、限额领料单、领料登记表和退料单等。

月末根据审核后的领、退料凭证编制记账凭证,按照材料的用途对材料费用进行归集和分配。即将产品生产用材料计入"基本生产成本";辅助生产用材料计入"辅助生产成本";生产车间一般耗用计入"制造费用";销售部门及销售环节用料(如领用的不单独记账的包装物)计入"销售费用";企业行政管理部门用料计入"管理费用";固定资产改扩建用料计入"在建工程"。

凡是能够确认为某一产品(或生产步骤)所耗费的材料费用,应直接计入该产品成本或该生产步骤成本。凡是两种以上产品共同耗用的,则需采取一定的分配方法,分配计入各种产品成本。分配方法的选择,要求既合理又简便。常用的分配方法有定额消耗量比例法、产品重量比例法。其计算公式如下:

$$\text{分配率}=\frac{\text{材料费用总额}}{\text{定额消耗量(产品重量)之和}}$$

$$\begin{matrix}\text{某种产品应分配}\\\text{的原材料费用额}\end{matrix}=\begin{matrix}\text{该产品原材料定额}\\\text{消耗量(产品重量)}\end{matrix}\times\text{分配率}$$

【例 11-1】某公司生产 W,Y 两种产品,5 月份根据领料单汇总,W 型产品单独领用甲材料 2 000 元,Y 型产品单独领用甲材料 1 000 元,两种型号产品共同领用乙材料 14 000 元。当月生产 W 型产品 150 件、Y 型产品 100 件;在共同领用的材料中,W 型产品的单位消耗定额为 1 千克、Y 型产品的单位消耗定额为 2 千克,车间一般性耗用材料 1 498 元,管理部门耗用材料 1 002 元,辅助生产的机修部门领用 1 400 元。

W,Y 两种产品共同耗用乙材料的分配率计算如下:

$$\text{分配率}=\frac{14\,000}{150\times1+100\times2}=40(\text{元/千克})$$

W 型产品分配原材料费用:$150\times1\times40=6\,000$(元)

Y 型产品分配原材料费用:$100\times2\times40=8\,000$(元)

根据以上数据编制材料费用分配表,如表 11-1 所示。

表 11－1 材料费用分配表

20××年 5 月　　单位:元

应借账户	直接计入金额	分配计入(分配率 40 元/千克)		合计
		消耗定额	分配金额	
生产成本——基本生产成本——W 产品	2 000	150	6 000	8 000
生产成本——基本生产成本——Y 产品	1 000	200	8 000	9 000
生产成本——辅助生产成本——机修				1 400
制造费用				1 498
管理费用				1 002
合计				20 900

根据以上资料,该公司应做如下会计分录:

借:生产成本——基本生产成本——W 产品　　8 000
　　　　——基本生产成本——Y 产品　　9 000
　生产成本——辅助生产成本——机修　　1 400
　制造费用　　1 498
　管理费用　　1 002
　贷:原材料　　20 900

燃料、辅助材料等费用分配方法与原材料分配相同。

(二)人工费用的归集与分配

人工费用指企业为获得职工提供的服务而支付的各种形式的薪水、报酬以及其他相关支出。人工费用按其用途和发生部门进行归集和分配。基本生产车间生产工人的薪酬计入生产成本,生产车间管理人员的薪酬计入制造费用;辅助生产车间、部门人员的薪酬计入辅助生产成本;企业行政管理人员的薪酬计入管理费用;专设销售部门人员的薪酬计入销售费用。

基本生产车间工人的人工费用若采用计件工资形式,可直接计入各种产品成本;采用计时工资形式时,若只生产一种产品,可直接计入该产品成本;如果生产多种产品,则需按一定的标准分配计入各种产品成本。分配标准一般按产品的生产工时(实际或定额)比例进行分配,其计算公式如下:

$$人工费用分配率 = \frac{生产工人薪酬}{各种产品生产工时(实际或定额)之和}$$

$$某种产品应分配的生产工人薪酬 = 该产品生产工时(实际或定额) \times 分配率$$

【例 11－2】某公司 5 月份发放工资 29 325 元,其中生产工人工资 20 250 元,车间管理人员工资 3 825 元,公司管理人员工资 3 150 元,销售人员工资 1 350 元,机修人员工资750元。生产人员工资按实际生产工时分配。根据工时记录,W型产品耗用937.5工时,Y型产品耗用750工时。计算人工费用分配率如下:

$$人工费用分配率 = \frac{20\ 250}{937.5 + 750} = 12(元/工时)$$

$$W型产品应分摊人工费用 = 937.5 \times 12 = 11\ 250(元)$$

$$Y型产品应分摊人工费用 = 750 \times 12 = 9\ 000(元)$$

根据以上数据编制人工费用分配表,如表11-2所示,同时将根据工资总额14%计提的职工福利费也列入分配表内。

表11-2　人工费用分配表

20××年5月　　　　单位:元

应借账户 \ 项目类别	分配工资额			计提职工福利费(14%)	合计
	工时	分配率	工资		
生产成本——基本生产成本——W产品	937.5	12	11 250	1 575	12 825
生产成本——基本生产成本——Y产品	750	12	9 000	1 260	10 260
生产成本——辅助生产成本——机修			750	105	855
制造费用			3 825	535.5	4 360.5
管理费用			3 150	441	3 591
销售费用			1 350	189	1 539
合计			29 325	4 105.5	33 430.5

根据以上资料,应做如下会计分录:

借:生产成本——基本生产成本——W产品　　11 250
　　　　　——基本生产成本——Y产品　　9 000
　生产成本——辅助生产成本——机修　　750
　制造费用　　3 825
　管理费用　　3 150
　销售费用　　1 350
　贷:应付职工薪酬　　29 325

借:生产成本——基本生产成本——W产品　　1 575
　　　　　——基本生产成本——Y产品　　1 260
　生产成本——辅助生产成本——机修　　105
　制造费用　　535.5
　管理费用　　441

销售费用　189

贷:应付职工薪酬　4 105.5

(三)外购动力费用的归集与分配

外购动力费用指企业消耗的、从外部购入的电力、热力等费用。这些费用有的直接用于产品生产,有的用于照明取暖等。当有仪表、仪器计量记录时,可根据仪表、仪器记录的实际耗用数量和单价计算,在没有计量仪器时,要按一定标准在各产品之间进行分配。通常采用的分配标准有生产工时比例、机器马力时数、定额消耗量比例等。

【例11－3】某公司5月份发生外购动力费共计8 540元。生产动力用电5 000元,按生产工时比例分配计入W,Y产品成本。假定W,Y产品各耗用工时5 000小时。照明用电按照部门电表记录,每度0.60元,其中,机修车间耗电900度,车间照明用电2 000度,管理部门照明耗电3 000度。据此编制动力费用分配表,如表11－3所示。

表11－3　外购动力费用分配表

20××年5月　　单位:元

应借账户	耗用工时	耗用度数	分配金额
生产成本——基本生产成本——W产品	5 000		2 500
生产成本——基本生产成本——Y产品	5 000		2 500
生产成本——辅助生产成本——机修		900	540
制造费用		2 000	1 200
管理费用		3 000	1 800
合计	10 000	5 900	8 540

根据以上资料,应做如下会计分录:

借:生产成本——基本生产成本——W产品　2 500

生产成本——基本生产成本——Y产品　2 500

生产成本——辅助生产成本——机修　540

制造费用　1 200

管理费用　1 800

贷:应付账款　8 540

(四)折旧费的归集与分配

由于固定资产在使用过程中各期损耗的价值是很难精确计算的,因此需要采用一定的方法进行估算。采用的折旧方法不同,会使每一会计期间负担的折旧费不同,从而影响产品成本。制造企业在国家政策和会计准则许可的范围内选择适合本企业情况的折旧方法和折旧年限,按照应当计提折旧的固定资产原价扣除其预计净残值、已计提的固定资产减值准备金额后的余额，计算折旧费用。基本生产车间固定资产折旧费计入“制造费用”账户，辅助生产部门的折旧费计入“生产成本——辅助生产成本”账户，企业行政管理部门折旧费计入“管理费用”账户，专设销售机构折旧费列入“销售费用”账户。

【例 11 -4】某公司 5 月份基本生产车间计提折旧 250 000 元，辅助生产的机修车间折旧 3 000 元，公司管理部门折旧费 10 000 元，销售部门折旧费 5 000 元，据此编制折旧费用计算分配表，如表 11 -4 所示。

表 11 -4　折旧费用计算表

20××年 5 月　　　　单位：元

应借账户	本月折旧额
制造费用	250 000
生产成本——辅助生产成本——机修	3 000
管理费用	10 000
销售费用	5 000
合　　计	268 000

根据以上资料，应做如下会计分录：

借：制造费用　　250 000

　　生产成本——辅助生产成本——机修　　3 000

　　管理费用　　10 000

　　销售费用　　5 000

　贷：累计折旧　　268 000

（五）辅助生产费用的归集与分配

辅助生产是为基本生产车间和管理部门提供服务而进行产品生产和劳务供应的部门，如供水、供电、供气、运输、机修等部门。辅助生产产品和劳务所耗费的各种生产费用之和，构成这些产品和劳务的成本。这些辅助生产产品和劳务的成本，对于其耗用方（基本生产车间、部门等）来说，又是一种费用，即辅助生产费用。辅助生产费用的大小，对于产品成本和经营管理费用影响很大。只有先确定辅助生产产品成本和劳务成本，才能正确计算制造企业基本生产产品成本。因此，正确、及时地组织辅助生产费用的归集和分配，对于降低成本、费用，计算产品成本都有着重要的意义。

辅助生产费用通过“生产成本——辅助生产成本”账户进行归集。其借方归集企业所发生的全部辅助生产费用，贷方登记向各个受益单位进行分配的费用，期末账户余额在借方，表示辅助生产车间的月末在产品成本。

辅助生产车间生产的产品,如修理用备件、工具、模具等,以及提供的服务作业,如供水、供电、供汽、机修、运输等所发生的辅助生产费用,应在各受益单位之间按照耗用量进行分配,转入"制造费用""管理费用"等账户,辅助生产费用的分配方法有直接分配法、顺序分配法、交互分配法、代数分配法和计划成本分配法五种。这里只介绍直接分配法。

直接分配法是将各种辅助生产车间发生的费用直接分配给辅助生产以外的各受益单位,而不考虑各辅助生产单位之间相互提供服务或产品的情况。如果企业只有一个辅助生产车间,或者虽然有一个以上的辅助生产车间,但是相互之间提供服务不多,忽略相互提供的服务,不会对费用分配和成本计算的正确性产生太大影响的时候,适合采用直接分配法。其计算公式如下:

$$\text{单位成本(分配率)}=\frac{\text{该车间辅助生产费用额}}{\text{该辅助生产产品或劳务数量}-\text{其他辅助生产耗用该项辅助生产产品或劳务数量}}$$

【例11-5】某公司下设供水和运输两个辅助生产车间。供水车间5月发生费用8 200元,其产品和劳务供应量为41 000吨,其中基本生产车间耗用35 000吨,公司管理部门耗用5 000吨,运输部门耗用1 000吨;运输部门本月发生费用18 200元,其产品和劳务供应量为5 200公里,其中基本生产车间耗用4 000公里,公司管理部门耗用1 000公里,供水车间耗用200公里。采用直接分配法分配辅助生产费用。

$$\text{供水单位成本(分配率)}=\frac{8\ 200}{41\ 000-1\ 000}=0.205\text{(元/吨)}$$

$$\text{运输单位成本(分配率)}=\frac{18\ 200}{5\ 200-200}=3.64\text{(元/公里)}$$

采用直接分配法进行计算分配,编制辅助生产费用分配表,见表11-5。

表11-5 辅助生产费用分配表

20××年5月 单位:元

项目 \ 车间名称		供水车间	运输部门	合计
辅助生产费用(元)		8 200	18 200	26 400
供应辅助生产以外的产品(劳务)数量		40 000	5 000	
单位成本(分配率)		0.205	3.64	
基本生产车间	耗用数量	35 000	4 000	
	分配金额	7 175	14 560	21 735
公司管理部门	耗用数量	5 000	1 000	
	分配金额	1 025	3 640	4 665
合 计		8 200	18 200	26 400

根据以上资料,应做如下会计分录:

借:制造费用 21 735

管理费用 4 665

贷:辅助生产成本——供水 8 200

——运输 18 200

(六)制造费用的核算

制造费用指制造企业为生产产品或提供劳务而发生的、应计入产品成本的各项生产费用。为了归集和分配制造费用,需要设置"制造费用"总分类账户,并按车间、部门设置明细账,账内按制造费用项目设专栏。期末,将制造费用分配转入产品生产成本。当制造企业只生产一种产品时,制造费用应直接计入该产品成本;制造企业生产几种产品时,就要采用既合理又简便的分配方法,分配计入各种产品成本。常用的分配方法有生产工时比例法、生产工人工资比例法、机器工时比例法、计划分配率法等。分配方法一经确定,不得随意变更。以生产工时比例法举例说明如下。

【例 11-6】根据本节【例 11-1】到【例 11-5】提供的业务数据进行汇总,某公司 5 月份共发生制造费用 278 792.5 元。根据 W 和 Y 两种型号产品耗用工时,编制制造费用分配表,如表 11-6 所示。

表 11-6 制造费用分配表

20××年5月 单位:元

应借账户	耗用工时	分配率	分配金额
生产成本——基本生产成本——W 产品	26 758.5	5	133 792.5
生产成本——基本生产成本——Y 产品	29 000	5	145 000
合　计	55 758.5		278 792.5

根据以上资料,应做如下会计分录:

借:生产成本——基本生产成本——W 产品 133 792.5

——Y 产品 145 000

贷:制造费用 278 792.5

二、生产成本在完工产品和在产品之间的分配

企业在生产过程中发生的费用,经过在各种产品间进行归集和分配以后,应计入产品成本的费用已经集中反映在"生产成本——基本生产成本"账户及其各个明细账户的借方。这些费用加上月初在产品成本,减去月末在产品成本,就是完工产品成本。其计算公式是:

月初在产品成本 + 当月生产成本 = 当月完工产品成本 + 月末在产品成本

通过上式可以看出，正确计算月末在产品成本，是正确计算完工产品成本的关键所在。因此，需要采用适当的方法，将归集在“生产成本——基本生产成本”账户借方的费用在完工产品和在产品之间进行合理的分配，从而确定和转出完工产品成本。

企业应根据产品生产工艺特点、各月在产品数量的多少及其数量变化的大小、各项费用比重的大小和管理要求，选择既合理又简便的分配方法。常见的分配方法有以下几种。

(一)不计算在产品成本的方法

采用这种分配方法时，虽然有月末在产品，但不计算其成本。这种方法适用于各月末在产品数量很小的产品。其原因在于，在产品数量很小，其费用就相应地很少，不计算月末在产品成本，对完工产品成本的计算影响非常小，根据重要性原则可以忽略不计。在这种方法下，基本生产成本账户中归集的本月生产费用全部由完工产品负担。

(二)按年初数固定计算在产品成本的方法

采用这种方法时，各月末在产品成本按年初数计算，固定不变。这种方法适用于月末在产品数量较少，或者在产品数量虽大，但各月之间在产品数量变动不大的情况。例如，化工厂、钢铁厂的在产品通常位于固定容器中，其数量相对稳定。因此在这类企业中，月初、月末在产品成本的差额非常小，是否考虑这个差额对完工产品成本的影响不大，为了简化核算工作同时又反映在产品成本，各月末在产品成本可以按年初数固定计算。在这种方法下，本月发生的全部生产费用即为该月完工产品成本，因为生产成本明细账上月初在产品成本和月末在产品成本是相等的。但在年末，应根据实地盘点的在产品数量，调整12月月末的在产品成本，并将该成本作为下一年度各月在产品的固定成本以便提高产品成本计算的准确性。

(三)按耗用原材料费用计算在产品成本的方法

采用这种方法时，月末在产品只计算其所耗用的原材料费用，不计算其所耗用的人工费用、制造费用等加工费用，在产品的加工费用全部计入完工产品成本。这种方法的适用条件是，各月末在产品数量较大，在产品数量在各月份之间变化较大，同时原材料费用在成本中所占比重较大的产品。例如，纺织、酿酒等企业在产品中原材料费用比重较大，都可以采用这种分配方法。月末在产品成本只计算其所耗的原材料费用，而其加工费用全部由完工产品成本负担。

(四)约当产量比例法

所谓约当产量，就是将月末在产品数量按照其完工程度或投料程度折算为相当于完工产品的数量。约当产量比例法就是按照完工产品产量与月末在产品约当产量的比例分配计算完工产品成本和月末在产品成本。这种方法适用于月末在产品数量较大，各月末在产品数量变化大，在产品成本中原材料费用、工资福利费与加工费所占比重相差不大的产品。约当产量比例法的计算公式如下：

$$在产品约当产量=在产品数量\times完工程度(投料程度)$$

$$某项费用分配率=\frac{该项费用总额}{完工产品产量+在产品约当产量}$$

$$完工产品应负担该项费用=完工产品产量\times该项费用分配率$$

$$在产品应负担该项费用=在产品约当产量\times该项费用分配率$$

或

$$在产品应负担该项费用=该项费用总额-完工产品该项费用$$

需要说明的是，如果原材料在生产开始时一次全部投入，则在产品在分摊材料成本时应该按100%的完工程度（投料程度）计算。

【例11－7】某制造企业生产丙产品，本月完工250件，月末在产品160件，在产品完工程度为40%；月初和本月发生的原材料费用共为56 520元，加工费用为11 618元。原材料随加工进度陆续投入。其完工产品和月末在产品的原材料费用和人工费用采用约当产量比例法分配计算如下：

$$月末在产品约当产量=160\times40\%=64(件)$$

$$原材料费用分配率=\frac{56\ 520}{250+64}=180(元/件)$$

$$加工费用分配率=\frac{11\ 618}{250+64}=37(元/件)$$

$$完工产品应负担原材料费用=250\times180=45\ 000(元)$$

$$完工产品应负担加工费用=250\times37=9\ 250(元)$$

$$月末在产品应负担原材料费用=64\times180=11\ 520(元)$$

$$月末在产品应负担加工费用=64\times37=2\ 368(元)$$

$$完工产品总成本=45\ 000+9\ 250=54\ 250(元)$$

$$月末在产品总成本=11\ 520+2\ 368=13\ 888(元)$$

【例11－8】某制造企业生产甲产品，5月初在产品800件，完工程度为50%。该月投入1 000件，本月完工1 300件，月末在产品500件，完工程度为50%。投产开始时投入80%的材料，当产品加工（完工）程度达到70%时，再投入其余20%的材料。月初在产品成本为：原材料6 180元，直接人工989元，加工费用2 225元；本月投入原材料36 320元，加工费用11 725元。

根据上述资料，月末在产品的完工程度为50%时，其投料程度为80%。因为当产品的完工程度达到70%时，才投入其余的20%的材料。也即当在产品完工程度$<70\%$时，其投料程度为80%；当在产品完工程度$>70\%$时，其投料程度为100%。由此，完工产品与月末在产品费用分配计算如下：

$$分配材料费用的约当产量=500\times80\%=400(件)$$

分配直接人工费用及制造费用的约当产量 = 500 × 50% = 250(件)

$$材料费用分配率 = \frac{6\ 180 + 36\ 320}{1\ 300 + 400} = 25(元/件)$$

完工产品应负担材料费用 = 1 300 × 25 = 32 500(元)

月末在产品应负担材料费用 = 400 × 25 = 10 000(元)

$$加工费用分配率 = \frac{2\ 225 + 11\ 725}{1\ 300 + 250} = 9(元/件)$$

完工产品应负担加工费用 = 1 300 × 9 = 11 700(元)

月末在产品应负担加工费用 = 250 × 9 = 2 250(元)

完工产品总成本 = 32 500 + 11 700 = 44 200(元)

月末在产品总成本 = 10 000 + 2 250 = 12 250(元)

(五)在产品成本按完工产品成本计算法

采用这种分配方法时,将在产品视同完工产品处理,按照相同的标准分配各项费用。这种方法适用的条件是,月末在产品接近完工,或者是产品已加工完毕,但尚未验收或包装入库。为了简化产品成本计算,可将在产品视同完工产品,按完工产品和在产品的实际产量比例分配原材料费用和各项加工费用。

(六)在产品按定额成本计价法

在产品按定额成本计价法,即月末在产品成本按定额成本计算,该种产品的全部生产费用(月初在产品费用与本月发生的生产费用之和),减去按定额成本计算的月末在产品成本,余额作为完工产品成本。每月生产费用脱离定额的节约差异或超支差异全部计入当月完工产品成本。这种方法适用于各项消耗定额或费用定额比较稳定、准确,而且各月在产品数量变化不大的产品。

(七)定额比例法

按定额比例法划分完工产品成本与在产品成本,就是以定额资料为标准,将生产费用按照完工产品与月末在产品定额消耗量或定额费用的比例进行分配。这种方法适用于企业定额管理基础较好,各项消耗定额比较健全、稳定,而且各月末在产品数量变动较大的产品。

采用这种分配方法时,产品的生产费用在完工产品与月末在产品之间按照两者的定额消耗量或定额费用比例分配;其中,原材料费用,按原材料的定额消耗量或定额费用比例分配;直接人工、制造费用等各项加工费用,按定额工时比例分配,也可以按该定额费用的比例分配。

第三节　产品成本计算法

为了适应不同生产类型和管理的要求,在实际工作中常用的产品成本计算方法有三种。

一、产品成本计算的品种法

产品成本计算的品种法是以产品品种（不分批次、不分步骤）为成本计算对象，归集生产费用，计算产品成本的一种方法。它主要适用于大量、大批单步骤生产的企业，如发电、供水、采掘、铸造、煤气等，也适用于不需要分步骤计算成本的多步骤大量、大批生产。品种法是成本计算方法中最基本的方法。其他各种成本计算方法都是在这种方法的基础上发展而形成的。

以产品品种作为成本计算对象，要在企业范围内，以最终产品的品种为成本计算对象，开设生产成本明细账，归集和分配生产费用，计算产品成本。其成本计算期与会计报告期一致，而与产品生产周期不一致。在一般情况下，存在月末在产品计价问题，即需要将生产费用在完工产品和在产品之间进行划分。本章第二节中举例所使用的方法即为品种法，此处不再赘述。

二、产品成本计算的分批法

分批法是按照产品批别或单件作为成本计算对象，归集生产费用、计算产品成本的方法，也称订单法。它主要适用于小批量、单件、管理上单件小批组织生产或者是按客户订单组织生产、不要求分步骤计算产品成本的多步骤生产企业，如服装、精密仪器、重型机械、造船和新产品试制等。

以产品批别作为成本计算对象，主要体现在根据产品的批号开设生产成本明细账，以产品批别为对象归集和分配生产费用，其成本计算期应是产品生产周期，并不一定是会计报告期，因此，从理论上讲，采用分批法进行产品成本计算，不存在月末将生产费用在完工产品和在产品之间进行分配的问题。但是，如果是小批量生产，批内产品又不能同时完工，而是跨月陆续完工的情况，且先完工的是多数，为了正确地计算产品成本，在月末应将生产费用在完工产品和在产品之间进行分配。

【例 11－9】某制造企业采用分批法计算产品成本。20××年 5 月份生产情况及发生的生产费用资料如下。

（1）生产完成情况：

08704 批，甲产品 10 台，4 月份投产，5 月份完工入库；

08801 批，乙产品 8 台，5 月份投产，5 月份完工入库；

08802 批，甲产品 20 台，5 月份投产，未完工。

（2）5 月份生产费用资料见表 11－7。

表 11－7　生产费用汇总表

20××年5月　　单位:元

生产批号	直接材料	直接人工	燃料动力	制造费用	合　计
08704	900	600	1 368	2 052	4 920
08801	6 300	900	2 052	3 078	12 330
08802	12 000	1 350	1 881	2 821.5	18 052.5
合计	19 200	2 850	5 301	7 951.5	35 302.5

(3)根据以上资料登记有关生产成本明细账,并计算已经完工批次产品的生产成本,见表 11－8、表 11－9 和表 11－10。

表 11－8　生产成本明细账

产品批号:08704　　开工日期:4月5日

品名:甲产品　　批量:10台　　完工日期:5月29日　　单位:元

年		摘要	直接材料	直接人工	燃料动力	制造费用	合计
月	日						
4	30	本月发生费用	5175	840	684	1 020	7 719
5	31	本月发生费用	900	600	1 368	2 052	4 920
		累计	6 075	1 440	2 052	3 072	12 639
		完工产品成本	6 075	1 440	2 052	3 072	12 639
		完工单位产品成本	607.5	144	205.2	307.2	1 263.9

表 11－9　生产成本明细账

产品批号:08801　　开工日期:5月4日

品名:乙产品　　批量:8台　　完工日期:5月31日　　单位:元

年		摘要	直接材料	直接人工	燃料动力	制造费用	合计
月	日						
5	31	本月发生费用	6 300	900	2 052	3 078	12 330
5	31	本月完工入库	6 300	900	2 052	3 078	12 330
		完工单位产品成本	787.5	112.5	256.5	384.75	1 541.25

根据以上资料,编制结转完工批次产品成本的会计分录。

借:库存商品——甲产品　　12 639

　　　　　——乙产品　　12 330

　贷:生产成本——基本生产成本——08704批　　12 639

　　　　　　　　　　　　　——08801批　　12 330

表 11-10 生产成本明细账

产品批号:08802 开工日期:5 月 10 日

品名:乙产品 批量:20 台 完工日期: 单位:元

年		摘要	直接材料	直接人工	燃料动力	制造费用	合计
月	日						
5	31	本月发生费用	12 000	1 350	1 881	2 821.5	18 052.5

由于 08802 批号的产品没有完工,所以不计算月末在产品成本,也无产成品成本可转。需要注意的是,尽管未完工批号的产品不计算成本,但还是需要归集每个月发生的费用,直到完工月份为止,将各月份费用的累计额一并作为完工产品成本转出。

三、产品成本计算的分步法

产品成本计算的分步法是既按照产品的生产步骤,又按照产品品种归集生产费用、计算产品成本的方法。分步法主要适用于大量、大批并在管理上要求分步骤计算产品成本的多步骤生产企业,如机械制造、纺织、冶金等。这些行业既要按产品品种归集费用、计算成本,又要按生产步骤管理和控制费用,计算和结转产品的各步骤成本,这也是分步法的主要特点。

在分步法下,要以产品生产的各个步骤作为成本计算对象,也就是说要根据各种产品的生产步骤开设生产成本明细账,用于归集和分配生产费用,计算出各步骤、各种产品的生产成本。现举例如下:

【例 11-10】某制造企业生产甲产品,分两个步骤连续加工,第一步骤生产半成品,第二步骤生产产成品。原材料在生产开始时一次投入,月末在产品的完工程度为50%。两个车间月末的在产品均按约当产量计算。有关生产费用资料和产量记录资料如表 11-11 和表 11-12 所示。

表 11-11 生产费用汇总表

单位:元

生产步骤	直接材料	直接人工	制造费用	合　计
第一步骤	13 600	4 960	3 280	21 840
第二步骤	6 880	5 200	3 360	15 440
合　计	20 480	10 160	6 640	37 280

表 11-12 产量记录

生产步骤	月初在产品	投入	产出	月末的在产品
第一步骤	30	90	100	20
第二步骤	20	100	80	40

表 11 - 13 和表 11 - 14 是按照上述资料采用分步法登记的各步骤生产成本明细账。

表 11 - 13　生产成本明细账

第一步骤:甲半成品　　单位:元

项　目	数量(件)	直接材料	直接人工	制造费用	合　计
上期结转	30	6 560	320	240	7 120
本月发生	90	13 600	4 960	3 280	21 840
合　计	120	20 160	5 280	3 520	28 960
单位成本		168	48	32	248
本月完工产品	100	16 800	4 800	3 200	24 800
月末在产品	20	3 360	480	320	4 160

甲半成品生产成本明细账中单位成本和费用分配计算如下:

$$直接材料费用单位成本 = \frac{20\ 160}{100 + 20 \times 100\%} = 168(元/件)$$

$$半成品直接材料费用 = 100 \times 168 = 16\ 800(元)$$

$$月末在产品直接材料费用 = 20 \times 168 = 3\ 360(元)$$

$$直接人工费用单位成本 = \frac{5\ 280}{100 + 20 \times 50\%} = 48(元/件)$$

$$半成品直接人工费用 = 100 \times 48 = 4\ 800(元)$$

$$月末在产品直接人工费用 = 10 \times 48 = 480(元)$$

$$制造费用单位成本 = \frac{3\ 520}{100 + 20 \times 50\%} = 32(元/件)$$

$$半成品制造费用 = 100 \times 32 = 3\ 200(元)$$

$$月末在产品制造费用 = 10 \times 32 = 320(元)$$

表 11 - 14　生产成本明细账

第二步骤:甲产成品　　单位:元

项　目	数量(件)	半成品	直接材料	直接人工	制造费用	合　计
上期结转	20	4 960	2 240	1 200	640	9 040
本月发生	100	24 800	6 880	5 200	3 360	40 240
合　计	120	29 760	9 120	6 400	4 000	49 280
单位成本		248	76	64	40	428
本月完工产品	80	19 840	6 080	5 120	3 200	34 240
月末在产品	40	9 920	3 040	1 280	800	15 040

甲产成品成本明细账中单位成本和费用分配计算如下:

$$半成品费用单位成本=\frac{29\ 760}{80+40\times100\%}=248(元/件)$$

$$完工产品半成品费用=80\times248=19\ 840(元)$$

$$月末在产品半成品费用=40\times248=9\ 920(元)$$

$$直接材料费用单位成本=\frac{9\ 120}{80+40\times100\%}=76(元/件)$$

$$完工产品直接材料费用=80\times76=6\ 080(元)$$

$$月末在产品直接材料费用=40\times76=3\ 040(元)$$

$$直接人工费用单位成本=\frac{6\ 400}{80+40\times50\%}=64(元/件)$$

$$完工产品直接人工费用=80\times64=5\ 120(元)$$

$$月末在产品直接人工费用=20\times64=1\ 280(元)$$

$$制造费用单位成本=\frac{4\ 000}{80+40\times50\%}=40(元/件)$$

$$完工产品制造费用=80\times40=3\ 200(元)$$

$$月末在产品制造费用=20\times40=800(元)$$

联结第一步骤和第二步骤生产成本明细账的桥梁是半成品成本。第一步骤完工的100件半成品,结转到第二步骤继续加工,其成本24 800元也随之转入第二步骤的成本计算单,构成第二步骤完工产品成本的组成部分。如果企业生产中还有第三步骤、第四步骤,那么各个步骤的完工产品成本都需要随着产品实物的转移而结转到下个步骤的成本计算单中。

根据甲产成品生产成本明细账,编制结转甲完工产品成本的会计分录如下:

借:库存商品——甲产品　　34 240

　贷:生产成本——基本生产成本——甲产品　　34 240

复习思考题

1. 什么是成本?它与费用有何联系与区别?
2. 成本核算应符合哪些基本要求?
3. 为了正确计算产品成本,应正确划分哪几方面的费用界限?
4. 成本计算方法有哪几种?它们各自适用的范围是什么?

练习题

1. 某制造企业某月生产甲、乙两种产品,共同耗用A原材料,耗用量无法按产品直接划分。甲产品投产200件,原材料消耗定额为10千克;乙产品投产300件,原材料消耗定额为4千克。A原材料的单价为6元/千克,甲、乙两种产品实际消耗A原材料总量为640千克。要求:

(1)分别计算甲、乙产品的原材料定额消耗量;

(2)按原材料定额消耗量比例,计算A原材料消耗量的分配率;

(3)根据A原材料消耗量的分配率,计算甲、乙产品各耗用A材料的数量;

(4)分别计算甲、乙产品应负担的A原材料实际费用。

2. 某制造企业下设供水和供电两个辅助生产车间。2010年5月份供水车间待分配费用为6 800元,提供的产品和劳务数量为10 000吨,供电车间待分配费用为3 750元,提供的产品和劳务数量为15 000度。5月份各车间、部门耗用水资料为:供电车间1 500吨,基本生产车间7 500吨,行政管理部门1 000吨;5月份各车间、部门耗用电情况为:供水车间2 500度,基本生产车间10 000度,行政管理部门2 500度。要求:

(1)采用直接分配法,分别计算水费分配率和电费分配率;

(2)根据水费分配率,计算分配水费;

(3)根据电费分配率,计算分配电费;

(4)编制辅助生产费用分配的会计分录(要求"辅助生产成本"账户列出明细账户)。

3. 某制造企业的甲产品原材料在生产刚开始时一次投入,直接人工和制造费用的发生比较均衡,月末在产品完工程度可按50%计算。本月完工入库甲产品100件。月末盘存甲产品在产品为25件。根据产品成本计算单提供的资料,甲产品月初在产品成本为20 000元,其中直接材料12 000元,直接人工5 000元,制造费用3 000元;本月发生生产费用100 000元,其中直接材料52 525元,直接人工30 437.5元,制造费用17 037.5元。要求:采用约当产量比例法,计算甲产品本月完工产品成本和月末在产品成本。

4. 某制造企业A产品生产分两个步骤,分别由第一、第二两个生产车间进行。第一车间生产半成品,交半成品库验收,第二车间按所需半成品数量向半成品库领用;第二车间所耗半成品费用按全月一次加权平均单位成本计算。两个车间月末在产品均按定额成本计价。该企业采用按实际成本结转分步法计算A产品成本。

第一、第二两个车间月初、月末在产品定额成本资料及本月生产费用资料见“生产成本明细账”；自制半成品月初余额、本月第一车间完工半成品交库数量及本月第二车间领用自制半成品数量见“自制半成品明细账”。

要求：计算填列“产品成本明细账”和“自制半成品明细账”。

产品成本明细表

车间名称：第一车间　　　　产品名称：半成品 A

项　目	直接材料	直接人工	制造费用	合　计
月初在产品定额成本	3 000	1 900	1 450	6 350
本月生产费用	15 100	10 750	8 250	34 100
生产费用合计				
完工产成品成本				
月末在产品定额成本	3 150	1 400	900	5 450

自制半成品明细账

半成品名称：半成品 A　　　　单位：件

月份	月初余额		本月增加		合　计			本月减少	
	数量	实际成本	数量	实际成本	数量	实际成本	单位成本	数量	实际成本
4	250	5 500	1 250					1 300	
5			×	×	×	×	×	×	×

产品成本明细表

车间名称：第二车间　　　　产品名称：半成品 A

项　目	半成品	直接人工	制造费用	合　计
月初在产品定额成本	13 800	1 225	1 300	16 325
本月生产费用		9 800	7 700	
生产费用合计				
完工产成品成本				
月末在产品定额成本	6 900	2 625	2 000	11 525

第十二章 收入、费用和利润

第一节 收 入

一、收入的特征及其分类

(一)收入的特征

市场经济条件下,追求利润最大化已成为企业经营的主要目标之一。收入是利润的来源,因而历来受到企业和利益相关者的高度重视。企业只有不断地销售商品和提供劳务等取得收入,才能补偿因此而发生的支出,并获得一定的利润。

我国《企业会计准则——基本准则》将收入定义为:"收入是指企业在日常活动中形成的、会导致所有者权益增加的、与所有者投入资本无关的经济利益的总流入。"从这一定义可以看出,准则中的收入主要是指狭义的营业收入,仅包括销售商品收入、提供劳务收入和让渡资产使用权收入。

根据收入准则对收入的定义,收入具有以下特征:

1. 收入是企业在日常活动中形成的,而不是从偶发的交易或事项中形成的。日常活动是指企业为完成其经营目标所从事的经常性活动以及与之相关的活动。例如,工业企业生产并销售产品、商业企业销售商品、咨询公司提供咨询服务、软件公司为客户开发软件、安装公司提供安装服务、商业银行对外贷款、保险公司签发保单、租赁公司出租资产等实现的收入。企业发生的与经常性活动相关的其他活动,如工业企业对外出售不需用的原材料、利用闲置资金对外投资、对外转让无形资产使用权等所形成的经济利益的总流入也构成收入。有些交易或事项虽然也能为企业带来经济利益的流入,但不属于企业的日常活动,这部分经济利益属于利得,不是收入。企业发生的既不属于经常性活动也不属于与经常性活动相关的其他活动(如工业企业处置固定资产、无形资产等形成的经济利益的总流入),不属于收入。

2. 收入会导致所有者权益的增加。收入既可能表现为资产的增加,也可能表现为负债的减少,或者两者兼而有之。如销售商品收到货款会增加银行存款,或取得收取货款的权利而增加债权。因此,根据会计恒等式“资产 - 负债 = 所有者权益”,企业取得收入必然增加所有者权益。不会导致所有者权益增加的经济利益的流入不符合收入的定义,不能确认为收入。例如,企业向银行借入款项,尽管也导致了企业经济利益的流入,但该项业务不导致所有者权益的增加,反而使企业承担了一项现时义务,应当将其确认为一项负债。代收款项虽然会增加企业的资产,但同时也会增加企业的负债,因而不增加企业的所有者权益,比如,为国家代收的增值税、旅行社代客户购买门票收取的款项、企业代收的利息,均不增加企业的所有者权益,不能确认为收入。

3. 收入是与所有者投入资本无关的经济利益的总流入。收入应当会导致经济利益流入企业,从而导致资产的增加。例如,企业销售商品,应当收到现金或者在未来有收取现金的权利,才表明该交易符合收入的定义。但是,流入企业的经济利益有时是所有者投入资本的增加,应当直接将其确认为所有者权益。

(二)收入的分类

收入按不同的标准有不同的分类。按照性质和来源,收入可以分为销售商品收入、提供劳务收入和让渡资产使用权收入三类。按照经营业务的主次程度,收入可以分为主营业务收入和其他业务收入两类。

1. 按照收入的性质和内容分类。

(1)商品销售收入。商品销售收入指以取得货币性资产的方式进行商品销售获取的收入,以及正常情况下的以商品抵偿债务的交易等取得的收入。销售的商品包括企业为销售而生产的产品和为转售而购进的商品,如工业企业生产的产品、商业企业购进的商品等,企业销售的其他存货,如原材料、包装物等,也视同企业的商品。

(2)提供劳务收入。提供劳务收入指提供旅游、运输、饮食、广告、理发、照相、洗染、咨询、代理、培训、产品安装等所获取的收入。这里的劳务,其结果一般不形成有形物,形成有形物的劳务(如建筑施工等劳务)获得的收入为建造合同的收入,不属于提供劳务收入的范畴。

(3)让渡资产使用权收入。让渡资产使用权收入指企业让他人使用本企业资产所获取的收入,主要有利息收入和使用费收入。因他人使用本企业现金而取得的利息收入,主要是指金融企业存、贷款形成的利息收入及同业之间往来形成的利息收入等;使用费收入是指因他人使用本企业的无形资产(如商标权、专利权、专营权、版权)等而形成的使用费收入。此外还有因他人使用本企业固定资产、包装物而取得的租金收入等。

2. 按企业经营业务的主次分类。

(1)主营业务收入。主营业务收入指企业为完成其经营目标而从事的日常活动中的主要活动所取得的收入。正常情况下，主营业务收入在企业总收入中所占的比重较大，而且其变化对企业的经济效益会产生显著影响。例如，工业企业制造并销售产品、商业企业销售商品、保险公司签发保单、咨询公司提供咨询服务、软件开发企业为客户开发软件、安装公司提供安装服务、商业银行对外贷款、租赁公司出租资产等实现的收入。

(2)其他业务收入。其他业务收入指主营业务以外的其他日常活动所取得的收入。例如，工业企业对外出售不需用的原材料、对外转让无形资产使用权等。

二、销售商品收入

(一)销售商品收入的确认原则

企业销售商品时，必须同时满足以下5个条件，才能确认为收入：

1. 企业已将商品所有权上的主要风险和报酬转移给购货方。这是指与商品所有权有关的主要风险和报酬同时转移给了购货方。其中，与商品所有权有关的风险，是指商品可能发生减值或毁损等形成的损失；与商品所有权有关的报酬，是指商品价值增值或通过使用商品等形成的经济利益。

判断企业是否已将商品所有权上的主要风险和报酬转移给购货方，应当关注交易的实质而不是形式，同时考虑所有权凭证的转移或实物的交付。如果与商品所有权有关的任何损失均不需要销货方承担，与商品所有权有关的任何经济利益也不归销货方所有，就表明商品所有权上的主要风险和报酬转移给了购货方。

(1)通常情况下，转移商品所有权凭证或交付实物后，商品所有权上的所有风险和报酬随之转移，如大多数商品零售。

(2)某些情况下，转移商品所有权凭证或交付实物后，商品所有权上的主要风险和报酬随之转移，企业只保留商品所有权上的次要风险和报酬，如交款提货方式销售商品、视同买断方式委托代销商品等。在这种情形下，应当视同商品所有权上的所有风险和报酬已经转移给购货方。例如：甲公司销售一批商品给丙公司。丙公司已根据甲公司开出的发票账单支付了货款，取得了提货单，但甲公司尚未将商品移交丙公司。在这种情况下，购买方支付货款并取得提货单，说明商品所有权上的主要风险和报酬已转移给购买方，虽然商品未实际交付，甲公司仍可以认为商品所有权上的主要风险和报酬已经转移，应当确认收入。

(3)某些情况下，转移商品所有权凭证或交付实物后，商品所有权上的主要风险和报酬并未随之转移。例如：甲公司为推销一种新产品，承诺凡购买新产品的客户均有一个月的试用期，在试用期内如果对产品使用效果不满意，甲公司无条件给予退货。该种新产品已交付买方，货款已收讫。甲公司虽然已将产品售出，并已收到货款,但是由于是新产品,甲公司无法估计退货的可能性,这表明产品所有权上的主要风险和报酬并未随实物的交付而发生转移,不能确认收入。只有在试用期结束后,才表明与该产品有关的风险和报酬已经转移给客户,在满足收入确认的其他条件时,甲公司才能确认收入。

2. 企业既没有保留通常与所有权相联系的继续管理权,也没有对已售出的商品实施有效控制。通常情况下,企业售出商品后不再保留与商品所有权相联系的继续管理权,也不再对售出商品实施有效控制,表明商品所有权上的主要风险和报酬已经转移给购货方,应在发出商品时确认收入。如甲企业为房地产开发企业,将其尚未开发的土地卖给乙企业,合同规定由甲企业开发这片土地,开发后的土地出售后,利润由甲、乙企业按比例共同享有,这种情况属于甲企业保留了与所有权有关的继续管理权,此交易不属于销售交易,而是属于甲、乙企业共同开发土地、共同分享利润的投资交易,因而在出售土地时,不应确认收入。

3. 收入的金额能够可靠地计量。收入能否可靠地计量是确认收入的基本前提。收入的金额能够可靠地计量,是指收入的金额能够合理地估计。通常情况下,企业在销售商品时,商品销售价格已经确定,企业应当按照从购货方已收或应收的合同或协议价款确定收入金额。如果销售商品涉及现金折扣、商业折扣、销售折让等因素,还应当考虑这些因素后确定销售商品收入金额。如果企业从购货方应收的合同或协议价款延期收取具有融资性质,企业应按应收的合同或协议价款的公允价值确定销售商品收入金额。

4. 相关的经济利益很可能流入企业。销售商品的价款能否有把握收回,是收入确认的一个重要条件。相关的经济利益很可能流入企业,是指销售商品价款收回的可能性大于不能收回的可能性,即销售商品价款收回的可能性超过50%。企业在销售商品时,如估计价款收回的可能性不大,即使收入确认的其他条件均已满足,也不应当确认收入。

5. 相关的已发生或将发生的成本能够可靠地计量。根据收入和费用相配比的原则,与同一项销售有关的收入和成本应在同一会计期间予以确认。因此,如果成本不能可靠地计量,即使其他条件均已满足,相关的收入也不能确认,如果已收到价款,收到的价款应确认为一项负债。

(二)销售商品收入的核算

1. 设置的账户。为了全面真实地反映企业销售商品业务,应设置"主营业务收入""其他业务收入""主营业务成本""其他业务成本""营业税金及附加""销售费用"等账户对其进行核算。

2. 主要账务处理。

(1)一般销售商品收入的账务处理。企业销售商品符合确认条件时,应按已收或应收的合同或协议价款,加上应收取的增值税额,借记“银行存款”“应收账款”“应收票据”等账户,按确定的收入金额,贷记“主营业务收入”“其他业务收入”账户,按应收取的增值税额,贷记“应交税费——应交增值税(销项税额)”账户;同时在资产负债表日,按应缴纳的消费税、资源税、城市维护建设税、教育费附加等税费金额,借记“营业税金及附加”账户,贷记“应交税费——应交消费税(应交资源税、应交城市维护建设税等)”账户。

【例 12－1】甲公司是增值税一般纳税人,向乙公司销售应纳消费税商品一批,价款 200 000 元,增值税销项税额 34 000 元,价款共计 234 000 元。该批商品的成本为 130 000 元。适用的消费税率为 10%。乙公司以支票支付货款及税额,甲公司将提货单交给对方。甲公司应做如下会计分录:

企业收到款项并存入银行时:

借:银行存款　234 000

　贷:主营业务收入　200 000

　　应交税费——应交增值税(销项税额)　34 000

结转商品销售成本时:

借:主营业务成本　130 000

　贷:库存商品　130 000

计算应缴纳的税金时:

借:营业税金及附加　20 000

　贷:应交税费——应交消费税　20 000

【例 12－2】甲公司与乙公司签订协议,采用预收货款方式向乙公司销售一批商品。该批商品实际成本为 600 000 元。协议约定,该批商品售价为 1 000 000 元,增值税额为 170 000 元;乙公司在签订协议时预付 60% 的货款(按销售价格计算),剩余货款于 3 个月后支付。甲公司应做如下会计分录:

预收货款时:

借:银行存款　600 000

　贷:预收账款　600 000

交付商品时:

借:预收账款　1 170 000

　贷:主营业务收入　1 000 000

　　应交税费——应交增值税(销项税额)　170 000

收到剩余款项时:

借:银行存款　　570 000

　贷:预收账款　　570 000

同时:

借:主营业务成本　　600 000

　贷:库存商品　　600 000

(2)销售商品涉及现金折扣、商业折扣、销售折让的账务处理。企业为了适应竞争激励的市场环境,在进行商品销售时可能会涉及现金折扣、商业折扣、销售折让,企业销售商品涉及现金折扣、商业折扣的会计处理参见第四章应收款项,此处只介绍销售折让的处理。

销售折让是指企业因售出商品的质量不合格等原因而在售价上给予的减让。对于销售折让,企业应分别不同情况进行处理:已确认收入的售出商品发生销售折让的,通常应当在发生时冲减当期销售商品收入;已确认收入的销售折让属于资产负债表日后事项的,应当按照有关资产负债表日后事项的相关规定进行处理。

【例 12-3】甲企业 5 月 6 日向乙企业销售商品一批,售价 50 000 元,增值税销项税额 8 500 元,企业已确认收入,货款尚未收回。5 月 25 日,乙企业提出商品存在质量问题,要求在价格上给予折让,甲企业同意给予售价 10% 的销售折让,共计价款 5 000 元,增值税销项税额 850 元。甲企业应做会计分录如下:

销售商品确认销售收入时:

借:应收账款——乙企业　　58 500

　贷:主营业务收入　　50 000

　　　应交税费——应交增值税(销项税额)　　8 500

发生销售折让时:

借:主营业务收入　　5 000

　　应交税费——应交增值税(销项税额)　　850

　贷:应收账款——乙企业　　5 850

收回货款时:

借:银行存款　　52 650

　贷:应收账款——乙企业　　52 650

(3)销售退回的账务处理。销售退回,是指企业售出的商品由于质量、品种不符合要求等原因而发生的退货。对于已确认收入的售出商品发生退回的,企业一般应在发生时冲减当期商品销售收入,同时冲减当期销售商品成本。如果该项销售退回已发生现金折扣的,应同时调整相关财务费用的金额。

【例 12－4】甲公司 2015 年 3 月 20 日销售商品一批，增值税专用发票上注明售价为 350 000 元，增值税税额为 59 500 元。该批商品成本为 182 000 元。商品于 2015 年 3 月 20 日发出，购货方于 3 月 27 日付款。甲公司对该项销售确认了销售收入。2015 年 9 月 15 日，该批商品质量出现了严重问题，购货方将该批商品全部退回给甲公司，甲公司同意退货，于退货当日支付了退货款，并按规定向购货方开具了增值税专用发票（红字）。甲公司应做会计分录如下：

销售实现时：

借：应收账款	409 500	
贷：主营业务收入		350 000
应交税费——应交增值税（销项税额）		59 500
借：主营业务成本	182 000	
贷：库存商品		182 000

收到货款时：

借：银行存款	409 500	
贷：应收账款		409 500

销售退回时：

借：主营业务收入	350 000	
应交税费——应交增值税（销项税额）	59 500	
贷：银行存款		409 500
借：库存商品	182 000	
贷：主营业务成本		182 000

（4）预收款销售商品的会计处理。预收款销售商品，是指购买方在商品尚未收到前按合同或协议约定分期付款，销售方在收到最后一笔款项时才交货的销售方式。在这种方式下，销售方直到收到最后一笔款项才将商品交付购货方，表明商品所有权上的主要风险和报酬只有在收到最后一笔款项时才转移给购货方，企业通常应在发出商品时确认收入，在此之前预收的货款应确认为负债。具体会计处理参见第十一章流动负债部分的“预收账款”。

（5）代销商品的会计处理。企业委托其他单位代销本企业的商品，通常有视同买断和收取手续费两种方式。

视同买断方式销售商品，是指委托方和受托方签订合同或协议，委托方按合同或协议收取代销的货款，实际售价由受托方自定，实际售价与合同或协议价之间的差额归受托方所有。该种方式下，委托方发出商品时能否确认收入实现需要区分具体情况：

①如果委托方和受托方之间的协议明确标明，受托方在取得代销商品后，无论是否

能够卖出、是否获利,均与委托方无关。那么,委托方和受托方之间的代销商品交易,与委托方直接销售商品给受托方没有实质区别,在符合销售商品收入确认条件时,委托方应确认相关销售商品收入。

②如果委托方和受托方之间的协议明确标明,将来受托方没有将商品售出时可以将商品退回给委托方,或受托方因代销商品出现亏损时可以要求委托方补偿,那么,委托方在交付商品时不确认收入,受托方也不做购进商品处理,受托方将商品销售后,按实际售价确认销售收入,并向委托方开具代销清单,委托方收到代销清单时,再确认本企业的销售收入。

【例 12 - 5】甲公司委托乙公司销售 A 商品 1 000 件,每件转让协议价 100 元,该商品成本为 80 元/件,增值税税率为 17%。甲公司收到乙公司开来的代销清单时开具增值税专用发票,发票上注明:售价 100 000 元,增值税额 17 000 元。乙公司实际销售时按每件 150 元的价格出售,开具的增值税发票上注明:150 000 元,增值税额为 25 500元。

甲公司应做的会计分录如下:

在委托方甲公司将商品交付给受托方乙公司时:

借:发出商品　　80 000

　贷:库存商品　　80 000

收到受托方乙公司的代销清单时:

借:应收账款——乙公司　　117 000

　贷:主营业务收入　　100 000

　　应交税费——应交增值税(销项税额)　　17 000

借:主营业务成本　　8 0000

　贷:发出商品　　80 000

乙公司应做的会计分录如下:

收到甲公司的代销商品时:

借:受托代销商品　　100 000

　贷:受托代销商品款　　100 000

实际销售时:

借:银行存款　　175 500

　贷:主营业务收入　　150 000

　　应交税费——应交增值税(销项税额)　　25 500

借:主营业务成本　　100 000

　贷:受托代销商品　　100 000

借:受托代销商品款 100 000

贷:应付账款——甲公司 100 000

按合同协议价将款项付给甲公司时:

借:应付账款——甲公司 100 000

应交税费——应交增值税(进项税额) 17 000

贷:银行存款 11 700

收取手续费方式销售商品,是指受托方根据所代销的商品数量向委托方收取手续费的销售方式。对于受托方来说,收取的手续费实际上是一种劳务收入。这种代销方式与视同买断方式相比,主要特点是,受托方通常应按照委托方的价格销售,不得自行改变售价。在这种方式下,委托方发出商品时,商品所有权上的主要风险和报酬并未转移给受托方。因此,委托方在发出商品时通常不应确认销售商品收入,而应在收到受托方开出的代销清单时确认收入;受托方应在商品销售后,按合同或协议约定的方法计算确定的手续费确认收入。

【例 12 - 6】甲公司委托乙公司代销服装 100 件,不含税代销价格为 500 元一件,成本为 200 元一件。月末收到乙公司转来的代销清单,清单上注明本月已销售服装 80 件。该公司根据代销清单开具增值税专用发票。代销手续费为每件 50 元,5 日后该公司收到扣除代销手续费后的全部款项。

甲公司应做的会计分录如下:

发出代销商品时:

借:委托代销商品 20 000

贷:库存商品 20 000

收到代销清单时:

借:应收账款——乙公司 46 800

贷:主营业务收入 40 000

应交税费——应交增值税(销项税额) 6 800

同时结转产品成本:

借:主营业务成本 16 000

贷:委托代销商品 16 000

收到代销方开具的手续费发票时:

借:销售费用 4 000

贷:应收账款——乙公司 4 000

收到代销商品款时:

借:银行存款 42 800

贷:应收账款——乙公司 42 800

乙公司应做的会计分录如下:

收到代销商品时:

借:受托代销商品 50 000

贷:代销商品款 50 000

实际销售商品时:

借:银行存款 46 800

贷:应付账款——甲公司 40 000

应交税费——应交增值税(销项税额) 6 800

借:应交税费——应交增值税(进项税额) 6 800

贷:应付账款——甲公司 6 800

借:代销商品款 40 000

贷:受托代销商品 40 000

支付货款并结算代销手续费时:

借:应付账款——甲公司 46 800

贷:主营业务收入 4 000

银行存款 42 800

(6)售后回购的会计处理。售后回购,是指销售商品的同时,销售方同意日后再将同样或类似的商品购回的销售方式。在这种方式下,销售方应根据合同或协议的条款判断企业是否已将商品所有权上的主要风险和报酬转移给购货方,以确定是否确认销售商品收入。在大多数情况下,回购价格固定或等于原销价加合理回报。售后回购交易属于融资交易,商品所有权上的主要风险和报酬没有转移,企业不应确认销售商品收入;回购价格大于原售价的差额,企业应在回购期间按期计提利息(通常采用直线法),计入财务费用。有确凿证据表明售后回购交易满足销售商品收入确认条件的,销售的商品按售价确认收入,回购的商品作为购进商品处理。

【例12-7】甲公司为一般纳税人,去年7月因为资金紧张,与乙公司签订销售合同,出售一批商品给乙公司,合同约定价格为50万元(不含增值税)。合同还约定今年1月初,甲公司以53万元(不含增值税)的价格回购这批商品。商品的成本价为40万元,商品发出并开具了增值税专用发票。甲公司应做的会计分录如下:

借:银行存款 585 000

贷:其他应付款 500 000

应交税费——应交增值税(销项税额) 8 5000

借:发出商品 400 000

贷:库存商品 400 000

每月末:

借:财务费用 5 000

贷:其他应付款 5 000

回购时:

借:其他应付款 530 000

应交税费——应交增值税(进项税额) 90 100

贷:银行存款 620 100

借:库存商品 400 000

贷:发出商品 400 000

(7)以旧换新销售的会计处理。以旧换新销售,是指销售方在销售商品的同时回收与所售商品相同的旧商品。在这种销售方式下,销售的商品按照商品销售的方法确认收入,回收的商品作为购进商品处理。

【例 12-8】甲公司在 2016 年 7 月 9 日,以旧换新销售 A 产品 2 件,每件售价为 2 000元,单位销售成本为 1 000 元,同时收到 2 件同类旧商品,每件回收价 100 元;实际收入 4 480 元存入银行。

甲公司的会计处理如下:

借:银行存款 4 480

库存商品 200

贷:主营业务收入 4 000

应交税费——应交增值税(销项税额) 680

借:主营业务成本 2 000

贷:库存商品 2 000

三、提供劳务收入

(一)提供劳务收入的确认原则

企业提供劳务的收入,应分别下列情况确认:

1. 同一会计年度内开始并完成的劳务,应在劳务完成时确认收入,确认的金额为合同或协议总金额,确认方法与商品销售收入的确认方法类似。

2. 如果劳务的开始和完成分属不同的会计年度,且在资产负债表日能对该项交易的结果做出可靠估计的,应按完工百分比法确认收入。企业在资产负债表日提供劳务交易的结果能够可靠估计,是指同时满足下列条件:

(1)收入的金额能够可靠地计量,即提供劳务收入的总额能够合理地估计。通常情况下，企业应当按照从接受劳务方已收或应收的合同或协议价款确定提供劳务收入总额。随着劳务的不断提供，可能会根据实际情况增加或减少已收或应收的合同或协议价款，此时，企业应及时调整提供劳务收入总额。

(2)相关的经济利益很可能流入企业，即提供劳务收入总额收回的可能性大于不能收回的可能性。企业在确定提供劳务收入总额能否收回时，应当结合接受劳务方的信誉、以前的经验以及双方就结算方式和期限达成的合同或协议条款等因素，进行综合判断。

(3)交易的完工进度能够可靠地确定，即交易的完工进度能够合理地估计。企业确定提供劳务交易的完工进度，可以选用下列方法：①测量已完工作。这是一种比较专业的测量方法，由专业测量师对已经提供的劳务进行测量，并按一定方法计算确定提供劳务交易的完工程度。②确定已经提供的劳务占应提供劳务总量的比例。这种方法主要以劳务量为标准确定提供劳务交易的完工程度。③确定已经发生的成本占估计总成本的比例。这种方法主要以成本为标准确定提供劳务交易的完工程度。只有已提供劳务的成本才能包括在已经发生的成本中，只有已提供或将提供劳务的成本才能包括在估计总成本中。

(4)交易中已发生和将发生的成本能够可靠地计量，即交易中已经发生和将要发生的成本能够合理地估计。企业应当建立完善的内部成本核算制度和有效的内部财务预算及报告制度，准确地提供每期发生的成本，并对完成剩余劳务将要发生的成本做出科学、合理的估计。同时，应随着劳务的不断提供或外部情况的不断变化，随时对将要发生的成本进行修订。

完工百分比法是指按照劳务的完成程度确认收入和费用的方法。用完工百分比法确认收入，仅适用于提供劳务的交易，当劳务的开始和完成分属不同的会计年度时，为准确反映每一会计年度的收入、费用和利润情况，企业应在资产负债表日按劳务的完成程度确认收入和相关费用。

3. 如果劳务的开始和完成分属不同的会计年度，劳务的结果在资产负债表日不能做出可靠估计的，则不能按完工百分比法确认收入，而应正确预计已经发生的劳务成本能够得到补偿和不能得到补偿，分别进行会计处理：

(1)已经发生的劳务成本预计能够得到补偿的，应按已经发生的能够得到补偿的劳务成本金额确认提供劳务收入，并结转已经发生的劳务成本。

(2)已经发生的劳务成本预计全部不能得到补偿的，应将已经发生的劳务成本计入当期损益，不确认提供劳务收入。

企业与其他企业签订的合同或协议，有时既包括销售商品又包括提供劳务，如销售电梯的同时负责安装工作、销售软件后继续提供技术支持、设计产品同时负责生产等。此时，如果销售商品部分和提供劳务部分能够区分且能够单独计量的，企业应当分别核算销售商品部分和提供劳务部分，将销售商品的部分作为销售商品处理，将提供劳务的部分作为提供劳务处理；如果销售商品部分和提供劳务部分不能够区分，或虽能区分但不能够单独计量的，企业应当将销售商品部分和提供劳务部分，全部作为销售商品部分进行会计处理。

（二）提供劳务收入的核算

企业应在提供劳务完成时按所确定的收入金额，借记“应收账款”“银行存款”等账户，贷记“主营业务收入”“其他业务收入”账户。有关支出确认为费用之前，企业可增设“劳务成本”账户予以归集，待确认为费用时，再借记“主营业务成本”账户，贷记“劳务成本”账户。

1. 企业所提供的开始与完成不在同一会计期间的劳务，如果企业在会计期末能对交易的结果做出可靠的估计，则应按完工百分比法确认收入及相关的费用。其计算公式如下：

本期确认的收入 = 劳务总收入 × 本期末止劳务的完成程度 – 以前各期已确认的收入

本期确认的费用 = 劳务总成本 × 本期末止劳务的完成程度 – 以前各期已确认的费用

【例 12 – 9】甲企业为乙企业提供一项劳务服务，合同总收入为 30 000 元，预计将发生总成本 12 000 元。预收账款 20 000 元。本会计期末已完成项目的 60%，已发生成本 10 000 元。甲公司应做如下会计分录：

（1）进行相关支出时：

借：劳务成本	10 000	
贷：银行存款		10 000

（2）预收款项时：

借：银行存款	20 000	
贷：预收账款		20 000

（3）完工百分比法确认本期的收入和费用时：

本期应确认的收入 = 30 000 × 60% = 18 000（元）

本期应确认的费用 = 12 000 × 60% = 7 200（元）

借：预收账款	18 000	
贷：主营业务收入		18 000
借：主营业务成本	7 200	
贷：劳务成本		7 200

2. 劳务的开始和完成分属不同的会计年度，如果劳务的结果在资产负债表日不能做出可靠估计的，则不能按完工百分比法确认收入，而应正确预计已经发生的劳务成本能够得到补偿和不能得到补偿，分别进行会计处理。

【例12－10】甲公司于2015年12月25日接受乙公司委托，为其培训一批学员，培训期为6个月，2016年1月1日开学。协议约定，乙公司应向甲公司支付的培训费总额为60 000元，分三次等额支付，第一次在开学时预付，第二次在2016年3月1日支付，第三次在培训结束时支付。

2016年1月1日，乙公司预付第一次培训费。2016年2月29日，甲公司发生培训成本15 000元（假定均为培训人员薪酬）。2016年3月1日，甲公司得知乙公司经营发生困难，后两次培训费能否收回难以确定。甲公司应做如下会计分录：

（1）2016年1月1日收到乙公司预付的培训费：

借：银行存款	20 000	
贷：预收账款		20 000

（2）实际发生培训支出15 000元：

借：劳务成本	15 000	
贷：应付职工薪酬		15 000

（3）2016年2月29日确认劳务收入并结转劳务成本：

借：预收账款	15 000	
贷：主营业务收入		15 000
借：主营业务成本	15 000	
贷：劳务成本		15 000

四、让渡资产使用权收入

（一）让渡资产使用权收入的确认原则

让渡资产使用权产生的收入主要有因他人使用本企业现金而取得的利息收入、因他人使用本企业的无形资产（如商标权、专利权、专营权、版权、软件）等而形成的使用费收入。

利息收入和使用费收入应遵循以下确认原则：

1. 与交易相关的经济利益能够流入企业。企业应根据对方的信誉情况、当年的效益情况以及双方就结算方式、付款期限达成的协议等方面进行判断。如果企业估计收入收回的可能性不大，就不应确认收入。

2. 收入的金额能够可靠地计量。利息收入根据合同或协议规定的存、贷款利率确定；使用费收入按企业与其资产使用者签订的合同或协议确定。当收入的金额能够可靠地计量时，企业才能进行确认。

（二）让渡资产使用权收入的核算

让渡资产使用权产生的收入主要分为利息收入和使用费收入。确认使用费收入时,应按照合同或协议规定的金额借记“应收账款”或“银行存款”账户,贷记“其他业务收入”或“主营业务收入”账户。

【例 12-11】甲公司向丙公司转让某项专利权的使用权,合同约定的转让期为 5 年,每年的使用费为 80 000 元。甲公司应做如下会计分录:

借:应收账款(或银行存款)	80 000	
贷:其他业务收入		80 000

第二节 费 用

一、费用的特征

会计准则将费用定义为“企业在日常活动中发生的、会导致所有者权益减少的、与向所有者分配利润无关的经济利益的总流出”。根据费用的定义,费用具有以下特征。

(一)费用是企业在日常活动中形成的

费用必须是企业在其日常活动中所形成的,这些日常活动的界定与收入定义中涉及的日常活动的界定相一致。因日常活动所产生的费用通常包括销售成本(营业成本)、管理费用等。将费用界定为日常活动所形成的,目的是为了将其与损失相区分,企业非日常活动所形成的经济利益的流出不能确认为费用,而应当计入损失。

(二)费用会导致所有者权益的减少

与费用相关的经济利益的流出应当会导致所有者权益的减少,不会导致所有者权益减少的经济利益的流出不符合费用的定义,不应确认为费用。

(三)费用是与向所有者分配利润无关的经济利益的总流出

费用的发生应当会导致经济利益的流出,从而导致资产的减少或者负债的增加(最终也会导致资产的减少)。其表现形式包括现金或者现金等价物的流出,存货、固定资产和无形资产等的流出或者消耗等。企业向所有者分配利润也会导致经济利益的流出,而该经济利益的流出属于投资者投资回报的分配,是所有者权益的直接抵减项目,不应确认为费用,应当将其排除在费用的定义之外。

二、费用的确认

(一)确认原则

费用的实质是资产的耗费,但并不是所有的资产耗费都是费用。因此,就需明确什么样的资产耗费应确认为费用。由于发生费用的目的是为了取得收入,那么费用的确认就应当与收入确认相联系。因此,费用的确认应遵循权责发生制原则和划分收益性支出与资本性支出原则。

1. 权责发生制原则。《企业会计准则》规定,凡是当期已经发生或应当负担的费用,不论款项是否收付,都应作为当期的费用;凡是不属于当期的费用,即使款项已在当期支付,也不应当作为当期的费用。权责发生制原则规定了具体在什么时点上确认费用。

2. 划分收益性支出与资本性支出原则。按照划分收益性支出与资本性支出原则,某项支出的效益涉及几个会计年度(或几个营业周期),该项支出应予以资本化,不能作为当期的费用;如果某项支出仅涉及一个会计期间的应确认为费用。这一原则为费用的确认给定了一个时间上的总体界限。正确地区分收益性支出与资本性支出,保证了正确地计量资产的价值和正确地计算各期的产品成本、期间费用及损益。

(二)确认条件

费用的确认除了符合定义外,也要符合上述确认原则,同时应当满足严格的条件:

1. 与费用相关的经济利益应当很可能流出企业。这里的"很可能"指企业因发生费用而导致经济利益流出企业的可能性大于50%但小于或等于90%的情形。

2. 经济利益流出企业的结果会导致资产的减少或者负债的增加。根据费用的定义,费用的发生必然导致企业经济利益的流出,其形式可以表现为资产的流出、资产消耗,也可以表现为发生负债而引起所有者权益的减少,但不包括向所有者分配利润及其相关事项。

3. 经济利益的流出额能够可靠计量。费用的发生具有不确定性,费用产生的现时义务的金额有时也需要估计。对一项费用的确认,相关现实义务的金额应能可靠计量。

三、期间费用的核算

期间费用是指企业在一定时期发生的,不能直接归属于某个特定产品成本的费用。它与当期产品的管理和产品销售直接相关,而与产品的产量、制造过程无直接关系,容易确定其发生的期间,而难以判别其所应归属的产品,因而不能列入产品制造成本,而应在发生的当期从损益中扣除。期间费用包括直接从企业的当期收益中扣除的管理费用、销售费用和财务费用。由于当期的期间费用是全额从当期损益中扣除的,因此,其发生额不会影响下一个会计期间。

(一)管理费用

1. 管理费用的概念和内容。管理费用是指企业为组织和管理生产经营活动所发生的各种费用,包括企业的董事会和行政管理部门在企业的经营管理中发生的,或者应当由企业统一负担的各项费用。具体来讲,主要有以下几项:

(1)企业管理部门及职工方面的费用。这包括直接在企业行政管理部门发生的行政管理部门职工工资、修理费、物料消耗、低值易耗品摊销、办公费和差旅费、工会经费、职工教育经费、劳动保险费、价格补贴、医药费(包括支付离退休人员参加医疗保险的费用)、异地安家费、职工退职金、6 个月以上病假人员工资、职工死亡丧葬补助费、抚恤费、按规定支付给离休人员的其他费用、待业保险费。

(2)用于企业直接管理之外的费用。这包括企业董事会或最高权力机构及其成员为执行职权而发生的各项津贴、差旅费、会议费;向有关咨询机构进行生产技术经营管理咨询所支付的费用或支付企业经济顾问的费用;聘请会计师事务所进行查账、验资、资产评估、清账等发生的费用;向法院起诉或应诉而支付的费用;按规定缴纳的房产税、车船使用税、土地使用税、印花税等;在我国领域和其他管辖海域开采矿产资源,按照主营业务收入的一定比例缴纳的矿产资源补偿费。

(3)提供生产技术条件的费用。这包括根据环保部门的规定缴纳的排污费用、企业区域内零星绿化费用、技术转让费,分期摊销的无形资产价值,企业生产车间(部门)和行政管理部门等发生的固定资产修理费用等。

2. 管理费用的核算。为了核算企业为组织和管理企业生产经营所发生的管理费用,企业应当设置"管理费用"账户。该账户的借方反映企业发生的各项管理费用,贷方反映企业转入"本年利润"账户的管理费用;期末"管理费用"账户结转"本年利润"账户后应无余额。本账户可以按照费用项目设置明细账户进行核算。

【例 12－12】甲企业 2015 年 6 月行政管理部门发生固定资产折旧费 20 000 元。甲企业应做如下会计分录:

借:管理费用　　20 000
　贷:累计折旧　　20 000

【例 12－13】甲企业 2015 年 11 月,发生管理部门的车辆经常性修理费 5 000 元,生产车间设备大修理费 25 000 元,所有款项均以银行存款支付。甲企业应做如下会计分录:

借:管理费用　　30 000
　贷:银行存款　　30 000

(二)销售费用

1. 销售费用的概念和内容。销售费用是指企业在销售商品和材料,以及提供劳务过程中发生的各项费用以及为销售本企业商品而专设的销售机构(含销售网点、售后服务网点等)的经营费用。一般包括由本企业负担的包装费、运输费、装卸费、保险费;为了扩大本企业商品的销售而发生的展览费、广告费、经营租赁费、销售服务费用(提供售后服务等的费用);为销售本企业商品而专设的销售机构(含销售网点、售后服务网点等)的职工工资及福利费、类似工资性质的费用、业务费等经营费用。

2. 销售费用的核算。为了核算企业在销售商品过程中发生的各项费用,企业应当设置“销售费用”账户。该账户借方反映企业发生的各项销售费用，贷方反映企业转入“本年利润”账户的销售费用；“销售费用”账户结转“本年利润”账户后，期末应无余额。本账户可以按照费用项目设置明细账户进行核算。

【例12－14】甲公司为宣传新产品发生广告费150 000元，均用银行存款支付。甲公司应做如下会计分录：

借：销售费用　　150 000

　贷：银行存款　　150 000

【例12－15】甲公司销售部9月份共发生费用200 000元，其中：销售人员薪酬100 000元，销售部专用办公设备折旧费30 000元，业务费70 000元（均用银行存款支付）。甲公司应做如下会计分录：

借：销售费用　　200 000

　贷：应付职工薪酬　　100 000

　　累计折旧　　30 000

　　银行存款　　70 000

（三）财务费用

1. 财务费用的概念和内容。财务费用是指企业为筹集生产经营所需资金等而发生的费用，包括利息支出（减利息收入）、汇兑损失（减汇兑收益）以及相关的手续费等。其具体内容包括企业短期借款利息、长期借款利息、应付票据利息、票据贴现利息、应付债券利息等。

企业为购建固定资产而筹集资金所发生的费用，在固定资产达到预定可使用状态前发生的，应当计入有关固定资产的购置或建造成本，不包括在“财务费用”账户的核算范围内。

2. 财务费用的核算。为了核算企业发生的各项为筹集生产经营资金等发生的费用，企业应当设置“财务费用”账户。该账户的借方反映本期实际发生的财务费用，贷方反映期末转入“本年利润”账户的财务费用；“财务费用”账户结转“本年利润”后，期末应无余额。

【例12－16】甲企业用银行存款支付本月应负担的短期借款利息1 000元。甲企业应做如下会计分录：

借：财务费用　　1 000

　贷：银行存款　　1 000

第三节　利　润

一、利润的构成

利润是企业在一定生产经营期间内由于生产经营活动而取得的经营成果,它表现为企业在生产经营活动及其他活动中取得的收入与为取得这些收入而发生的成本、费用相配比后的差额。如果收入大于所发生的成本和费用,其差额为利润。如果收入小于所发生的成本和费用,则其差额为亏损。利润是衡量企业经济效益高低的一项重要指标,是评价企业管理层业绩的指标之一,也是投资者等财务报告使用者进行决策时的重要参考。

利润包括收入减去费用后的净额、直接计入当期利润的利得和损失等。其中收入减去费用后的净额反映企业日常活动的经营业绩,直接计入当期利润的利得和损失反映企业非日常活动的业绩。直接计入当期利润的利得和损失,是指应当计入当期损益、最终会引起所有者权益发生增减变动的、与所有者投入资本或者向所有者分配利润无关的利得或者损失。企业应当严格区分收入和利得、费用和损失之间的区别,以更加全面地反映企业的经营业绩。具体来讲,利润包括营业利润、利润总额和净利润。

(一)营业利润

营业利润是企业进行营业活动所产生的利润,它是利润总额的基本组成部分,是企业利润最重要的来源,是企业持续经营的重要保障。

根据准则的规定,一般制造企业的利润可以用下列公式表示:

营业利润 = 营业收入 - 营业成本 - 营业税金及附加 - 销售费用 - 管理费用 - 财务费用 - 资产减值损失 + 投资净收益 + 公允价值变动收益(或减公允价值变动损失)

营业收入包括主营业务收入和其他业务收入。

营业成本包括主营业务成本和其他业务成本。

营业税金及附加包括企业经营活动中发生的营业税、消费税、城市维护建设税、资源税和教育费附加等相关税费。

资产减值损失指企业计提的各项资产减值准备所形成的损失,包括应收账款坏账损失、存货跌价损失、固定资产减值损失、无形资产减值损失、投资减值损失等。

公允价值变动收益包括企业交易性金融资产、交易性金融负债,以及采用公允价值模式计量的投资性房地产等公允价值变动形成的应该计入当期损益的利得或损失。

投资收益包括企业持有的交易性金融资产、持有至到期投资、可供出售金融资产、长期股权投资而实现的投资收益或发生的投资损失。

（二）利润总额

企业的利润总额由营业利润、营业外收支净额两部分构成，即

利润总额 = 营业利润 + 营业外收入 - 营业外支出

营业外收入和营业外支出是指企业进行的，与生产经营活动没有直接关系的业务活动发生的各项收入和各项支出。

营业外收入包括非流动资产处置利得、非货币性资产交换利得、债务重组利得、政府补助、盘盈利得、捐赠利得等。

营业外支出包括非流动资产处置损失、非货币性资产交换损失、债务重组损失、公益性捐赠支出、非常损失、盘亏损失等。

营业外收入和营业外支出是特殊的损益账户，应分别进行核算，不应以营业外支出直接冲减营业外收入。

（三）净利润

按照我国税法规定，企业获取利润后，应向国家缴纳一定比例的所得税，企业计算缴纳的所得税应作为费用列支。

净利润是指企业在一定会计期间的利润总额减去所得税后的余额，也称税后利润，即

净利润 = 利润总额 - 所得税费用

二、营业外收支的核算

（一）营业外收入的核算

核算营业外收入需设置“营业外收入”账户，该账户为损益类账户，确认营业外收入时，记入本账户贷方，期末将本期营业外收入全部发生额从借方转出，转至“本年利润”账户。结转后本账户无余额。企业可以按收入项目设置明细账进行明细核算。

【例 12 - 17】丙企业接受另一家公司捐赠的 10 000 元，应作如下会计分录：

借：银行存款　　10 000

　贷：营业外收入　　10 000

（二）营业外支出的核算

核算营业外支出，企业应设置“营业外支出” 账户。企业发生营业外支出时，记入本账户借方，期末将本期营业外支出发生额从“营业外支出”账户的贷方转出，转入“本年利润”账户。结转后本账户无余额。对营业外支出，企业可以按支出项目设置明细账进行明细核算。

【例 12 - 18】某增值税一般纳税企业因暴雨毁损库存材料一批，该批原材料实际成

本为 20 000 元,收回残料价值 800 元,保险公司赔偿 11 600 元。假设不考虑相关税费。该企业应做如下会计分录:

(1)批准处理前:

借:待处理财产损益——待处理流动资产损益 23 400
　贷:原材料 20 000
　　应交税费——应交增值税(进项税额转出) 3 400

(2)批准处理后:

借:原材料 800
　其他应收款 11 600
　营业外支出 11 000
　贷:待处理财产损益——待处理流动资产损益 23 400

三、所得税费用的核算

我国《企业所得税法》规定:“在中华人民共和国境内,企业和其他取得收入的组织为企业所得税的纳税人,依照本法的规定缴纳企业所得税。”所得税的计税依据是应纳税所得额。应纳税所得额等于收益扣除准予扣除的成本、费用、损失和有关税金后的余额。企业只要有应纳税额,就必须依法向国家缴纳税款。企业所得税作为企业的一项费用,不属于利润分配的范畴。目前我国采用资产负债表债务法对所得税进行会计核算。

(一)资产、负债的计税基础

1. 资产的计税基础。资产的计税基础,是指企业收回资产账面价值过程中,计算应纳税所得额时按照税法规定可以自应税经济利益中抵扣的金额,即某一项资产在未来期间计税时按照税法规定可以税前扣除的金额。

资产在初始确认时,其入账价值与计税基础是相同的,即企业为取得某项资产支付的成本在未来期间准予税前扣除。在资产持续持有的过程中,其计税基础是指资产的取得成本减去以前期间按照税法规定已经税前扣除的金额后的余额,该余额代表的是按照税法规定,所涉及的资产在未来期间计税时仍然可以税前扣除的金额。如固定资产、无形资产等长期资产在某一资产负债表日的计税基础,是指其成本扣除按照税法规定已在以前期间税前扣除的累计折旧额或累计摊销额后的金额。

【例 12 - 19】甲企业于 2014 年年末以 100 万元购入一项生产用固定资产,按照该项固定资产的预计使用情况,甲企业估计其使用寿命为 10 年,按照直线法计提折旧,预计净残值为 0。假定税法规定的折旧年限、折旧方法及净残值与会计规定相同。由于市场变化,2015 年年末,该固定资产的可收回金额为 80 万元。

该项固定资产在 2015 年 12 月 31 日的账面价值 = 80(万元)

该项固定资产在 2015 年 12 月 31 日的计税基础 = 100 - 100 ÷ 10 = 90(万元)

该项固定资产的账面价值 80 万元与其计税基础 90 万元之间产生的 10 万元差额，在未来期间会减少企业的应纳税所得额和应交所得税。

2. 负债的计税基础。负债的计税基础，是指负债的账面价值减去未来期间计算应纳税所得额时按照税法规定可予抵扣的金额。用公式表示为：

负债的计税基础 = 账面价值 - 未来期间按照税法规定可予税前扣除的金额

企业的短期借款、应付账款等负债的确认与偿还一般不会影响企业的损益，也不会影响其应纳税所得额，未来期间计算应纳税所得额时按照税法规定可予抵扣的金额为 0，计税基础即为账面价值。但是，某些情况下，负债的确认可能会影响企业的损益，进而影响不同期间的应纳税所得额，使得其计税基础与账面价值之间产生差额，例如按照会计规定确认的某些预计负债。

【例 12 - 20】甲企业因销售商品承诺提供两年保修服务，在当期确认了 80 万元的预计负债，在确认预计负债的当期未发生售后服务费用。根据税法规定，有关产品售后服务等与取得经营收入直接相关的费用于实际发生时允许税前列支，而在尚未实际支付售后服务费用时不许可在税前列支，因此该项预计负债计税基础为零(账面价值 80 万元 - 可从未来经济利益中扣除的金额 80 万元)。由于该项负债账面价值大于计税基础，形成差额 80 万元，所以在将来企业为客户提供售后服务以偿还预计负债时，80 万元的差额应该用于抵减当期的应纳税所得额，并按照当时的税率确定应缴所得税。

(二)暂时性差异

暂时性差异是指资产、负债的账面价值与其计税基础不同产生的差额。由于资产、负债的账面价值与其计税基础不同，产生了在未来收回资产或清偿负债的期间内应纳税所得额增加或减少并导致未来期间应交所得税增加或减少的情况，形成企业的递延所得税资产和递延所得税负债。例如，前例中述及的预计负债账面价值大于计税基础形成的差额 80 万元即属于暂时性差异。

根据暂时性差异对未来期间应纳税所得额的影响，分为应纳税暂时性差异和可抵扣暂时性差异。

1. 应纳税暂时性差异。应纳税暂时性差异，是指在确定未来收回资产或清偿负债期间的应纳税所得额时，将导致产生应税金额的暂时性差异，该差异在未来期间转回时，会增加转回期间的应纳税所得额，即在未来期间不考虑该事项影响的应纳税所得额的基础上，由于该暂时性差异的转回，会进一步增加转回期间的应纳税所得额和应交所得税金额。例如，一项资产账面价值为 300 万元，计税基础如果为 200 万元，两者之间的差额 100 万元会造成未来期间应纳税所得额和应交所得税的增加，即为应纳税暂时性差异。

2. 可抵扣暂时性差异。可抵扣暂时性差异，是指在确定未来收回资产或清偿负债期间的应纳税所得额时，将导致产生可抵扣金额的暂时性差异。例如，某项无形资产的账面价值为100万元，计税基础为150万元，则企业在未来期间就该项资产可以在其自身取得经济利益的基础上多扣除50万元。从整体上来看，未来期间应纳税所得额会减少，应交所得税也会减少，形成可抵扣暂时性差异。

（三）所得税的账务处理

1. 所得税的账务处理程序。所得税核算的程序，主要包括六个步骤：

（1）确定资产负债表中除递延所得税资产和递延所得税以外的其他资产和负债的账面价值。

（2）确定相关资产和负债的计税基础。

（3）确定资产和负债的账面价值与计税基础之间的差异金额及其差异的类型。如果资产的账面价值大于资产的计税基础或者负债的账面价值小于负债的计税基础，就会产生应纳税暂时性差异；如果资产的账面价值小于资产的计税基础或者负债的账面价值大于负债的计税基础，就会产生可抵扣暂时性差异。

（4）确认递延所得税负债和递延所得税资产。一般情况下，当出现应纳税暂时性差异时，应当确认递延所得税负债。当出现可抵扣暂时性差异时，应当确认递延所得税资产。

（5）计算递延所得税和当期所得税。递延所得税的计算以第四步为基础，当期所得税是按照税法的规定计算的所得税，是应纳税所得额与所得税税率的乘积。

（6）确定"利润表"中"所得税费用"项目的金额。即

所得税费用 = 当期所得税 + 递延所得税

2. 当期所得税。当期所得税是指企业按照税法规定计算确定的针对当期发生的交易和事项，应缴纳给税务部门的所得税金额，即当期应交所得税。

企业在确定当期应交所得税时，对于当期发生的交易或事项，会计处理与税收处理不同的，应在会计利润的基础上，按照适用税收法规的规定进行调整，计算出当期应纳税所得额，按照应纳税所得额与适用所得税税率计算确定当期应交所得税。一般情况下，应纳税所得额可在会计利润的基础上考虑会计与税收之间的差异，按照以下公式计算确定：

应纳税所得额 = 会计利润 + 按照会计准则规定计入利润表但计税时不允许税前扣除的费用 ±
计入利润表的费用与按照税法规定可予税前抵扣的金额之间的差额 ±
计入利润表的收入与按照税法规定应计入应纳税所得的收入之间的差额 −
税法规定的不征税收入 ± 其他需要调整的因素

【例12-21】假定甲企业适用的所得税税率为25%，2015年利润总额为800万元。该企业当年会计利润与应税所得之间存在如下差异：国债利息收入60万元；税款滞纳金40万元；交易性金融资产公允价值增加30万元；提取存货跌价准备50万元；因售后服务预计费用200万元。

根据上述资料计算确定应纳税所得额及应交所得税如下：

应纳税所得额 = 800 - 60 + 40 - 30 + 50 + 200 = 1 000（万元）

应交所得税 = 1 000 × 25% = 250（万元）

3. 递延所得税。递延所得税是指按照所得税准则规定当期应予确认的递延所得税资产和递延所得税负债金额，即递延所得税资产及递延所得税负债当期发生额的综合结果，但不包括计入所有者权益的交易或事项的所得税影响。用公式表示为：

递延所得税 =（递延所得税负债的期末余额 - 递延所得税负债的期初余额）-（递延所得税资产的期末余额 - 递延所得税资产的期初余额）

所得税费用是损益类账户，该账户的借方登记企业按税法规定的应纳税所得额计算的应纳所得税额；贷方登记企业会计期末转入"本年利润"账户的所得税额。结转后该账户应无余额。

所得税费用 = 当期所得税 + 递延所得税费用（ - 递延所得税收益）

【例 12 - 22】承上例，假设甲企业递延所得税资产和递延所得税负债不存在期初余额，2015 年末资产负债表中有关项目账面价值及计税基础如表 12 - 1 所示。

表 12 - 1　甲企业资产、负债项目暂时性差异计算表　　单位：万元

项　目	账面价值	计税基础	暂时性差异	
			应纳税暂时性差异	可抵扣暂时性差异
交易性金融资产	130	100	30	
存货	450	500		50
负债	200	0		200
合计			30	250

假设除上述项目外，该企业其他资产、负债的账面价值和计税价值不存在差异，也不存在可抵扣亏损和税收抵减。上例已确定甲企业 2015 年度应交所得税为 250 万元，该企业预计在未来期间能够产生足够的应纳税所得额用以抵扣可抵扣暂时性差异。

该企业计算确认的递延所得税负债、递延所得税资产、递延所得税费用以及所得税费用如下：

递延所得税负债 = 300 000 × 25% = 75 000（元）

即为递延所得税费用。

递延所得税资产 = 2 500 000 × 25% = 625 000（元）

即为递延所得税收益。

当期确认所得税费用 = 2 500 000 + 75 000 - 625 000 元 = 1 950 000（元）

甲企业确认所得税费用，应做如下会计分录：

借：所得税费用　　　　1 950 000

递延所得税资产　　625 000

贷:应交税费——应交所得税　　2 500 000

递延所得税负债　　75 000

期末结转所得税费用:

借:本年利润　　1 950 000

贷:所得税费用　　1 950 000

结转所得税费用以后,甲企业“本年利润”账户贷方余额为6 050 000万元(8 000 000 - 1 950 000),即为本年度实现净利润,将“本年利润”账户结清,转入“利润分配”。

借:本年利润　　6 050 000

贷:利润分配——未分配利润　　6 050 000

四、利润及利润分配的核算

(一)利润的核算

1. 设置的账户。企业对会计利润进行核算,反映和监督利润的形成过程,需要设置“本年利润”账户和“利润分配——未分配利润”账户。“本年利润”账户是所有者权益类账户,用来核算企业实现的利润或发生的亏损。在会计期末,企业应当将“主营业务收入”“其他业务收入”“营业外收入”等收入类账户的期末余额,分别转入“本年利润”账户。与此同时,企业还应当将“主营业务成本”“营业税金及附加”“其他业务成本”“销售费用”“管理费用”“财务费用”“资产减值损失”“营业外支出”“所得税费用”等费用(包括有关支出)类账户的期末余额,分别转入“本年利润”账户。

年末,应将全年实现的利润转入“利润分配”账户,借记“本年利润”账户,贷记“利润分配——未分配利润”账户。如果是亏损,则借记“利润分配——未分配利润”账户,贷记“本年利润”账户,结转后“本年利润”账户无余额。

2. 账务处理。利润的结转有两种方法:账结法和表结法。

采用“账结法”时,应于每月末将各损益类账户的余额转入“本年利润”账户,通过“本年利润”账户中的借、贷方发生额相抵,结出各会计期间的净利润或净亏损额。

采用“表结法”时,每月结账时,各损益类账户的余额不结转到“本年利润”账户,只在年终决算时才进行转账。平常月末,只将各月结出的各损益类账户的本年度自年初至本月末的累计数逐项填入该月利润表,在利润表上计算出从年初至本月末为止的累计利润,然后减去上月末该表的累计利润,计算出本月份的净利润或净亏损。

每月月末,企业可以根据自身情况任选其中的一种来结转利润;年末,只能采用“账结法”,在“本年利润”账户中集中反映全年利润。

【例 12－23】甲企业 2015 年度有关的会计账户当年的发生额如下：

主营业务收入	15 000 万元（贷方）
其他业务收入	200 万元（贷方）
公允价值变动收益	50 万元（贷方）
投资收益	800 万元（贷方）
营业外收入	60 万元（贷方）
主营业务成本	7 000 万元（借方）
其他业务成本	160 万元（借方）
营业税金及附加	100 万元（借方）
销售费用	1 500 万元（借方）
管理费用	1 420 万元（借方）
财务费用	1 600 万元（借方）
资产减值损失	50 万元（借方）
营业外支出	80 万元（借方）
所得税费用	660 万元（借方）

期末结转应做如下会计分录（单位：万元）：

（1）结转收入类账户：

借：主营业务收入	15 000	
其他业务收入	200	
公允价值变动收益	50	
投资收益	800	
营业外收入	60	
贷：本年利润		16 110

（2）结转支出类账户：

借：本年利润	12 570	
贷：主营业务成本		7 000
其他业务成本		160
营业税金及附加		100
销售费用		1 500
管理费用		1 420
财务费用		1 600
资产减值损失		50
营业外支出		80

所得税费用　　660

通过上述结转后，“本年利润”账户的贷方余额比借方余额多出 3 540 万元，表明该企业当年实现净利润 3 540 万元，应转入“利润分配——未分配利润”账户。结转时该企业应做如下会计分录：

借：本年利润　　35 400 000

　贷：利润分配——未分配利润　　35 400 000

（二）利润分配的核算

1. 设置的账户。为了完整反映企业的利润分配情况，“利润分配”账户应当设置以下明细科目：其他转入、提取法定盈余公积、应付优先股股利、提取任意盈余公积、应付普通股股利、转作资本（或股本）的普通股股利、未分配利润。

2. 账务处理。有关企业利润分配的财务处理是：企业按规定从净利润中提取盈余公积时，应借记“利润分配——提取法定盈余公积、提取任意盈余公积”账户，贷记“盈余公积——法定盈余公积、任意盈余公积”账户。对于企业应当分配给股东的现金股利或利润，应借记“利润分配——应付优先股股利、应付普通股股利”账户，贷记“应付股利”账户。企业经股东大会或类似机构批准分派股票股利的，应当于实际分派股票股利时，借记“利润分配——转作资本（或股本）的普通股股利”账户，贷记“股本”账户。

企业在年度终了实施利润分配并做相应的账务处理后，应将“利润分配”账户下的各有关明细账户的余额转入“利润分配——未分配利润”账户的借方，这样结转后，除“利润分配——未分配利润”明细账户外，“利润分配”账户的其他明细账户在年末应当无余额。

【例 12-24】甲企业本年实现净利润为 35 400 000 元，按本年实现净利润额的 10% 提取法定盈余公积，本会计年度向投资者分配利润 1 770 000 元。甲企业应做如下会计分录：

（1）提取盈余公积 3 540 000 元：

借：利润分配——提取法定盈余公积　　3 540 000

　贷：盈余公积　　3 540 000

（2）向投资者分配利润 1 770 000 元：

借：利润分配——应付利润　　1 770 000

　贷：应付利润　　1 770 000

（3）结转利润分配中明细账户时：

借：利润分配——未分配利润　　5 310 000

　贷：利润分配——提取法定盈余公积　　3 540 000

　　　　　　　——应付利润　　1 770 000

复习思考题

1. 什么是收入？收入的特征是什么？
2. 商品销售收入确认时必须同时具备哪些条件？
3. 什么是费用？什么是成本？费用有什么特征？
4. 什么是期间费用？它包括哪些内容？
5. 简述营业外收支的核算范围。
6. 利润总额包括哪些内容？
7. 如何确定递延所得税资产和递延所得税负债？

练习题

1. 甲公司为增值税一般纳税企业，适用的增值税率为17%，假设销售价款中均不包括向购货方收取的增值税销项税额。该公司2015年发生如下经济业务。

(1) 甲公司1月3日销售给乙公司A产品8 000件，单位售价100元，单位成本60元，货款和增值税款均已收到存入银行。

(2) 甲公司1月10日销售给丙公司A产品一批，售价20 000元，该批产品成本为15 000元。甲公司当日办妥托收手续。

(3) 甲公司2月4日销售给丁公司A产品12 000件，单位售价100元，单位成本60元。根据销售合同，丁公司享有现金折扣，条件为2/10,1/20,N/30。

(4)2月17日，乙公司对1月3日购入的8 000件A产品的质量提出疑问，经确认其中2 000件质量不符合合同要求，但仍可使用，经双方协商对这部分产品给予30%的折让，并已将折让应退回款通过银行汇出。

(5) 2月20日，接银行通知，2月4日销售给丁公司12 000件A产品的销货款和增值税款已全部收到。

要求：根据资料做出甲公司的账务处理。

2. 甲公司2015年11月1日与客户签订一项劳务合同，期限3个月，合同总收入50万元。至当年年底已预收款项42万元，实际发生成本30万元，估计还会发生10万元成本。劳务的完成程度按实际发生的成本占估计总成本的比例来确定。

要求：做出甲公司2015年年底的账务处理。

3. 乙企业10月份发生如下经济业务：

(1)结转本月专设销售机构职工工资及福利费1 000元，其中：工资840元，福利费160元。

(2)计提行政管理部门固定资产折旧费2 000元，并支付行政管理部门用房的修理费500元。

(3)用银行存款支付短期借款利息支出2 340元。

要求：做出乙企业相关的账务处理。

4. 乙企业发生下列经济业务：

(1)企业出售设备一台，扣除清理费用后的净收益为8 000元。

(2)支付因违反合同遭受的罚款3 000元。

(3)捐赠给某企业机器一台，原值20 000元，已提折旧4 000元。

(4)用现金支付电信局逾期罚款100元。

要求：做出乙企业相关的账务处理。

5. 某企业年末各损益类账户如下：

主营业务收入	12 000万元(贷方)
其他业务收入	100万元(贷方)
投资收益	800万元(贷方)
营业外收入	50万元(贷方)
主营业务成本	6 000万元(借方)
其他业务成本	60万元(借方)
营业税金及附加	80万元(借方)
销售费用	1 200万元(借方)
管理费用	1 200万元(借方)
财务费用	1 300万元(借方)
营业外支出	30万元(借方)

要求：

(1)用计算公式计算营业利润、利润总额。

(2)将各损益类账户进行结转。

(3)假设无其他纳税调整项目，税率为25%，计算应交所得税，并做出相关的账务处理。

(4)确定当年实现的净利润。

第十三章 财务报告

第一节 财务报告概述

一、财务报告的内容

会计核算的目的，就是要应用特有的方法，通过对会计资料的记录、加工、综合等，将会计主体的资产、负债和所有者权益的变动，利润的形成与分配，以及资金的取得与运用等各方面的会计信息，以一定的形式，全面、系统、概括地反映出来，以便人们了解这一时期企业的财务状况、经营成果、现金流量等会计信息。在会计核算中，企业日常生产经营活动所发生的各项经济业务，平时通过填制会计凭证和复式记账等方法，分别反映在各种会计账簿中。尽管账簿资料是按照会计账户归类汇总的，但其提供的核算资料仍然相对分散，不能集中、概括、系统、全面地提供经营管理所需要的完整的会计信息。因此，必须在日常核算资料的基础上，定期地对账簿等核算资料进行归集、加工、汇总，编制财务报告。

财务报告的目标是向财务报告使用者提供与企业财务状况、经营成果和现金流量等有关的会计信息，反映企业管理层受托责任履行情况，有助于财务报告使用者做出经济决策。财务报告是企业对外提供的反映企业某一特定日期的财务状况和某一会计期间的经营成果、现金流量等会计信息的文件。财务报告包括财务报表和其他应当在财务会计报告中披露的相关信息和资料。一般来说，财务报表是财务报告的核心内容。财务报表由报表本身及其附注两部分构成。按照《企业会计准则》的要求，企业必须编制资产负债表、利润表、现金流量表、所有者权益变动表和附注。除了财务报表之外，财务报告还应当包括其他相关信息，具体可以根据有关法律法规的规定和外部使用者的信息需求而定。如企业可以在财务报告中披露其承担的社会责任、对社区的贡献、可持续发展能力等信息，这些信息对于使用者的决策也是相关的。尽管它们属于非财务信息，无法包括在财务报表中，但是如果有规定或者使用者有需求，企业应当在财务报告中予以披露。

财务报告是企业财务会计确认与计量的最终结果体现，投资者等使用者主要通过财务报告来了解企业当前的财务状况、经营成果和现金流量等情况，从而预测未来的发展趋势。因此，财务报告是向投资者等财务报告使用者提供决策有用信息的媒介和渠道，是沟通投资者、债权人等使用者与企业管理层之间信息的桥梁和纽带。

二、财务报表的分类

财务报表可以根据需要，按照不同的标准进行分类。

（一）按财务报表反映的经济内容分类

按反映的经济内容，财务报表可以分为资产负债表、利润表、现金流量表、所有者权益变动表以及附注。

1. 资产负债表。资产负债表是反映企业在某一特定日期的财务状况的会计报表。

2. 利润表。利润表是反映企业在一定会计期间的经营成果的会计报表。

3. 现金流量表。现金流量表是反映企业在一定会计期间的现金和现金等价物流入和流出的会计报表。

4. 所有者权益变动表。所有者权益变动表是反映企业在某一特定日期股东权益增减变动情况的报表。

5. 附注。附注是对在财务报表中列示项目所做的进一步说明，以及对未能在这些报表中列示项目的说明等。附注由若干附表和对有关项目的文字性说明组成。

（二）按财务报表的编报期间分类

按编报期间的不同，财务报表可以分为中期财务报表和年度财务报表。

1. 中期财务报表。中期财务报表是以短于一个完整会计年度的报告期间为基础编制的财务报表，包括月报、季报和半年报等。中期财务报表至少应当包括资产负债表、利润表、现金流量表和附注，其中，中期资产负债表、利润表和现金流量表应当是完整报表，其格式和内容应当与年度财务报表相一致。与年度财务报表相比，中期财务报表中的附注披露可适当简略。

2. 年度财务报表。年度财务报表是全面反映企业整个会计年度的经营成果、现金流量情况及年末财务状况的财务报表。企业每年年底必须编制并报送年度财务报表。

（三）按财务报表的编报主体分类

按编报主体的不同，财务报表可以分为个别财务报表和合并财务报表。

1. 个别财务报表。个别财务报表是由企业在自身会计核算基础上对账簿记录进行加工而编制的财务报表，它主要用以反映企业自身的财务状况、经营成果和现金流量情况。

2. 合并财务报表。合并财务报表是以母公司和子公司组成的企业集团为会计主体,根据母公司和所属子公司的财务报表,由母公司编制的综合反映企业集团财务状况、经营成果及现金流量的财务报表。

三、财务报表编制的基本要求

为保证财务报表的质量,在编制财务报表时,应达到如下的基本要求:

(一)报表内容真实可靠

财务报表是企业财务会计确认与计量的最终结果体现,投资者等使用者主要是通过财务报表来了解企业当前的财务状况、经营成果和现金流量等情况,从而预测未来的发展趋势。如果财务报表所提供的财务信息是虚假的信息,常常会导致报表的使用者对企业的财务状况、经营成果和现金流量等情况做出相反的结论,导致其决策失误。企业应当根据实际发生的交易和事项,遵循各项具体会计准则的规定进行确认和计量,并在全面做好清查资产、核实债务和权益及保证数据的真实性和完整性的基础上编制财务报表。

(二)提供的信息具有可比性

可比性是会计信息质量的一项重要质量要求,目的是使同一企业不同期间和同一期间不同企业的财务报表相互可比。为此,财务报表项目的列报应当在各个会计期间保持一致,不得随意变更。这一要求不仅针对财务报表中的项目名称,还包括财务报表项目的分类、排列顺序等方面。当会计准则要求改变,或企业经营业务的性质发生重大变化后,变更财务报表项目的列报能够提供更可靠、更相关的会计信息时,财务报表项目的列报是可以改变的。

(三)重要项目单独列报

重要性是判断项目是否单独列报的重要标准。如果财务报表某项目的省略或错报会影响使用者据此做出经济决策,则该项目就具有重要性。企业在进行重要性判断时,应当根据所处环境,从项目的性质和金额大小两方面予以判断:一方面,应当考虑该项目的性质是否属于企业日常活动、是否对企业的财务状况和经营成果具有较大影响等因素;另一方面,判断项目金额大小的重要性,应当通过单项金额占资产总额、负债总额、所有者权益总额、营业收入总额、净利润等直接相关项目金额的比重加以确定。如果财务报表某项目有重要性,则应当单独列报;如果某项目单个看不具有重要性,则可将其与其他项目合并列报。

(四)报表内容完整、数据准确

财务报表应按国家规定的报表种类、格式和内容编制,每种财务报表中的各个项目,除没有发生外,无论是表内项目还是附注,均应填写齐全,不能遗漏。财务报表应根据有关资料正确地分析、计算、填列，要求编制报表的人员必须细心，避免出现计算错误。

第二节 资产负债表

一、资产负债表的概念和作用

资产负债表属于静态报表，是反映企业在某一特定日期的财务状况的会计报表。资产负债表主要提供有关企业财务状况方面的信息，即某一特定日期关于企业资产、负债、所有者权益及其相互关系的信息，从而有助于使用者评价企业资产的质量以及短期偿债能力、长期偿债能力、利润分配能力等。

资产负债表的作用具体包括以下三个方面：第一，可以提供某一日期资产的总额及其结构，表明企业拥有或控制的资源及其分布情况，使用者可以一目了然地从资产负债表上了解企业在某一特定日期所拥有的资产总量及其结构；第二，可以提供某一日期的负债总额及其结构，表明企业未来需要用多少资产或劳务清偿债务以及清偿时间；第三，可以反映所有者所拥有的权益，据以判断资本保值、增值的情况以及对负债的保障程度。

二、资产负债表列报总体要求

资产负债表遵循了“资产 = 负债 + 所有者权益”这一会计恒等式，把企业在特定时日所拥有的经济资源和与之相对应的企业所承担的债务及偿债以后属于所有者的权益充分反映出来。因此，资产负债表应当分别列示资产总计项目和负债与所有者权益之和的总计项目，并且这二者的金额应当相等。

资产负债表列报应遵循如下总体要求。

（一）分类别列报

资产负债表列报，最根本的目标就是应如实反映企业在资产负债表日所拥有的资源、所承担的负债以及所有者所拥有的权益。因此，资产负债表应当按照资产、负债和所有者权益三大类别分类列报。

（二）资产和负债按流动性列报

资产和负债应当按照流动性分为流动资产和非流动资产、流动负债和非流动负债列示。流动性，通常按资产的变现耗用时间长短或者负债的偿还时间长短来确定。按照财务报表列报准则的规定，应先列报流动性强的资产或负债，再列报流动性弱的资产或负债。

(三)列报相关的合计、总计项目

资产负债表中的资产类至少应当列示流动资产和非流动资产的合计项目;负债类至少应当列示流动负债、非流动负债以及负债的合计项目;所有者权益类应当列示所有者权益的合计项目。

三、资产负债表的列报格式和列报方法

(一)资产负债表的列报格式

1.账户式的资产负债表列报格式。资产负债表正表的列报格式一般有两种:报告式资产负债表和账户式资产负债表。

(1)报告式资产负债表是上下结构,上半部列示资产,下半部列示负债和所有者权益。具体排列形式又有两种:

①按“资产=负债+所有者权益”的原理排列;

②按“资产-负债=所有者权益”的原理排列。

(2)账户式资产负债表是左右结构,左边列示资产,右边列示负债和所有者权益。

根据我国《财务报表列报准则》的规定,资产负债表采用账户式的列报格式,即左侧列报资产方,一般按资产的流动性大小排列;右侧列报负债方和所有者权益方,一般按要求清偿时间的先后顺序排列。账户式资产负债表中的资产各项目的合计等于负债和所有者权益各项目的合计,即资产负债表左方和右方平衡。因此,通过账户式资产负债表,可以反映资产、负债、所有者权益之间的内在关系,即“资产=负债+所有者权益”。

2.列示资产负债表的比较信息。企业需要提供比较资产负债表,以便报表使用者通过比较不同时点资产负债表的数据,掌握企业财务状况的变动及发展趋势。所以,资产负债表还就各项目再分“年初余额”和“期末余额”两栏分别填列。

(二)资产负债表的列报方法

1.资产负债表“期末余额”栏的填列方法。本表“期末余额”栏一般应根据资产、负债和所有者权益类科目的期末余额填列。

(1)根据总账科目的余额填列。“交易性金融资产”“工程物资”“固定资产清理”“递延所得税资产”“短期借款”“交易性金融负债”“应付票据”“应付职工薪酬”“应交税费”“应付利息”“应付股利”“其他应付款”“专项应付款”“预计负债”“递延所得税负债”“实收资本(或股本)”“资本公积”“库存股”“盈余公积”等项目,应根据有关总账科目的余额填列。

有些项目则需根据几个总账科目的余额计算填列,如“货币资金”项目,需根据“库存现金”“银行存款”“其他货币资金”三个总账科目余额的合计数填列;“其他非流动资

产”“其他流动资产”项目，应根据有关科目的期末余额分析填列。

(2)根据明细账科目的余额计算填列。“开发支出”项目，应根据“研发支出”科目中所属的“资本化支出”明细科目期末余额填列；“应付账款”项目，应根据“应付账款”和“预付账款”两个科目所属的相关明细科目的期末贷方余额合计数填列；“一年内到期的非流动资产”“一年内到期的非流动负债”项目，应根据有关非流动资产或负债项目的明细科目余额分析填列；“长期借款”“应付债券”项目，应分别根据“长期借款”“应付债券”科目的明细科目余额分析填列；“未分配利润”项目，应根据“利润分配——未分配利润”明细科目期末余额填列。

(3)根据总账科目和明细账科目的余额分析计算填列。“长期借款”项目，需根据“长期借款”总账科目余额，扣除“长期借款”科目所属的明细科目中将在资产负债表日起一年内到期且企业不能自主地将清偿义务展期的长期借款后的金额计算填列；“长期待摊费用”项目，应根据“长期待摊费用”科目的期末余额减去将于一年内(含一年)摊销的数额后的金额填列；“其他非流动负债”项目，应根据有关科目的期末余额减去将于一年内(含一年)到期偿还数后的金额填列。

(4)根据有关科目余额减去其备抵科目余额后的净额填列。“可供出售金融资产”“持有至到期投资”“长期股权投资”“在建工程”“商誉”项目，应根据相关科目的期末余额填列，已计提减值准备的，还应扣减相应的减值准备；“固定资产”“无形资产”“投资性房地产”“生产性生物资产”“油气资产”项目，应根据相关科目的期末余额扣减相关的累计折旧(或摊销、折耗)填列，已计提减值准备的，还应扣减相应的减值准备，采用公允价值计量的上述资产，应根据相关科目的期末余额填列；“长期应收款”项目，应根据“长期应收款”科目的期末余额，减去相应的“未实现融资费用”科目和“坏账准备”科目所属相关明细科目期末余额后的金额填列；“长期应付款”项目，应根据“长期应付款”科目的期末余额，减去相应的“未确认融资费用”科目期末余额后的金额填列。

(5)综合运用上述填列方法分析填列。“应收票据”“应收利息”“应收股利”“其他应收款”等项目，应根据相关科目的期末余额，减去“坏账准备”科目中有关坏账准备期末余额后的金额填列；“应收账款”项目，应根据“应收账款”和“预收账款”科目所属各明细科目的期末借方余额合计数，减去“坏账准备”科目中有关应收账款计提的坏账准备期末余额后的金额填列；“预付款项”项目，应根据“预付账款”和“应付账款”科目所属各明细科目的期末借方余额合计数，减去“坏账准备”科目中有关预付款项计提的坏账准备期末余额后的金额填列；“存货”项目，应根据“材料采购”“原材料”“发出商品”“库存商品”“周转材料”“委托加工物资”“生产成本”“受托代销商品”等科目的期末余额合计，减去“受托代销商品款”“存货跌价准备”科目期末余额后的金额填列，其中，材料采用计划成本核算，以及库存商品采用计划成本核算或售价核算的企业，还应按加或减材料成本差异、商品进销差价后的金额填列。

2.资产负债表"年初余额"栏的填列方法。本表中的"年初余额"栏通常根据上年末有关项目的期末余额填列,且与上年末资产负债表"期末余额"栏相一致。企业在首次执行新准则当年的"年初余额"栏及相关项目进行调整;以后期间,如果企业发生了会计政策变更、前期差错更正,应当对"年初余额"栏中的有关项目进行相应调整。此外,如果企业上年度资产负债表规定的项目名称和内容与本年度不一致,应当对上年年末资产负债表相关项目的名称和数字按照本年度的规定进行调整,填入"年初余额"栏。

四、资产负债表编制举例

【例13-1】华立公司2014年12月31日的资产负债表(年初余额略)及2015年12月31日的科目余额表分别见表13-1和表13-2。

表13-1 资产负债表

编制单位:华立公司　　　　2014年12月31日　　　　单位:元

资　产	期末余额	年初余额(略)	负债和所有者权益(或股东权益)	期末余额	年初余额(略)
流动资产:			流动负债:		
货币资金	3 000 000		短期借款	1 200 000	
以公允价值计量且其变动计入当期损益的金融资产	2 700 000		以公允价值计量且其变动计入当期损益的金融负债	0	
应收票据	800 000		应付票据	400 000	
应收账款	4 000 000		应付账款	1 000 000	
预付款项	500 000		预收款项	0	
应收利息	0		应付职工薪酬	150 000	
应收股利	0		应交税费	400 000	
其他应收款	50 000		应付利息	200 000	
存货	8 000 000		应付股利	0	
划分为持有待售的资产	0		其他应付款	0	
一年内到期的非流动资产	0		划分为持有待售的负债	0	

续表

资　产	期末余额	年初余额（略）	负债和所有者权益（或股东权益）	期末余额	年初余额（略）
其他流动资产	0		一年内到期的非流动负债	1 000 000	
流动资产合计	19 050 000		其他流动负债	0	
非流动资产：			流动负债合计	4 350 000	
可供出售金融资产	0		非流动负债：		
持有至到期投资	0		长期借款	3 000 000	
长期应收款	0		应付债券	0	
长期股权投资	1 700 000		长期应付款	0	
投资性房地产	0		专项应付款	0	
固定资产	41 000 000		预计负债	0	
在建工程	4 700 000		递延所得税负债	0	
工程物资	0		其他非流动负债	0	
固定资产清理	0		非流动负债合计	3 000 000	
生产性生物资产	0		负债合计	7 350 000	
油气资产	0				
无形资产	4 000 000		所有者权益（或股东权益）：		
开发支出	0		实收资本（或股本）	60 000 000	
商誉	0		资本公积	0	
长期待摊费用	300 000		减：库存股	0	
			其他综合收益	0	
递延所得税资产	0		盈余公积	1 600 000	
其他非流动资产			未分配利润	1 800 000	
非流动资产合计	51 700 000		所有者权益（或股东权益）合计	63 400 000	
资产总计	70 750 000		负债和所有者权益（或股东权益）总计	70 750 000	

表 13 – 2 账户余额表

2015 年 12 月 31 日　　　　单位:元

账户名称	借方余额	账户名称	贷方余额
库存现金	20 000	短期借款	500 000
银行存款	3 320 000	应付票据	100 000
其他货币资金	260 000	应付账款	300 000
交易性金融资产	3 200 000	其他应付款	0
应收票据	600 000	应付职工薪酬	200 000
应收账款	4 730 000	应交税费	180 000
坏账准备	–430 000	应付利息	168 500
预付账款	700 000	应付股利	1 000 000
其他应收款	100 000	一年内到期的长期负债	0
材料采购	660 000	长期借款	3 000 000
原材料	1 900 000	股本	60 000 000
周转材料	80 000	盈余公积	1 867 525
库存商品	4 160 000	利润分配(未分配利润)	2 315 975
材料成本差异	0		
长期股权投资	1 700 000		
固定资产	39 842 000		
累计折旧	– 893 000		
固定资产减值准备	–167 000		
工程物资	0		
在建工程	6 000 000		
无形资产	4 320 000		
累计摊销	–620 000		
长期待摊费用	150 000		
合计	69 632 000		69 632 000

根据上述资料,编制华立公司 2015 年 12 月 31 日的资产负债表,见表 13 – 3。

表 13－3 资产负债表

编制单位:华立公司 2015 年 12 月 31 日 单位:元

资　　产	期末余额	年初余额	负债和所有者权益（或股东权益）	期末余额	年初余额
流动资产:			流动负债:		
货币资金	3 600 000	3 000 000	短期借款	500 000	1 200 000
以公允价值计量且其变动计入当期损益的金融资产	3 200 000	2 700 000	以公允价值计量且其变动计入当期损益的金融负债	0	0
应收票据	600 000	800 000	应付票据	100 000	400 000
应收账款	4 300 000	4 000 000	应付账款	300 000	1 000 000
预付款项	700 000	500 000	预收款项	0	0
应收利息	0	0	应付职工薪酬	200 000	150 000
应收股利	0	0	应交税费	180 000	400 000
其他应收款	100 000	50 000	应付利息	168 500	200 000
存货	6 800 000	8 000 000	应付股利	1 000 000	0
划分为持有待售的资产	0	0	其他应付款	0	0
一年内到期的非流动资产	0	0	划分为持有待售的负债	0	0
其他流动资产	0	0	一年内到期的非流动负债	0	1 000 000
流动资产合计	19 300 000	19 050 000	其他流动负债	0	0
非流动资产:			流动负债合计	2 448 500	4 350 000
可供出售金融资产	0	0	非流动负债:		
持有至到期投资	0	0	长期借款	3 000 000	3 000 000
长期应收款	0	0	应付债券	0	0
长期股权投资	1 700 000	1 700 000	长期应付款	0	0
投资性房地产	0	0	专项应付款	0	0
固定资产	38 782 000	41 000 000	预计负债	0	0

续表

资　　产	期末余额	年初余额	负债和所有者权益（或股东权益）	期末余额	年初余额
在建工程	6 000 000	4 700 000	递延所得税负债	0	0
工程物资	0	0	其他非流动负债	0	0
固定资产清理	0	0	非流动负债合计	3 000 000	3 000 000
生产性生物资产	0	0	负债合计	5 448 500	7 350 000
油气资产	0	0			
无形资产	3 700 000	4 000 000	所有者权益（或股东权益）：		
开发支出	0	0	实收资本（或股本）	60 000 000	60 000 000
商誉	0	0	资本公积	0	0
长期待摊费用	150 000	300 000	减:库存股	0	0
			其他综合收益	0	0
递延所得税资产	0	0	盈余公积	1 867 525	1 600 000
其他非流动资产	0	0	未分配利润	2 315 975	1 800 000
非流动资产合计	50 332 000	51 700 000	所有者权益（或股东权益）合计	64 183 500	63 400 000
资产总计	69 632 000	70 750 000	负债和所有者权益（或股东权益）总计	69 632 000	70 750 000

第三节　利润表

一、利润表的概念和作用

利润表是反映企业在一定会计期间的经营成果的会计报表。

企业编制利润表的目的是通过如实反映企业实现的收入、发生的费用以及应当计入当期利润的利得和损失等金额及其结构情况，帮助使用者分析评价企业的赢利能力及其构成与质量。将利润表中的信息与资产负债表中的信息相结合，还可以提供进行财务分析的基本资料，如将赊销收入净额与应收账款平均余额进行比较，计算出应收账款周转率；将销货成本与存货平均余额进行比较，计算出存货周转率；将净利润与资产总额进行比较,计算出资产收益率等,可以反映企业资金周转情况及企业的赢利能力和水平,便于报表使用者判断企业未来的发展趋势,做出经济决策。

二、利润表的列报格式和列报方法

(一)利润表的列报格式

1.多步式的利润表列报格式。利润表正表的格式一般有两种:单步式利润表和多步式利润表。单步式利润表是将当期所有的收入列在一起,然后将所有的费用列在一起,两者相减得出当期净损益。多步式利润表是通过对当期的收入、费用、支出项目按性质加以归类,按利润形成的主要环节列示一些中间性利润指标,分步计算当期净损益。

我国《财务报表列报准则》规定,企业应当采用多步式列报利润表,将不同性质的收入和费用类进行对比,从而可以得出一些中间性的利润数据,便于使用者理解企业经营成果的不同来源。但对于费用的列报,企业应当采用"功能法"列报,即按照费用在企业所发挥的功能进行分类列报。按照费用的功能将其分开列报,有助于使用者了解费用发生的活动领域。例如,企业为销售产品发生了多少费用,为一般行政管理发生了多少费用,为筹措资金发生了多少费用,等等。这种方法通常能向报表使用者提供具有结构性的信息,能更清楚地揭示企业经营业绩的主要来源和构成,提供的信息更为相关。

企业可以分如下三个步骤编制利润表:

(1)计算营业利润。

营业利润 = 营业收入 - 营业成本 - 营业税金及附加 - 销售费用 - 管理费用 - 财务费用 - 资产减值损失 ± 公允价值变动损益 ± 投资损益

(2)计算利润总额。

利润总额 = 营业利润 + 营业外收入 - 营业外支出

(3)计算净利润。

净利润 = 利润总额 - 所得税费用

普通股或潜在普通股已公开交易的企业,以及正处于公开发行普通股或潜在普通股过程中的企业,还应当在利润表中列示每股收益信息。

2.列示利润表的比较信息。企业需要提供比较利润表,以使报表使用者通过比较不同期间利润的实现情况,判断企业经营成果的未来发展趋势。所以,利润表还就各项目再分为"本期金额"和"上期金额"两栏分别填列。

(二)利润表的列报方法

1.利润表"本期金额"栏的填列方法。利润表中的"本期金额"栏根据"营业收入"

“营业成本”“营业税金及附加”“销售费用”“管理费用”“财务费用”“资产减值损失”“公允价值变动收益”“营业外收入”“营业外支出”“所得税费用”等损益类科目的发生额分析填列。其中,“营业利润”“利润总额”“净利润”项目根据本表中相关项目计算填列。

2.利润表“上期金额”栏的填列方法。利润表中的“上期金额”栏应根据上年该期利润表“本期金额”栏内所列数字填列。如果上年该期利润表规定的各个项目的名称和内容同本期不相一致,应对上年该期利润表各项目的名称和数字按本期的规定进行调整,填入“上期金额”栏。

三、利润表编制举例

【例 13-2】华立公司2015年度有关损益类账户本年度累计发生净额,如表13-4所示。

表13-4 损益类账户本年度累计发生净额

单位:元

账户名称	借方发生额	贷方发生额	账户名称	借方发生额	贷方发生额
主营业务收入		7 900 000	财务费用	80 000	
主营业务成本	4 200 000		资产减值损失	240 000	
其他业务收入		100 000	公允价值变动收益		128 000
其他业务成本	400 000		投资收益		140 000
营业税金及附加	80 000		营业外收入		50 000
销售费用	160 000		营业外支出	30 000	
管理费用	750 000		所得税费用	594 500	

根据上述资料,编制华立公司2015年度利润表,如表13-5所示。

表13-5 利润表

编制单位:华立公司　　2015年　　单位:元

项　目	本期金额	上期金额(略)
一、营业收入	8 000 000	
减:营业成本	4 600 000	
营业税金及附加	80 000	
销售费用	160 000	

续表

项　　目	本期金额	上期金额(略)
管理费用	750 000	
财务费用	80 000	
资产减值损失	240 000	
加:公允价值变动收益(损失以"-"号填列)	128 000	
投资收益(损失以"-"号填列)	140 000	
其中:对联营企业和合营企业的投资收益	0	
二、营业利润(亏损以"-"号填列)	2 358 000	
加:营业外收入	50 000	
减:营业外支出	30 000	
其中:非流动资产处置损失	(略)	
三、利润总额(亏损总额以"-"号填列)	2 378 000	
减:所得税费用	594 500	
四、净利润(净亏损以"-"号填列)	1 783 500	
五、其他综合收益的税后净额	(略)	
(一)以后不能重分类进损益的其他综合收益		
(二)以后将重分类进损益的其他综合收益		
六、综合收益总额		
七、每股收益		
(一)基本每股收益		
(二)稀释每股收益		

第四节　现金流量表

一、现金流量表的概念和作用

现金流量表,是反映企业一定会计期间现金和现金等价物流入和流出的报表。

编制现金流量表的主要目的,是为财务报表使用者提供企业一定会计期间内现金和现金等价物流入和流出的信息,以便于财务报表使用者了解和评价企业获取现金和现金等价物的能力，并据以预测企业未来现金流量。现金流量表的作用主要体现在以下几个方面：①有助于评价企业支付能力、偿债能力和周转能力；②有助于预测企业未来现金流量；③有助于分析企业收益质量及影响现金净流量的因素，掌握企业经营活动、投资活动和筹资活动的现金流量，可以从现金流量的角度了解净利润的质量，为分析和判断企业的财务前景提供信息。

二、现金流量表的编制基础

现金流量表以现金及现金等价物为基础编制，划分为经营活动、投资活动和筹资活动，按照收付实现制原则编制，将权责发生制下的赢利信息调整为收付实现制下的现金流量信息。

（一）现金

现金，是指企业库存现金以及可以随时用于支付的存款。不能随时用于支付的存款不属于现金。现金主要包括：

1. 库存现金。库存现金是指企业持有可随时用于支付的现金，与"现金"账户的核算内容一致。

2. 银行存款。银行存款是指企业存入金融机构、可以随时用于支取的存款，与"银行存款"账户核算内容基本一致，但不包括不能随时用于支付的存款。例如，不能随时支取的定期存款等不应作为现金；提前通知金融机构便可支取的定期存款则应包括在现金范围内。

3. 其他货币资金。其他货币资金是指存放在金融机构的外埠存款、银行汇票存款、银行本票存款、信用卡存款、信用证保证金存款和存出投资款等，与"其他货币资金"账户核算内容一致。

（二）现金等价物

现金等价物，是指企业持有的期限短、流动性强、易于转换为已知金额现金、价值变动风险很小的投资。其中，"期限短"一般是指从购买日起 3 个月内到期。例如，可在证券市场上流通的 3 个月内到期的短期债券等。

三、现金流量的分类

根据企业业务活动的性质和现金流量的来源，现金流量表准则将企业一定期间产生的现金流量分为三类：经营活动现金流量、投资活动现金流量和筹资活动现金流量。

（一）经营活动现金流量

经营活动是指企业投资活动和筹资活动以外的所有交易和事项。各类企业由于行业特点不同，对经营活动的认定存在一定差异。对于工商企业而言，经营活动主要包括销售商品、提供劳务、购买商品、接受劳务、支付税费等。

(二)投资活动现金流量

投资活动是指企业长期资产的购建和不包括在现金等价物范围内的投资及其处置活动。长期资产是指固定资产、无形资产、在建工程、其他资产等持有期限在一年或一个营业周期以上的资产。这里所讲的投资活动,既包括实物资产投资,也包括非实物资产投资。这里之所以将“包括在现金等价物范围内的投资”排除在外,是因为已经将包括在现金等价物范围内的投资视同现金。不同企业由于行业特点不同,对投资活动的认定也存在差异。

(三)筹资活动现金流量

筹资活动是指导致企业资本及债务规模和构成发生变化的活动。这里所说的资本,既包括实收资本(股本),也包括资本溢价(股本溢价);这里所说的债务,指对外举债,包括向银行借款、发行债券以及偿还债务等。通常情况下,应付账款、应付票据等属于经营活动,不属于筹资活动。

四、现金流量表的编制方法

编制现金流量表时,列报经营活动现金流量的方法有两种:一是直接法,一是间接法。这两种方法通常也称为编制现金流量表的方法。

所谓直接法,是指按现金收入和现金支出的主要类别直接反映企业经营活动产生的现金流量,如销售商品、提供劳务收到的现金;购买商品、接受劳务支付的现金等就是按现金收入和支出的类别直接反映的。在直接法下,一般是以利润表中的营业收入为起算点,调节与经营活动有关的项目的增减变动,然后计算出经营活动产生的现金流量。

所谓间接法,是指以净利润为起算点,调整不涉及现金的收入、费用、营业外收支等有关项目,剔除投资活动、筹资活动对现金流量的影响,据此计算出经营活动产生的现金流量。由于净利润是按照权责发生制原则确定的,且包括了与投资活动和筹资活动相关的收益和费用,将净利润调节为经营活动现金流量,实际上就是将按权责发生制原则确定的净利润调整为现金净流入,并剔除投资活动和筹资活动对现金流量的影响。

采用直接法编报的现金流量表,便于分析企业经营活动产生的现金流量的来源和用途,预测企业现金流量的未来前景;采用间接法编报现金流量表,便于将净利润与经营活动产生的现金流量净额进行比较,了解净利润与经营活动产生的现金流量差异的原因,从现金流量的角度分析净利润的质量。所以,现金流量表准则规定企业应当采用直接法编报现金流量表,同时要求在附注中提供以净利润为基础调节到经营活动现金流量的信息。

五、现金流量表的列报格式

现金流量表分主表和补充资料两部分。现金流量表从编报需要出发，按照影响现金流量的因素的不同，可将现金流量表分成三大主要部分，以充分揭示企业经营活动、投资活动和筹资活动所提供现金流入、现金流出和现金净流量的状况。补充资料部分，主要披露按间接法反映的经营活动产生的现金流量、不涉及现金收支的投资和筹资活动、现金及现金等价物净增加情况等信息。现金流量表及补充资料的格式见表13－6和表13－7。

表13－6 现金流量表

编制单位：××公司 20××年度 单位：元

项 目	本期金额	上期金额（略）
一、经营活动产生的现金流量：		
销售商品、提供劳务收到的现金		
收到的税费返还		
收到其他与经营活动有关的现金		
经营活动现金流入小计		
购买商品、接受劳务支付的现金		
支付给职工以及为职工支付的现金		
支付的各项税费		
支付其他与经营活动有关的现金		
经营活动现金流出小计		
经营活动产生的现金流量净额		
二、投资活动产生的现金流量：		
收回投资收到的现金		
取得投资收益收到的现金		
处置固定资产、无形资产和其他长期资产收回的现金净额		
处置子公司及其他营业单位收到的现金净额		
收到其他与投资活动有关的现金		
投资活动现金流入小计		
购建固定资产、无形资产和其他长期资产支付的现金		
投资支付的现金		

续表

项　　目	本期金额	上期金额(略)
取得子公司及其他营业单位支付的现金净额		
支付其他与投资活动有关的现金		
投资活动现金流出小计		
投资活动产生的现金流量净额		
三、筹资活动产生的现金流量:		
吸收投资收到的现金		
取得借款收到的现金		
收到其他与筹资活动有关的现金		
筹资活动现金流入小计		
偿还债务支付的现金		
分配股利、利润或偿付利息支付的现金		
支付其他与筹资活动有关的现金		
筹资活动现金流出小计		
筹资活动产生的现金流量净额		
四、汇率变动对现金及现金等价物的影响		
五、现金及现金等价物净增加额		
加:期初现金及现金等价物余额		
六、期末现金及现金等价物余额		

表 13－7　现金流量表补充资料

补　充　资　料	本期金额	上期金额(略)
1. 将净利润调节为经营活动现金流量:		
净利润		
加:资产减值准备		
固定资产折旧、油气资产折耗、生产性生物资产折旧		
无形资产摊销		
长期待摊费用摊销		
处置固定资产、无形资产和其他长期资产的损失(收益以"－"号填列)		

续表

补 充 资 料	本期金额	上期金额(略)
固定资产报废损失(收益以“-”号填列)		
公允价值变动损失(收益以“-”号填列)		
财务费用(收益以“-”号填列)		
投资损失(收益以“-”号填列)		
递延所得税资产减少(增加以“-”号填列)		
递延所得税负债增加(减少以“-”号填列)		
存货的减少(增加以“-”号填列)		
经营性应收项目的减少(增加以“-”号填列)		
经营性应付项目的增加(减少以“-”号填列)		
其他		
经营活动产生的现金流量净额		
2. 不涉及现金收支的重大投资和筹资活动:		
债务转为资本		
一年内到期的可转换公司债券		
融资租入固定资产		
3. 现金及现金等价物净变动情况:		
现金的期末余额		
减:现金的期初余额		
加:现金等价物的期末余额		
减:现金等价物的期初余额		
现金及现金等价物净增加额		

第五节　所有者权益变动表

一、所有者权益变动表的概念和作用

所有者权益变动表是反映构成所有者权益的各组成部分当期的增减变动情况的报表。所有者权益变动表应当全面反映一定时期所有者权益变动的情况,不仅包括所有者权益总量的增减变动，还包括所有者权益增减变动的重要结构性信息，特别是要反映直接计入所有者权益的利得和损失，让报表使用者准确理解所有者权益增减变动的根源。

二、所有者权益变动表的列报格式

（一）以矩阵的形式列报

为了清楚地表明构成所有者权益的各组成部分当期的增减变动情况，所有者权益变动表应以矩阵的形式列示。一方面，列示导致所有者权益变动的交易或事项，改变了以往仅仅按照所有者权益的各组成部分反映所有者权益变动情况的做法，而是按所有者权益变动的来源对一定时期所有者权益变动情况进行全面反映；另一方面，按照所有者权益各组成部分（包括实收资本、资本公积、盈余公积、未分配利润和库存股）及其总额列示交易或事项对所有者权益的影响。

（二）列示所有者权益变动的比较信息

根据财务报表列报准则的规定，企业需要提供比较所有者权益变动表，因此，所有者权益变动表还就各项目再分为"本年金额"和"上年金额"两栏分别填列。所有者权益变动表的具体格式见表 13－8。

表 13－8　所有者权益变动表

编制单位：　　　　　　　＿＿＿＿年度　　　　　　　　单位：元

项　目	本年金额							上年金额						
	实收资本（或股本）	资本公积	减：库存股	其他综合收益	盈余公积	未分配利润	所有者权益合计	实收资本（或股本）	资本公积	减：库存股	其他综合收益	盈余公积	未分配利润	所有者权益合计
一、上年年末余额														
加：会计政策变更														
前期差错更正														
二、本年年初余额														
三、本年增减变动金额（减少以"－"号填列）														
（一）综合收益总额														
（二）所有者投入和减少资本														

续表

项 目	本年金额							上年金额						
1. 所有者投入资本														
2. 股份支付计入所有者权益的金额														
3. 其他														
(三)利润分配														
1. 提取盈余公积														
2. 对所有者(或股东)的分配														
3. 其他														
(四)所有者权益内部结转														
1. 资本公积转增资本(或股本)														
2. 盈余公积转增资本(或股本)														
3. 盈余公积弥补亏损														
4. 其他														
四、本年年末余额														

第六节 财务报表附注

一、附注的概念及作用

附注是财务报表不可或缺的组成部分，是对在资产负债表、利润表、现金流量表和所有者权益变动表等报表中列示项目的文字描述或明细资料，以及对未能在这些报表中列示项目的说明等。附注由若干附表和对有关项目的文字性说明组成。

财务报表中的数字是经过分类与汇总处理的结果，是对企业发生的经济业务的高度简化和浓缩的数字，如果没有对形成这些数字所使用的会计政策、理解这些数字所需信息的披露，财务报表就不可能充分发挥效用。因此，附注与资产负债表、利润表、现金流量表、所有者权益变动表等报表具有同等的重要性，是财务报表的重要组成部分。企业编制附注的目的是通过对财务报表本身做补充说明，以更加全面、系统地反映企业财务状况、经营成果和现金流量的全貌，从而有助于向使用者提供更为有用的决策信息，帮助其做出更加科学合理的决策。报表使用者要想了解企业的财务状况、经营成果和现金流量，应当全面阅读附注。

二、附注披露的基本要求

附注披露应遵循下列基本要求：

第一，附注披露的信息应是定量、定性信息的结合，从而能从量和质两个角度对企业经济事项进行完整的反映，满足信息使用者的决策需求。

第二，附注应当按照一定的结构进行系统合理地排列和分类，有顺序地披露信息。由于附注的内容繁多，因此更应按逻辑顺序排列，分类披露，条理清晰，具有一定的组织结构，以便于使用者理解和掌握，也更好地实现财务报表的可比性。

第三，附注相关信息应当与资产负债表、利润表、现金流量表和所有者权益变动表等报表中列示的项目相互参照，以帮助使用者联系相关联的信息，并由此从整体上更好地理解财务报表。

三、附注披露的内容

附注应当按照如下顺序披露有关内容：

（一）企业的基本情况

1. 企业注册地、组织形式和总部地址。

2. 企业的业务性质和主要经营活动，如企业所处的行业、所提供的主要产品或服务、客户的性质、销售策略、监管环境的性质等。

3. 母公司以及集团最终母公司的名称。

4. 财务报告的批准报出者和财务报告批准报出日。

（二）财务报表的编制基础

企业应当说明编制的财务报表所遵循的会计准则或会计制度，以及是否以持续经营为基础编制财务报表。

（三）遵循企业会计准则的声明

企业应当声明编制的财务报表符合企业会计准则的要求，真实、完整地反映了企业的财务状况、经营成果和现金流量等有关信息，以此明确企业编制财务报表所依据的制度基础。

如果企业编制的财务报表只是部分地遵循了企业会计准则,附注中不得做出这种表述。

(四)重要会计政策和会计估计

根据财务报表列报准则的规定,企业应当披露采用的重要会计政策和会计估计,不重要的会计政策和会计估计可以不披露。

1. 重要会计政策的说明。由于企业经济业务的复杂性和多样化,某些经济业务可以有多种会计处理方法,即存在不止一种可供选择的会计政策。例如,存货的计价可以采用先进先出法、加权平均法、个别计价法等;固定资产的折旧,可以采用平均年限法、工作量法、双倍余额递减法、年数总额法等。企业在发生某项经济业务时,必须从允许的会计处理方法中选择适合本企业特点的会计政策。企业选择不同的会计处理方法,可能极大地影响企业的财务状况和经营成果,进而编制出不同的财务报表。为了有助于报表使用者理解,有必要对这些会计政策加以披露。

需要特别指出的是,说明会计政策时还需要披露下列两项内容:

(1)财务报表项目的计量基础。会计计量属性包括历史成本、重置成本、可变现净值、现值和公允价值,这直接影响报表使用者的分析。这项披露要求便于使用者了解企业财务报表中的项目是按何种计量基础予以计量的,如存货是按成本还是可变现净值计量等。

(2)会计政策的确定依据。这主要是指企业在运用会计政策的过程中所做的对报表中确认的项目金额最具影响的判断。例如,企业如何判断持有的金融资产是持有至到期的投资而不是交易性投资;又如,对于拥有的持股不足50%的关联企业,企业为何判断企业拥有控制权因此将其纳入合并范围;再如,企业如何判断与租赁资产相关的所有风险和报酬已转移给企业从而符合融资租赁的标准;企业投资性房地产的判断标准是什么,等等。这些判断对在报表中确认的项目金额具有重要影响,因此,这项披露要求有助于使用者理解企业选择和运用会计政策的背景,增加财务报表的可理解性。

2. 重要会计估计的说明。财务报表列报准则强调了对会计估计不确定因素的披露要求,企业应当披露会计估计中所采用的关键假设和不确定因素的确定依据,这些关键假设和不确定因素在下一会计期间内很可能导致对资产、负债账面价值进行重大调整。

在确定报表中确认的资产和负债的账面金额过程中,企业有时需要对不确定的未来事项在资产负债表日对这些资产和负债的影响加以估计。例如,固定资产可收回金额的计算需要根据其公允价值减去处置费用后的净额与预计未来现金流量的现值两者之间的较高者确定,在计算资产预计未来现金流量的现值时需要对未来现金流量进行预测,并选择适当的折现率,在附注中披露未来现金流量预测所采用的假设及其依据、所选择的折现率为什么是合理的，等等。又如，披露为正在进行中的诉讼提取准备时最佳估计数的确定依据等。这些假设的变动对资产和负债项目金额的确定影响很大，有可能会在下一个会计年度内做出重大调整。因此，强调这一披露要求，有助于提高财务报表的可理解性。

（五）会计政策和会计估计变更以及差错更正的说明

企业应当按照《企业会计准则第 28 号——会计政策、会计估计变更和差错更正》及其应用指南的规定，披露会计政策和会计估计变更以及差错更正的有关情况。

（六）报表重要项目的说明

企业应当以文字和数字描述相结合，尽可能以列表形式披露报表重要项目的构成或当期增减变动情况，并且报表重要项目的明细金额合计，应当与报表项目金额相衔接。在披露顺序上，一般应当按照资产负债表、利润表、现金流量表、所有者权益变动表的顺序及其项目列示的顺序披露。

（七）其他需要说明的重要事项

其他需要说明的重要事项主要包括或有和承诺事项、资产负债表日后非调整事项、关联方关系及其交易等，具体的披露要求须遵循相关准则的规定。

复习思考题

1. 财务报告的目标是什么？根据企业会计准则的要求，财务报表至少包括哪些部分？
2. 编制财务报告的基本要求有哪些？
3. 资产负债表的作用有哪些？
4. 资产负债表“期末余额”栏的填列方法有哪些？
5. 利润表的作用有哪些？
6. 现金流量表有哪些作用？其编制基础是什么？
7. 什么是财务报表附注？如何编制财务报表附注？

练习题

1. 甲公司 2015 年 12 月 31 日结账后有关科目余额如下所示：

单位:万元

账户名称	借方余额	贷方余额
应收账款——a	800	
——b		30
坏账准备——应收账款		20
预付账款	100	
应付账款——c	70	
——d		500
预收账款——e	40	
——f		15

要求:根据上述资料,计算资产负债表中下列项目的金额:

(1)应收账款;

(2)预付款项;

(3)应付账款;

(4)预收款项。

2. 乙公司2015年12月31日长期借款资料如下:

借款起始日期	借款期限(年)	金额(万元)
2012年1月1日	5	800
2013年9月1日	3	500
2015年6月1日	3	350
合计		1 650

要求:根据上述资料,计算资产负债表中下列项目的金额:

(1)长期借款;

(2)长期借款中应列入"一年内到期的非流动负债"项目的金额。

3. 丙公司2015年度有关损益类账户本年度累计发生净额如下:

单位:万元

账户名称	借方发生额	贷方发生额
主营业务收入		5 900
主营业务成本	4 140	
其他业务收入		100
其他业务成本	60	
营业税金及附加	260	
销售费用	80	

续表

账户名称	借方发生额	贷方发生额
管理费用	150	
财务费用	30	
资产减值损失	200	
公允价值变动收益		105
投资收益		120
营业外收入		15
营业外支出	30	
所得税费用	315	

要求：根据上述资料，编制丙公司2015年度利润表。

利润表

编制单位：丙公司　　2015年度　　单位：万元

项　目	本期金额	上期金额（略）
一、营业收入		
减：营业成本		
营业税金及附加		
销售费用		
管理费用		
财务费用		
资产减值损失		
加：公允价值变动收益（损失以"－"号填列）		
投资收益（损失以"－"号填列）		
其中：对联营企业和合营企业的投资收益		
二、营业利润（亏损以"－"号填列）		
加：营业外收入		
减：营业外支出		
其中：非流动资产处置损失		
三、利润总额（亏损总额以"－"号填列）		
减：所得税费用		

续表

项　　目	本期金额	上期金额(略)
四、净利润(净亏损以“－”号填列)		
五、其他综合收益的税后净额		
(一)以后不能重分类进损益的其他综合收益		
(二)以后将重分类进损益的其他综合收益		
六、综合收益总额		
七、每股收益		
(一)基本每股收益		
(二)稀释每股收益		